INFLATION

Inflation - Die ersten zweitausend Jahre:
Wie Politiker unser Geld zerstören und wie man sich davor schützt:
by Hanno Beck, Urban Bacher, Marco Herrmann
(c) 2017 by Frankfurter Allgemeine Buch

Korean translation Copyright © 2017 by Dasan Books Co., Ltd.
Korean edition is published by arrangement with Frankfurter Allgemeine Buch
through BC Agency, Seoul.

인플레이션

부의 탄생, 부의 현재, 부의 미래

하노 벡, 우르반 바허, 마르코 헤르만 | 강영옥 옮김

다산북스

한국의
독자들에게

하노 벡

1923년, 오스트리아의 고급 호텔에 이상하게도 영국 실업자들이 거의 모든 객실을 차지했다. 이곳은 실업자들이 드나들기에는 지나치게 고급스러운 곳이었는데도 말이다. 영국의 실업자들은 정부에서 지급하는 실업수당으로 살면 자국에서는 빈민가 신세를 면치 못했지만 오스트리아에서는 떵떵거리며 살 수 있었다. 왜 이런 사태가 벌어졌을까? '인플레이션' 때문이었다.

1923년은 독일인들에게 결코 잊을 수 없는 해였다. 정부에서 독일의 통화인 마르크를 붕괴시킨 해였기 때문이다. 1마르크였던 신문 한 부의 가격이 8000만 마르크로 치솟았다. 평생 저축한 돈 10만 마르크로 전차 티켓 한 장도 살 수 없었다. 아이들은 지폐로 종이접기 놀이를 했고, 상점에서 물건을 하나 사려면 아내들은 남편들이 벌어온 돈을 바구니 몇 개에 나눠 담아가야 했다. 독일 경제는 나락으로 떨어져 히틀러를 받아들이지 않고는 못 배길 상황이었다. 이 모든 사건의 원인은 '인플레이션'이었다.

인플레이션은 자국 통화의 구매력이 상실하는 것을 말한다. 한 나라에서 모든 물가가 계속 오르면 통화 시스템이 붕괴되면서 전 국민을 덮친다. 가령 한국의 경우, 2017년 평균 인플레이션율은 대략 2퍼센트였다. (한국은행에 따르면 2021년 3월 한국의 기대 인플레이션율은 2.1퍼센트를 기록했다. 이는 2019년 7월 이후 가장 높은 수준이다.) 인플레이션율 2퍼센트가 의미하는 것은 쉽게 말해, 한국 소비자들의 장바구니 물가가 매년 2퍼센트씩 상승한다는 것이다. 2퍼센트라는 수치만 보면 심각성이 느껴지지 않을지 모른다. 그러나 매년 이 추세로 물가가 상승하면 얼마나 위험한 상황인지 실감할 수 있다. 인플레이션율이 2퍼센트라고 가정하고 100만 원을 저축했다고 하자. 20년 후면 화폐 가치가 68만 원으로 떨어진다. 연 인플레이션율을 3퍼센트라 가정했을 때 30년 후 화폐 가치는 42만 원밖에 안 된다. 인플레이션은 지갑 속에 몰래 숨어 들어와 당신의 자산과 소득을 갉아먹는 좀벌레와 같다.

지난 2000년 동안 발생했던 인플레이션의 패턴은 동일하다. 그런데 최근 20년간 인플레이션의 패턴에 변화가 생겼다. 물가만 상승하는 것이 아니라 주가, 부동산 및 자산 가격도 동반 상승한 것이다. 국민의 자산과 내수 경제가 흔들릴 조짐이 보이고 있다. 주가, 부동산 및 자산 가격이 폭락하면 수많은 국민들이 저축 손실액이 늘어나면서 내수 경제는 바닥을 친다.

나는 이 책을 통해 인플레이션을 알아야 할 이유에 대해 알려주고 싶었다. 먼저 인플레이션의 역사를 알아보기 위해 과거로 여행을 떠

나려고 한다. 그다음에 인플레이션이 발생하는 원인과 인플레이션
이 전 세계 부자들을 빈털터리로 만든 과정을 살펴볼 것이다. 마지
막으로 화폐 가치를 조작하고 우리를 빈곤에 빠뜨린 장본인이 누구
인지, 인플레이션을 조장한 범인이 누구인지 세계적 석학들의 이론
과 다양한 사례를 통해 보여줄 것이다.

앞으로 세계 통화 체계는 어떤 방향으로 흘러갈 것인가? 과거에
대한 지식으로 철저히 무장해야 현재 상황을 정확하게 이해하고 미
래를 대비할 수 있다. 이 책이 모범 답안을 줄 수는 없다. 위기를 극
복할 수 있는 기적적인 무기나 영험한 약은 동화 속에서나 존재한
다. 하지만 독자 여러분께 금융, 화폐, 통화 시스템, 돈을 파괴하는
정책에 대해 정확한 정보와 지식을 전할 것을 약속드린다.

나침반 없이 여행을 하면 길을 잃을 수 있다. 이 책은 당신의 소중
한 자산을 보호하는 나침반이 되어줄 것이다.

부의 시대,
인플레이션을 읽으면
미래가 보인다

한상완(현대경제연구원 고문)

인플레이션의 의붓아들A Stepson of Inflation. 2차 세계대전의 주범인 히틀러를 지칭하는 말이다. 1차 세계대전 이후 독일은 살인적인 하이퍼인플레이션에 시달렸다. 물가는 천정부지로 뛰었고, 그에 비례하여 돈은 가치를 잃어갔다. 돈 가치가 바닥을 모르고 떨어진 나머지 1조 마르크짜리 지폐를 찍어내야 했을 정도였다. 유로가 마르크의 후신임을 감안하여 1조 유로를 우리 돈으로 환산해본다면 액면가 1300조 원짜리 지폐가 탄생한 셈이다. 극도로 불안정한 경제로 인해 정부에 대한 시민들의 불만은 극에 달했다.

그 불만의 틈새를 비집고 들어가 제3제국을 건설한 인물이 바로 히틀러다. 인플레이션이 얼마나 소시민들의 삶을 황폐하게 하는지, 인플레이션이 역사를 어떻게 새로 쓸 수 있는지 몸소 겪은 독일 사람들은 이후로 인플레이션에 대해 살 떨리는 공포를 느꼈다. 기질이 근면한 사람들이기도 하지만, 아마 그때 겪은 하이퍼인플레이션의 경험이 그들의 DNA에 새겨졌을 것이다. 역사상 손에 꼽힐 만큼 극심한 인플레이션을 겪고도 경제의 기적을 일군 독일의 학자들이 쓴 이 책에서 근면한 소시민들의 기쁨과 슬픔이 절절히 느껴지는 건 그 때문일지 모른다.

평범한 소시민들에게 인플레이션은 반갑지 않다. 한두 푼에 물건을 쥐었다 놓았다 하는 사람들에게는 하이퍼인플레이션까지 갈 필요도 없다. 약간의 물가 상승마저 가계 재정에 끼치는 영향을 무시할 수가 없기 때문이다. 만 원짜리 한 장이면 그래도 꽤 많은 식료품을 사던 시절은 과거가 된 지 오래고, 요즘은 5만 원을 들고 나가도 장바구니가 무겁지 않다. 돈을 벌기 위해 애써야 하는 고생에 비하면 지불하는 돈의 가치는 그에 결코 못 미친다.

우리나라도 인플레이션에 대한 고통을 여러 번 겪었다. 멀게는 6.25전쟁부터 1973년 제1차 석유파동, 1978년 제2차 석유파동이 대표적이다. 6.25전쟁이야 말할 것도 없지만 제1·2차 석유파동은 참으로 고통스러운 경험이었다. 수십 퍼센트에 달하는 물가 상승으로 국민들의 고통은 이루 말할 수 없을 정도였다. 배급제가 실시되어 난방용, 조리용, 운송용 연료를 사려는 사람들의 줄이 미국의 슈퍼 로또 줄보다 더 길게 늘어섰다. 2000년대 들면서 우리나라에는 더 이상 살인적인 물가 파동은 일어나지 않고 있다. 특히 최근 10년은 디플레이션을 걱정해야 할 정도로 낮은 물가가 지속되어 물가 측면에서는 살기가 편해진 측면도 있다.

인플레이션이 나쁘다는 편견은 우리 사회에 고정관념처럼 자리 잡고 있다. 요즘 같은 저물가 시대에도 언론에서는 밥상 물가에 대해서 지속적으로 보도한다. 가물어서 배추 값이 오르면 김장 금金추를 걱정하고, 추석 때가 되면 어김없이 차례 상차림 부담에 대한 기사를 다룬다. 하지만 인플레이션보다 더 무서운 것이 디플레이션임을 잊어선 안 된다.

위대한 경제학자 케인즈John M. Keynes는 여러 가지 새로운 학설을 제시했는데, 그중 하나가 '돈에 대한 착각The Illusion of Money'이다. 풀어서 설명하면 이런 것이다. 내년도 물가상승률이 2퍼센트가 될 것을 예상한 기업이 근로자들의 시간당 임금도 2퍼센트 올리기로 결정하여 통보한다. 그런데 근로자들의 눈에는 임금이 올라가는 것은 확실하게 보이는데 물가가 올라가는 것은 잘 보이지 않는다. 임금이 올라간 만큼 소득이 늘어날 것이라는 착각에 빠진 그들은 노동시간을 늘린다. 늘어난 노동시간으로 인해 생산력은 높아지고 그만큼 경제는 더 성장한다.

돈에 대한 착각은 실제로 대부분의 국가에서 나타나는 경제 현상이다. 물가 상승의 고통도 크지 않고 경제 성장 달성도 적당한 인플레이션은 2퍼센트 정도라고 인식되고 있는 것도 현실이다. 필자의 경험칙에 따르면 인플레이션 2퍼센트는 명목경제성장률 5퍼센트와 함께한다. 3퍼센트의 소득 증가인 것이다. 적당한 인플레이션은 좋은 것이다.

경제와 금융의 흐름을 이해하기 위해서는 물가와 돈이 가지는 몇 가지 속성을 잘 살펴야 한다. 첫째는 물건만큼이나 돈도 값어치가 있다는 것이다. 물건의 가치와 돈의 가치는 반비례한다. 보다 정확하게 말하면 미러 이미지mirror image인데, 쉽게 말해 '물건 값 올랐네'와 '돈 가치 떨어졌네'는 사실상 같은 말인 것이다. 우리가 아는 금, 원유, 원자재 시장에서 철저하게 적용되는 말이다. 인플레이션이 올 것이라고 기대되면 금값은 오른다. 인플레이션은 그 정의상 돈의 가치가 떨어지는 것이므로 그에 따라 금이라는 물건 값이 올라야 하기 때문이다.

둘째는 물건 값에는 소비자 물건 값과 투자자 물건 값이 있다는 것이다. 잘 알다시피 소비자 물건 값은 소비자 물가이고, 투자자 물건 값은 주가나 부동산 가격 같은 자산 가격을 말한다. 사람들은 이 두 가지 물건 값이 서로 다르다고 착각한다. 소비자 물가는 내려가기를 바라고, 자산 가격은 올라가기를 바란다(물론 무주택자는 부동산 가격이 내려가기를 바랄 것이다). 그러나 불행하게도 현실 세계에서는 사람들의 바람대로 가격이 움직이지는 않는다. 소비자 물건 값과 투자자 물건 값은 같이 움직이는 것이다. 해당 물건의 본질가치가 정해져 있다고 본다면, 물건 값은 시중에 풀린 통화량으로 결정되는데, 시중에 돈이 많이 풀려서(즉 금리가 내려가서) 돈의 가치가 떨어지면 물건 값은 올라간다. 소비자 물건이나 투자자 물건이나 마찬가지다. 자산 투자의 본질이 바로 이런 것이다.

셋째는 돈이 몰리는 곳의 값이 더 올라간다. 돈이 풀리면(즉 돈 가치가 떨어지면) 물건 값은 올라가게 되어 있는데 소비자 물건 값과 투자자 물건 값 중 어느 것이 더 올라갈 것이냐는 돈의 쓰임을 봐야 한다. 돈의 쓰임은 두 가지다. 현재의 소비를 위해서 소비재를 사거나 미래의 소비를 위해서 투자 자산을 사는 데 쓰는 것이다.

우리는 항상 당장의 소비냐 미래를 위한 투자냐, 이 두 가지 선택에서 고민한다. 소비자 물가가 오르지 않는 것은 돈이 투자자산으로 몰린다는 이야기다. 그런데 지금 세계 경제는 어떤가? 소비자 물가는 바닥을 기고 있다. 세계 경제는 현재 저물가-고성장 골디락스 시대의 초기에 진입해 있다. 투자자산, 즉 부의 시대가 열리고 있는 것이다. 다시 말하면 부는 인플레이션의 이음동의어다.

이 책은 역사상 손에 꼽히는 극심한 인플레이션을 겪었던, 그래서 인플레이션을 떠올리면 치를 떨었던 독일의 학자들이 저술했다. 극심한 인플레이션에서 경제의 기적을 일군 장본인들이기에 이 책의 부제처럼 부의 탄생과 부의 현재와 부의 미래를 꿰뚫어볼 수 있는 위치에 있을 수 있을 것이다. 독자들은 이 책을 통해 인플레이션에 얽힌 흥미진진한 역사의 현장에 발을 들여놓을 수 있을 뿐만 아니라, 그것이 왜 부로 이어지는지 그 연결고리를 분명하게 확인할 수 있을 것이다.

이 책은 최소한 세 번은 정독해야 한다. 읽을 때마다 인플레이션과 부의 관계를 새롭게 볼 수 있을 것이다. 그렇게 곱씹어 읽을 때 역사의 강물 위에서 인플레이션이 어떤 변화를 일궈냈는지, 왜 우리들의 삶이 인플레이션과 떼려야 뗄 수 없는 관계에 있는지 알 수 있을 것이다. 세 번 읽기 전까지는 이 책을 읽었다고 말하지 말기를 감히 부탁드린다.

인류의 운명을
지배해온
검은 숫자의 역사

고트프리트 헬러 Gottfried Heller(독일 최고 자산운용사 피두카PIDUKA의 설립자)

"인플레이션은 채권자에게는 지옥, 채무자에게는 천국이다." 내 오랜 친구이자 전설적인 투자자, 『돈, 뜨겁게 사랑하고 차갑게 다루어라』로 유명한 앙드레 코스톨라니Andre Kostolany는 화폐 가치 하락, 즉 인플레이션으로 인한 행복과 슬픔을 이 명쾌한 한 문장으로 표현했다.

우리 아버지는 인플레이션 지옥을 몸소 체험하셨다. 아버지가 1923년에 조부모님께 상속받은 화폐와 채권은 순식간에 모조리 휴지 조각이 되고 말았다. 1920년대에 시작된 바이마르공화국의 월 인플레이션 상승률은 약 3만 퍼센트에 달했고, 1923년에 이르자 초인플레이션은 걷잡을 수 없이 기승을 부렸다. 할아버지가 남긴 유산 중 그나마 가치가 있는 것은 1900년대 초반에 만일을 대비해 사둔 주식뿐이었다. 할아버지의 선견지명은 뛰어났던 셈이다. 인플레이션의 영향을 받지 않는 주식이나 펀드는 12퍼센트밖에 되지 않았는데도 할아버지는 그 기회를 잡아 올라탔으니까.

돈은 바퀴와 불만큼이나 인류의 천재성이 돋보이는 발명품이다. 돈이 발명되기 전에 인류는 수천 년 동안 황소, 조개, 보석, 소금, 향신료, 기타 식료품 등을 교환수단으로 사용했다. 그러나 물물교환은 번거롭고 비실용적이라는 단점이 있었다. 인류는 금속을 가공하는 법을 배우며 동전을 주조하기 시작했다. 최초의 돈이 탄생하는 순간이었다.

이러한 돈의 역사는 인플레이션의 역사와 맞물려 있다. 이것이 바로 이 책의 주제다. 이 책은 인플레이션이 야기한 수천 년 세계 제국 흥망성쇠의 역사, 번영기, 전쟁, 재앙을 다루고 있다.

최초의 동전은 전설의 부호 크로이소스 왕이 현재 터키 지역인 리디아왕국을 통치하던 기원전 600년에 나타났다. 최초의 동전은 등장하자마자 국가에서 조작하여 본래의 화폐 가치를 상실했다.

화폐의 형태가 처음으로 동전에서 지폐로 전환된 곳은 중국이었다. 마르코 폴로는 『동방견문록』에 "9세기 중국에는 어음을 발행하는 편전무便錢務라는 기관이 있었다"라고 기록했다. 9세기에 이미 인플레이션이 존재했던 것이다. 예나 지금이나 지나치게 많은 양의 화폐가 유통되면 인플레이션이 발생한다.

인류의 독창적인 발명품인 지폐는 발명되자마자 정치적으로 악용되기 시작하여 현재에 이르렀다. 지폐를 사용하면서 통치자들은 화폐의 가치를 훨씬 더 쉽게 조작할 수 있었다. 그러니까 인플레이션이 끝났다는 주장을 순진하게 믿을 수만은 없는 노릇이다. 독재주의든 민주주의든 간에 국가는 항상 세금으로 징수할 수 있는 것보다 더 많은 돈을 필요로 한다. 그리고 중앙은행은 실제로 필요한 것보다 더 많은 양의 화폐를 찍어낸다. 인플레이션은 날씨처럼 우리 생활의 일부인 셈이다.

이 책은 인플레이션의 역사를 매력적이고 다채로운 관점에서 접근한다. 지적 호기심을 채워주는 것은 물론이고 금융위기 시대를 사는 우리에게 실질적인 조언을 제시할 것이다. 인플레이션으로부터 내 돈을 보호하는 법, 저금리 시대에 수익성 있는 투자를 하는 법, 위기의 노후를 현명하게 설계하는 법을 구체적으로 소개하고 있다.

인플레이션의 시대에 어떻게 재산을 보호하고 더 많은 수익을 얻을 수 있을까? 주식을 활용해 자금을 수익성 있게 운용하는 것이 옳다. 수익률을 대조해보면 주식은 압도적인 승자다. 1926년부터 2015년까지 다양한 주식들의 수익률 변동 추이를 살펴보면, 미국의 우량 종목 주식은 이 90년의 기간 동안 배당금을 포함하여 연평균 수익률이 10퍼센트였다.

반면 미국 국채는 연간 5퍼센트, 정기예금은 약 3퍼센트, 금은 5퍼센트, 부동산은 4퍼센트 가량 수익률을 기록했다. 여기에서 인플레이션율을 공제하면 금리 투자로부터 얻을 수 있는 수익률이 얼마나 적은지 체감할 수 있다. 주식의 경우 실질 수익률이 연 7퍼센트인 반면, 국채는 고작 2퍼센트에 불과하다. 다른 투자 형태에서 얻을 수 있는 수익률은 이보다도 낮다. 이는 대부분의 세계 증시에서 나타나는 현상이다. 세계 주요 증시수익률을 배당금을 포함하여 유로로 환산한 것이 이 정도다. 1970년부터 2016년까지 MSCI 지수 Morgan Stanley Capital International(미국 모건스탠리캐피털인터내셔널 사가 작성해 발표하는 세계 주가지수)에 의하면 독일과 프랑스의 주식수익률은 약 10퍼센트였고 일본, 스위스, 영국은 이보다 약간 높은 수준이었다. 이렇게 확실한 증거 자료가 있는데도 사람들은 주식에 대해 공포증을 갖고 있다. 주식의 위험성은 과대평가하고 수익률은 과소평가하는 사람들이 많은 것이다. 그런데 노후대비상품 예상 수익률을 살펴보면 주식 투자 비중이 높을수록 수익률이 현저히 높다.

안정적인 노후를 위해서는 투자 구성 원리를 제대로 이해하고 있어야 한다. 투자 상품은 여러 등급으로 분류된다. 다양한 등급의 투자 상품들을 몇 대 몇의 비율로 투자하는 것이 좋을까? 이 책이 주는 조언은 단순명료하다. 축구팀 코치가 경기 전략을 짜듯 포트폴리오를 작성하면 된다. 골대에 골키퍼 1명, 백필드에 수비수 4명, 미드필드에 수비수 2명을 배치하는 것이다. 축구팀 선수 총 11명 중 7명, 즉 3분의 2는 수비를 맡고, 11명 중 4명, 즉 3분의 1만 공격을 하면 된다. 선수들마다 가지고 있는 재능이 다르다. 백필드에서는 거친 용사들이 떡 버텨주고, 미드필드에서는 다재다능한 선수가 활약한다. 뒤에서는 안정적인 수비를 하면서 앞에서는 공격수에게 신속하게 공을 패스한다. 포지션마다 정해진 역할은 다르지만 서로가 서로를 보완해주는 관계다. 투자도 마찬가지다. 강점은 부각시키고 약점은 다른 것으로 메꿔줘야 한다.

앞으로 당신은 실력이 막강한 팀과 경기를 치러야 한다. 이 책은 당신이 팀을 어떻게 구성하고 팀에 맞는 경기 전략을 어떻게 짤 것인지 방법을 알려줄 것이다. 인플레이션의 역사를 살펴본다면 앞으로 어떤 강팀과 붙어도 헤쳐나갈 방법을 찾을 수 있을 것이다. 그 안에 실로 엄청난 잠재력이 있다.

금리와 인플레이션율은 지난 35년 동안 꾸준히 하락해왔다. 이러한 하향세는 종지부를 찍고 상승세로 돌아설 조짐이 보인다. 한마디로 우리는 전환점에 서 있는 셈이다. 전 세계 통화 시스템의 붕괴를 막기 위해 각국의 중앙은행은 금융 역사상 전례 없이 많은 양의 화폐를 찍어내고 있다. 화폐의 대량 유입으로 주식 및 채권, 부동산, 기타 자산까지 폭등했다. 금융시스템과 유로를 구제하기 위한 처방은 일종의 마약과 같다. 이 마약을 끊었을 때 세계 금융시장이 차질 없이 돌아갈 수 있을 것이라 예측하기 어렵다.

과거에는 이 프로세스가 어떻게 진행되었는가? 경제 이론에서는 인플레이션의 위험을 어떻게 설명하고, 어떤 전략을 짜야 이러한 위기로부터 소중한 자산을 보호할 수 있다고 말하고 있는가? 이 책은 당신에게 이 질문에 대한 답을 알려줄 것이다.

돈과 인플레이션의 역사에는 민중의 아픔이 서려 있다. 이 책은 이러한 역사를 흥미롭고 이해하기 쉽게 설명한다. 뿐만 아니라 다가오는 인플레이션 시대에 대비하여 당신의 재산을 어떻게 보호하고 더 많은 수익을 올릴 수 있을지 실용적이고 유용한 정보를 제시하고 있다. 돈에 관한 흥미진진한 역사를 들으며 영감을 얻고 앞으로 돈을 어떻게 관리할 것인지 생각하는 시간을 가져보길 바란다.

1부

돈의 발명,
인플레이션이 시작되다

: 인플레이션이 좌우해온 부의 흥망사

2부

누가, 왜 인플레이션을 만들고 이용하는가?

: 화폐의 가치를 조작해온 검은 손

1부

HANNO BECK

돈의 발명,
인플레이션이 시작되다

: 인플레이션이 좌우해온 부의 흥망사

INFLATION

인플레이션은 근래의 발명품이 아니다.
인플레이션은 어느 시대에나 존재했다.
그런데 왜 20세기 들어 갑작스럽게
세계 경제가 통째로 흔들리고 있는 걸까?
바로 지폐 때문이다.

.
.
.
.
.

"지폐의 탄생과 함께
인플레이션의 역사는 시작되었다."

1장

인플레이션,
2000년
역사의 시작

핵심 명제

1 사람들은 인플레이션이 끼칠 타격을 우습게 생각한다. 하지만 인플레이션율이 단 몇 퍼센트만 상승해도 경제는 장기적으로 큰 타격을 입는다.

2 맨 처음 인류는 값어치 있는 물건을 돈으로 사용했다. 돈의 가치를 평가하는 기준은 만들어진 재료, 희소성, 가용성이었다.

3 값어치 있는 물건 자체가 돈이 아니라 돈이 가치를 대변하는 수단이 되면서 인플레이션의 역사가 시작되었다.

4 지폐처럼 가치가 보장되지 않는 화폐의 가치는 국민총생산[GNP(Gross National Product), 국민경제가 일정 기간(보통 1년)에 생산한 최종 생산물(재화·서비스)을 시장가격으로 평가한 총액], 즉 우리가 이 화폐로 얼마나 많은 물건을 살 수 있는지에 따라 결정된다.

5 현대의 통화시스템은 통화에 대한 신뢰도에 따라 결정된다. 통화 가치가 하락하면 GNP도 감소할 것이다. 가치가 하락한 통화는 사람들이 사용을 기피한다.

01
화 폐 파 괴 의 시 작

INFLATION

돈이 녹는다

첫 번째 사건은 6월 21일 베를린의 한 지방 은행에서 터졌다. 있을 수 없는 일이 일어난 것이다. 돈이 재생 불가능할 정도로 녹아 있었다. 놀랍게도 유사한 사건은 잇달아 발생했다. 두 번째 '녹는 돈'은 7월 14일 포츠담의 지방 은행에서 발견되었고, 8월이 되자 베를린과 포츠담을 중심으로 독일 전역에서 발견되었다. 5유로에서 100유로까지 다양한 지폐가 손이 닿는 족족 녹아버렸다.

이 사건을 둘러싸고 온갖 억측들이 난무했다. 조폐국에서 지폐를 운송하는 과정에서 사고가 생긴 것일까? 누군가 화폐를 파괴할 수 있다며 국가를 상대로 협박하고 있는 것은 아닐까? 은행 강도의 소행은 아닐까?[1]

범인을 차치하고서라도, 정말 돈이 녹을 수 있을까? 물론 물리학적으로 충분히 가능한 일이다. 화학자들은 지폐에 묻어 있던 황산염 가루와 사람의 손에서 분비되는 땀이 화학반응을 일으키면 황산이 생성되는데, 이 황산 때문에 지폐가 녹는 것이라고 추측했다. 물론 황산이 없어도 돈을 녹일 수 있다. 세탁기에 지폐를 넣고 섭씨 60도 이상의 온도에서 세제와 표백제와 함께 돌리기만 해도 보안 마크가 사라진다.[2] 이보다 더 강력한 방법도 얼마든지 있다.

연방경찰 대변인은 유로화 지폐가 녹아버린 미스터리한 사건을 두고 "돈이 그렇게 쉽게 녹는다는 건 불가능한 일"이라고 일축했다. 이 사건의 전모는 아직도 밝혀지지 않은 상태다. 하지만 분명한 건 '돈은 녹아내릴 수 있다는 사실'이다. 녹아내릴 수 있을 뿐만 아니라, 사라질 수도 있고, 나라 전체를 파멸로 몰고 갈 수도 있다.

그런데 지난 수천 년간 매일 누군가 돈을 훼손시키고 있다면 어떨까? 조금씩 돈을 녹여왔고 어떨 땐 한 방에 한 국가의 돈을 모조리 파괴했다. 지폐에 황산을 통째로 부어버리거나 세탁기에 넣고 돌리는 정도로는 약하다. 인류가 수천 년 동안 써먹어왔던 방법 하나면 돈을 한 방에 파괴시킬 수 있다. 경제학자들은 이것을 '인플레이션'이라고 한다.

지폐가 훼손되면 다시 찍으면 된다. 하지만 화폐에 대한 신뢰도가 떨어지면 원래의 상태로 되돌릴 수 없다. 신뢰란 지폐처럼 원하는 대로 찍어낼 수 있는 것이 아니기 때문이다. 일단 화폐가 파괴되면 원점으로 되돌려 새로 시작하기 어렵다. 돈은 지불을 이행하겠다는 추상적인 약속이다. 그럼에도 이 개념이 생긴 이래 제후, 황제, 왕, 통치자, 정치인, 독재자와 같은 지배 계층들은 끊임없이 화폐를 악용해왔다. 지배 계층들은 한순간의 이익에 눈이 멀어 화폐 체계와 화폐에 좌우되는 국민경제를 모두 파괴했다.

돈은 바퀴와 불에 버금가는 인류의 독창적인 발명품이다. 돈이 없으면 물물교환만 할 수 있을 뿐 저축을 할 수도, 투자를 할 수도, 노후대책을 마련할 수도 없다. 돈이 없으면 분업도 복지도 없다. 우리는 돈 없이 산다는 건 상상조차 할 수 없는 세상에 살고 있다.

권력을 가진 자들이 돈에 대한 지배권을 남용할수록 경제는 더 불안해진다. 그런데 수천 년이 넘도록 통치 계급들은 자신의 권력을 남용하는 죄를 저질러왔다. 이들은 사리사욕을 채우기 위해 전쟁을 일으키고, 화폐발행량을 늘려 빚을 갚고, 상식적으로 이해할 수 없는 대형 건축물을 세우거나, 정치적 목적으로 화폐를 남용하여 재정을 충당하고 백성을 수탈했다. 결국 화폐의 가치는 떨어졌다. 권력은 황산보다 쉽게 돈을 파괴할 수 있는 수단이었던 셈이다.

인플레이션 역사의 10가지 명제

돈의 역사는 곧 인플레이션의 역사다. 이 때문에 '인플레이션이 끝났다'는 말을 쉽게 믿어서는 안 된다. 2016년에 물가가 하락하는 디플레이션의 조짐이 보였지만, 내막을 자세히 들여다보면 인플레이션에 대한 경계 태세를 결코 소홀히 할 수 없다. 통화를 붕괴시킬 수 있는 세력들의 움직임이 보이기 때문이다. 언뜻 보기에는 통화 붕괴 작전의 각본이 조금 다를 수 있지만 시대를 막론하고 화폐가 파괴되는 데는 일정한 패턴이 있었다. 수천 년 동안 발생했던 인플레이션의 역사는 다음 열 가지 명제로 정리할 수 있다.

1. 돈은 그 자체로 신뢰다. 돈에 대한 신뢰가 무너지면 화폐도 무너진다. 돈에 대한 신뢰가 무너지지 않도록 남용을 막는 것이 정치의 우선적 의무다.

2. 화폐가 붕괴하기 시작하는 초창기에는 국가나 통치자가 과도한 채무에 시달리는 현상이 나타난다. 과도한 채무가 생기면 국가나 통치자는 인플레이션을 이용해 자신의 의무를 회피하려고 한다. 이러한 유혹은 언제나 존재한다. 인플레이션은 결코 사라질 수 없다고 예상하는 이유다. 돈과 통치자가 존재하는 한 인플레이션도 사라질 수 없다.

3. 인플레이션은 거대한 면도칼 위를 달리는 상황에 비유할 수 있다. 대개 인플레이션은 단기적으로 경기를 활성화시킬 뿐이다. 소위 초인플레이션이 일어나는 것이다. 하지만 반대로 인플레이션이 너무 낮아도 디플레이션이 발생하여 경제는 황폐해진다. 이것이 화폐 시

스템을 실험 대상으로 삼아서는 안 되는 이유다.

4. 20세기 이후 극심한 인플레이션은 초인플레이션이었고 대개 초인플레이션은 정치적 격동기에 발생했다. 일종의 정치적 인플레이션인 셈이었다.

5. 경제학파들도 인플레이션에 대해 서로 상반된 입장을 갖고 있다. 경제학파 내에서도 국가의 적극적인 개입을 옹호하는 케인스학파와 자유시장경제 원칙을 고수하는 고전학파로 나뉜다. 케인스학파는 인플레이션이 생산력을 방출할 수 있다고 주장하는 반면, 고전학파는 돈은 실제 경제활동에 아무런 영향력을 끼치지 못한다고 본다. 어떻게 보면 두 학파의 주장이 모두 옳다.

6. 통화량과 인플레이션율 사이에는 일정한 상관관계가 있다. 지금까지 이러한 상관관계는 장기적으로만 파악할 수 있었고 물가에만 나

MONEY INSIGHT **초인플레이션**

초인플레이션은 인플레이션율이 극적으로 치솟는 시기를 말한다. 적어도 한 달 동안 인플레이션율이 50퍼센트 이상 유지되는 경우를 초인플레이션이라고 정의한다. 초인플레이션이 발생하면 사람들은 돈을 소유하거나 가치를 인정하려 하지 않는다. 과일과 채소를 직접 경작할 때가 오고 마는 것이다. 농담처럼 들리는가? 이 시기에는 자급자족이 가장 현명한 투자법일 수 있다. 실제로 베네수엘라 정부는 2016년 국민들에게 자급자족을 권장했다.

타나는 것이 아니었을지는 모르지만 말이다.

7. 2000년부터 '금융위기 발생과 통화 대량 투입' 주기가 반복적으로 나타났다. 통화량 급증은 위기를 극복하기 위한 방안이었지만 다음 위기는 예고된 것이나 다름없었다.

8. 인플레이션은 물가에만 반영되는 것이 아니다. 자산과 유가증권의 가격이 상승하는 자산 인플레이션도 동시에 발생한다.

9. 인플레이션의 최대 피해자는 결국 빈곤 계층이다. 인플레이션은 부당하고 불공정한 세금과 동일한 효과를 갖는다.

10. 지금까지 국가는 인플레이션을 조장해 부채를 없애려고 해왔다. 따라서 인플레이션의 종말이 예상된다는 주장은 타당성이 떨어진다.

이 책은 위의 열 가지 명제를 중심으로 다룬다. 3장부터 이 열 가지 명제를 상세히 살펴볼 것이다.

앞서 유로화 지폐가 녹아버린 미스터리한 사건의 전모는 아직도 밝혀지지 않았다. 어쨌든 그들이 틀렸다. 돈은 녹아내릴 수 있고, 사라질 수 있고, 나라 전체를 파멸로 몰고 갈 수 있다. 하지만 이 사실보다 더 중요한 것은 어떻게 이런 일이 벌어질 수 있고, 왜 이런 일이 발생하며, 이런 상황이 닥쳤을 때 어떤 조치가 필요한지 알고 있어야 한다는 점이다. 우리가 앞으로 다루게 될 내용이 바로 그것이다. 먼저 역사적 사례를 통해 돈이 소각장 신세가 되어버린 이유부터 알아보도록 하자.

02
역 사 를 움 직 여 온 종 잇 조 각

INFLATION

돈, 쓰레기 소각장 신세가 되다

매년 약 100억 달러의 지폐가 폐기된다. 은행권 지폐로는 7억 1500만 장, 종이 무게로는 7000톤, 쓰레기 수거차 1750대를 족히 채울 수 있는 분량이자 미국에서 유통되는 연간 통화량의 3퍼센트에 달하는 액수다. 이 많은 돈을 대체 어디에서 폐기처분해야 한다는 말인가?

쓰레기 하치장은 이미 포화 상태이고 폐기처분 비용도 만만치 않다. 그래서 사람들은 못 쓰는 지폐를 폐기처분하는 대신 다른 용도로 사용해보기로 했다. 내화성 기와, 무대용 자재로 사용되는 섬유판, 매트리스 충전재, 문구용품, 각종 종이 제품, 봉제 인형 충전재……. 지폐로 이 모든 것들을 만들 수 있다니 놀랍지 않은가? 지폐를 재활용할 수 있는 방법은 정말 다양하다. 미국 델라웨어주에서는 매일 4톤 분량의 지폐를 가공하여 나무에 거름으로 준다. 그리고 이 나무에서 만든 펄프로 다시 지폐를 찍는다.[3]

미 연방준비제도이사회Federal Reserve Board에서 매년 폐기시키는 지폐 분량은 7000톤에 달한다. 오래 사용하다 보니 닳아서 시중에 유통이 불가한, 가치를 잃은 지폐들이다. 이는 과거에 다른 국가들이 화폐 가치 하락으로 인해 겪었던 어려움에 비하면 큰 문제도 아니다.

1920년대 독일 바이마르공화국에서는 사람들이 지폐를 땔감이나 아이들 장난감으로 사용한 적도 있었다. 그만큼 지폐는 화폐로써의 가치가 없었다. 2009년 짐바브웨의 한 광고 에이전시는 자국 통화 지폐를 모아 광고 전단 용지로 사용했다. "종이보다 지폐에 인쇄하는 비용이 더 저렴하다"는 것이 광고 에이전시 측 주장이었다. 이 에이전시에서는 명목가치로 100조 짐바브웨 달러의 지폐에 전단지를 인쇄했다고 발표했다.[4] 당시 짐바브웨의 수도인 하라레 행 버스 티켓 한 장 가격이 100조 달러가 넘었다. 바이마르공화국이나 짐바브웨의 사례는 화폐 가치가 완전히 상실된 모습을 잘 보여준다.

이 국가들의 화폐를 붕괴시킨 건 바로 인플레이션이었다. 인플레이션의 어원은 라틴어 '인플라레inflare'로, 크게 '부풀어 오르다'라는 의미를 지니고 있다.

화폐유통량은 인위적으로 늘릴 수 있다. 인위적으로 유통량을 늘

● 100조 짐바브웨 달러. 2008년 짐바브웨 정부의 물가상승률은 2억 퍼센트 이상으로 치솟아 하이퍼인플레이션이 발생했다. 당시 300조 짐바브웨 달러는 고작 1달러와 맞먹었다.

리면 화폐로 측정되는 상품 및 서비스 가격은 상승한다. 일반인들은 모든 것의 물가가 오르는 경우를 인플레이션이라고 이해하지만, 여기서 '모든 것'이란 대개 제품이나 서비스 가격을 의미한다. 물론 제품이나 서비스 가격만 오를 수 있는 것은 아니지만 말이다.

통화량 부풀리기는 가장 효과적으로 화폐를 붕괴시키고 나라 전체와 국민경제를 망치는 수단이다. 많은 역사학자들은 인플레이션이 1920년대에 바이마르공화국의 패망을 촉진하고, 1930~1940년대에 독일 전역과 전 세계를 전체주의라는 광기로 몰아넣는 데 일조했다고 분석한다. 통화량 급증으로 인해 화폐 가치가 하락하면서 전 세계 부자들이 재산을 날리고 무수히 많은 시민들이 빈털터리가 되어 빈곤의 나락으로 떨어졌다. 인플레이션은 모두를 파멸로 몰아넣은 주범이었다.

인플레이션을 가방 속에 둥지를 튼 좀벌레라고 생각하면 이해하기 쉽다. 좀벌레가 가방 속 물건을 갉아먹으면 어느새 물건은 작아져 있다. 엄밀히 따지면 정확한 비유라고 볼 수 없을지도 모르겠다. 어쨌거나 가방 속 작아진 물건의 명목가치는 변함이 없듯이, 지폐의 수량도 지폐에 명시된 내용도 그대로다. 사람들이 사려는 물건의 가격만 변한다. 물가가 점점 오르기 때문에 가지고 있는 돈으로 살 수 있는 물건의 범위가 줄어든다. 가방 속에 담을 수 있는 물건의 크기가 작아지는 것이다.

좀벌레는 쉽게 잡을 수 있지만 인플레이션은 보이지가 않아서 잡기 어렵다. 빈털터리가 된 후에야 우리는 인플레이션의 존재를 깨닫는다. 그 이유는 무엇일까? 우리가 숫자의 위력을 우습게 생각하기 때문이다. 정확하게 말하면 '기하급수적 증가'에 잠재된 엄청난 파괴력을 모르기 때문이다.

숫자의 기하급수적 증가가 끼치는 엄청난 영향력을 한번 상상해보자. 당신은 혹시 수련睡蓮을 좋아하는가?

온건한 인플레이션의 파괴력

당신은 지금 수련이 떠 있는 호수를 바라보고 있다. 수련으로 덮인 면적은 매일 두 배씩 증가해서 17일이 지나면 호수는 완전히 수련으로 뒤덮여버린다.

여기서 퀴즈를 하나 풀어보자. 수련이 호수의 절반 면적을 덮으려면 며칠이 걸릴까? 계산하기 전에 먼저 수련으로 덮인 면적이 매일 두 배씩 증가한다는 점을 잊지 말자.

정답은 16일이다($2^{17} \div 2 = 2^{16}$). 16일째에는 호수의 절반이, 17일째에는 호수 전체가 수련으로 덮인다.

조금만 생각해보면 쉽게 풀 수 있는 문제인데도 대부분의 사람들이 정답을 쉽게 못 맞힌다. 무턱대고 계산부터 하려고 하기 때문인데, 이러한 습성은 인간의 진화 배경과도 밀접한 연관이 있다. 인간은 기하급수적 변화를 인식하는 데 서투르다. 머나먼 과거에 인간이 먹잇감을 찾아 장거리로 돌아다녀야 했던 때에 자신이 얼마나 멀리까지 이동했는지 알려면 직선거리만 계산할 줄 알면 됐다. 지나치게 먼 거리는 비례식으로 계산하면 됐다. 매머드를 사냥하거나 검치호랑이를 잡는 데에는 인플레이션을 이해하는 데 필요한 지수 방정식, 즉 기하급수적 변화에 대한 개념이 필요하지 않았다. 인간의 진화 프로세스에서 기하급수적 변화를 인지하는 사고는 빠져 있는 것이다. 게다가 이 프로세스는 직관적으로 체험할 수도 없다. '온건한 인플레이션moderate inflation'이 미치는 기하급수적 영향력을 만만하게 보는 것은 인간의 진화 과정과 머릿속 프로세스에 기인한다.

다음 예시를 통해 인플레이션의 영향력을 좀 더 정확하게 살펴보자. 현재 1000유로인 제품이 있다고 가정해보자. 인플레이션율이 1퍼센트라고 하면 1년 후 제품 가격은 1010유로, 10년 후에는 1104유로, 20년 후에는 1220유로다.

그렇다면 현재 제품 가격이 1000유로이고 인플레이션율이 2퍼센트일 경우에는 어떻게 될까? 이 경우에는 10년 후에 1218유로, 20년 후에 1485유로여야 정상적이다. 국제통화기금IMF, International Monetary Funds은 유로존의 인플레이션율을 매년 4퍼센트씩 인상시킬 것을 권고했다. 이 점을 고려한다면 제품 가격은 10년 후에는 이미 1480유로, 20년 후에는 2191유로가 된다.

좀 더 이해하기 쉬운 예로 살펴보자. 2016년 뮌헨의 맥주 축제인 옥토버페스트 시즌에 맥주 한 잔 가격이 10유로라고 했을 때, IMF 권고사항에 따라 인플레이션율을 4퍼센트로 계산하면 10년 후에는 맥주 가격이 14.80유로다. 만약 IMF 권고사항보다 2퍼센트 더 높은 6퍼센트 인플레이션율로 계산하면 17.91유로다. 온건한 인플레이션이 얼마나 무서운지 알겠는가? 10년이나 20년은 시간 간격이 그다지 크지도 않은데 이 정도로 차이가 난다.

사람들은 대개 25세부터 직장생활을 시작해서 40년 후쯤 퇴직을 한다. 40년 동안 상승하는 인플레이션율이 2퍼센트라고 가정하면 구매력은 절반으로 감소한다. 그런데 인플레이션율을 4퍼센트라고 가정하면 어떨까? 구매력은 25퍼센트 수준으로 감소한다. 이러한 상황에서 어떻게 노후 대비가 가능하겠는가? 이처럼 2퍼센트, 3 퍼센트, 4퍼센트인 온건한 인플레이션이 초래하는 파장은 아주 심각하다. 온건한 인플레이션은 슬금슬금 다가오기 때문에 체감하기조차 어렵다.

지폐의 탄생

인플레이션은 근래의 발명품이 아니다. 인플레이션은 어느 시대에나 존재했다. 그런데 왜 20세기에 들어 급작스럽게 세계 경제가 통째로 흔들리고 있는 걸까? 바로 지폐 때문이다.

　언제 어디서 돈이 처음 발명되었는지는 확실하지 않다. 지난 수천 년 동안 황소, 조개껍질, 돌, 소금, 향신료, 식료품 등 온갖 종류의 물건이 지불수단으로 사용되어왔다. 그중에서도 황소는 최초의 교환수단이자 계산 단위였다. 그래서 돈과 관련된 단어의 어원 중에는 황소에서 유래한 것이 많다. 스페인어로 돈을 'pecunia페쿠니아'라고 하는데, 이 단어는 가축이라는 의미의 라틴어 'pecus페쿠스'에서 유래했다. 지금도 독일어로 금전적인 문제가 있다는 표현을 할 때 'pekuniär페쿠니에르'라는 형용사를 사용한다. 한편 황소의 수를 셀 때는 머릿수로 세는데, 라틴어로 머리를 'căput카푸트'라고 한다. 영어단어 'capital자본'은 이 'căput'에서 유래했다. 요금이라는 의미의 영어단어 'fee피'도, 가축

이라는 의미의 게르만어 'fihu피후'에서 유래했을 것으로 추정된다.[5]

온갖 종류의 물건을 교환수단으로 사용해오던 인류는 금속을 가공하는 법을 익힌 후로 좀 더 전문화한 방법에 눈을 떴다. 최초의 금속 동전을 주조한 것이다. 현존하는 유물을 기준으로 하면, 최초의 동전은 기원전 600년, 현재 터키 지역에 있었던 리디아왕국의 크로이소스왕[6] 시대의 것으로 알려져 있다.

돈과 관련된 유물을 관찰하다 보면 6세기 중국의 생활상을 짐작할 수도 있다. 일찍이 동전을 지불수단으로 도입한 중국인들은 서로 물품을 교환하는 물물교환 형태에서 점차 도구를 본떠서 만든 물건을 지불수단으로 사용하기 시작했다. 실물 도구를 교환하는 것보다 이 방법이 훨씬 간단했기 때문이다. 도구를 본떠서 만든 물건은 차츰 동전의 형태를 갖추게 되었다.

종이를 화폐로 사용한 시점은 이로부터 한참 후인 20세기였다. 종이를 거래 수단으로 보급시키자는 아이디어는 처음에는 별 문제가 없는 듯했다. 별 탈 없이 보편적인 거래 수단으로 정착되었지만, 종이를 돈으로 사용한다는 아이디어에는 엄청난 파괴력이 숨겨져 있었다.

10세기 중국 교역 상인들이 거래 수단으로 종이를 사용하기 시작한 데는 이유가 있었다. 일단 동전을 주조할 금속이 부족했고 종이는 사용하기 편리했다. 이전에는 상인들과 교역을 할 때 물건을 담보로 맡겼지만, 이제 물건의 가치를 명시한 종이만 있으면 간단하게 거래를 할 수 있었다. 이 종이가 발전하여 고유한 화폐가 되었다.

● 도구 모양을 띈 중국의 고대 동전. 물품을 교환하던 고대 중국인들은 도구를 본떠서 만든 물건을 사용하기 시작했고, 이것이 차츰 동전의 형태를 갖추었다.

이 화폐는 물건의 실질가치를 완전히 보장해준다는 점에서 현재 우리가 사용하는 화폐와는 달랐다. 종이에 명시된 가치가 언제 어디서나 보장되는, 놀라울 정도로 가치가 안정적인 형태의 화폐였다. 이 화폐는 구매력이 감소할 수 없었다.

수천 년 후 이 아이디어는 다시 논의되기도 했다. 사람들은 상품화폐commodity money(화폐로서의 사용가치와 교환가치를 지니는 화폐. 가축, 곡물, 무기 등 화폐로 선택되는 상품은 역사적·사회적 상황에 따라 다르다. 실물화폐 혹은 물품화폐라고도 한다)와 금태환 화폐(화폐단위의 가치와 금의 일정량의 가치가 등가관계를 유지하는 경우를 금본위제도gold standard라고 하며, 이때의 화폐를 '금태환 화폐'라고 한다)를 사용하면 인플레이션의 함정에서 빠져나올 수 있다고 생각했다. 이러한 화폐체계를 도입하면 국가의 권력을 제한하여 화폐 가치가 떨어지는 것을 막을 수 있다고 보았던 것이다.

그러나 중국의 화폐도 순식간에 인플레이션의 함정에 빠졌다. 지폐의 위력을 알아챈 국가가 은행권 발행을 독점한 것이 문제였다. 13세기 중국에서는 지폐가 유일한 합법적 통화로 자리매김했다. 중국인들은 지폐를 화폐 역사의 청사진이라 여겼기 때문에 이 작업은 신속하게 진행됐다. 그런데 이 과정에서 중국인들은 한 가지 큰 실수를 저지르고 말았다. 국가에서 구권을 폐기하지 않은 상태에서 신권을 계속 발행했던 것이다. 미 연방준비제도이사회에서 화폐를 마구 찍어내듯이 말이다. 1380년에는 지폐 한 장이 동전 1000개의 가치를 갖고 있었다. 그러던 것이 1535년에는 지폐 한 장당 동전 0.28개로 가치가 급락했다.[7] 최초의 '지폐 인플레이션'이었다. 물론

MONEY INSIGHT 인플레이션이 예금에 미치는 영향
- -

예금 금리가 5퍼센트라고 해도 물가가 5퍼센트 상승하면 실제로 손에 쥘 수 있는 돈은 별로 없다. 정확한 이자 수익을 알고 싶다면 인플레이션율이 반영된 금액을 알아야 한다. 인플레이션의 영향력을 가장 알기 쉬운 방법은 인플레이션율을 공제하는 것이다. 예금 금리 5퍼센트일 때 인플레이션율이 5퍼센트인 경우 실질 금리는 제로다(예금 금리 5퍼센트−인플레이션율 5퍼센트=0).

인플레이션을 일으킨 장본인은 국가였다.

앞으로도 이 역사는 반복될 것이다. 물론 최악의 인플레이션은 지폐가 유발하는 인플레이션이다. 금속, 물품, 혹은 기타 실물을 기본으로 하는 화폐와 달리 지폐는 별도로 큰 비용을 들이지 않고도 마음껏 찍어낼 수 있기 때문이다.

03
인플레이션의 역사는
정치 실패의 역사

INFLATION

돈이 지닌 가치의 파괴

최초의 인플레이션이 발생한 시기는 돈이 지불수단으로 도입된 직후였을 것으로 추정된다. 돈이 가치를 표현하는 수단이지만 돈이라는 물질 자체의 가치가 사라진 순간이다. 인류의 역사에서 소, 향신료, 귀금속 등은 그 자체로 값어치가 있었다. 이런 물건들은 값어치가 사라질 염려가 없기 때문이다. 물론 황소, 정향, 금괴로 물건 값을 지불할 수 있었지만 실용성이 떨어진다는 것이 문제였다. 무거워서 가방에 넣고 다니기도 불편했고, 오래 보관할 수도 없었으며, 계산을 할 때도 여간 번거로운 것이 아니었다.

그러나 값어치가 있는 물건이라고 해서 모두 지불수단이 될 수 있는 건 아니었다. 지불수단은 휴대하기 편리하면서도 부패하지 않고 작은 단위로 나눌 수 있는 것이어야 했다. 껌 하나를 사고 황소 한 마리를 주면서 거스름돈을 받는 상황을 상상해보면 쉽게 이해가 갈 것이다.

여기에 더해 지불수단은 되도록 통일되어야 한다. 같은 크기로 나눈 금덩어리가 같은 가치를 가져야 하는 것이다. 그래야지만 계산이나 협상을 신속히 처리할 수 있고, 값어치가 떨어져 병이 들었거나 늙은 소로 이익을 챙기려는 사태가 없으며, 말라빠진 소를 건강한 소처럼 속일 염려도 없다.

돈이 동전의 형태를 취하면서 이 문제는 깔끔하게 해결됐다. 가치, 크기, 외형이 표준화된 동전을 사용하면 얼마만큼의 가치를 지녔는지 의심할 일이 없었다. 껌 하나를 살 때나 리무진을 살 때나 모든 물건에 공통적으로 사용할 수 있는 지불수단이었던 것이다.

인류 최초의 동전은 2700년 전 리디아왕국에서 탄생했다. 리디아왕국에서 사용된 동전 일렉트론은 금과 은의 혼합물인 일렉트룸으로 만들었는데, 이것 역시 희소성이 있고 금속으로 된 물질이었다. 금과 은은 희소성이 유지되는 한 앞으로 펼쳐질 수천 년 동안의 지불수단으로 사용될 것이었다.

표준화된 동전은 일종의 계산 단위였다. 물건을 주는 대가로 지불한 동전에는 일정한 가치가 있었다. 황소 한 마리를 살 때는 구리 동전 20개, 당나귀 한 마리를 살 때는 구리 동전 10개를 지불했다. 그래서 사람들은 황소 한 마리가 당나귀 몇 마리의 값어치를 갖는지 쉽게 계산할 수 있었다. 즉, 동전을 기준으로 물건의 값어치를 계산하고 비교할 수 있었다. 지폐가 등장하면서부터는 모든 것이 더 편리해졌다. 지폐는 주머니에 넣고 다니기만 하면 됐다. 주인을 대신하여 심부름꾼이 사업 파트너에게 물품 대금을 지불할 수 있었고 금화처럼 무겁지도 않았다.

그런데 중요한 요소가 하나 빠져 있었다. 지금까지 살펴본 바에 의하면 휴대하기 편리하고, 부패하지 않고, 작은 단위로 나눌 수 있는 것이 돈의 요건이다. 그렇다면 모래나 조약돌도 돈으로 적합할까? 모래나 조약돌은 지불수단이 되기에 부족한 조건이 하나 있다. 바로 희소성이다. 향신료나 황소는 그 자체로 값어치가 있고 조개껍질, 상아, 동전은 희소성이 있다. 조개껍질을 가지려면 수영을 할 줄 알아야 하고, 동물의 엄니를 가지려면 사냥을 할 줄 알아야 했다. 모

MONEY INSIGHT 인류 최초의 동전과 가장 현대적인 동전

인류 최초의 동전이 리디아왕국의 일렉트론이라면, 인류 역사상 가장 현대적인 통화는 사이버 통화인 비트코인이다. 비트코인은 지폐로는 발행되지 않으며 통화 뒤에 비트가 적혀 있다. 비트코인은 컴퓨터 소유자를 중심으로 여러 곳으로 분산되어 유통된다. 따라서 비트코인은 정식 통화가 아니다. 컴퓨터 소유자는 복잡한 수학 문제를 풀어야 비트코인을 얻을 수 있다. 수학 문제를 해결하는 프로세스는 상당히 복잡하여 실제로 사람들이 생성시킬 수 있는 비트코인의 양은 한정되어 있다. 실제로 이 시스템에서 최대 생성 가능한 비트코인 양은 2100만 비트다. 이 약속만 제대로 지켜진다면 통화 가치는 결코 쉽게 하락할 수 없다. 비트코인 거래는 인터넷 플랫폼에서만 가능하다. 거래는 익명으로 이루어지고 정부나 은행과는 별개다.

두 시간과 노력을 투자해야 얻을 수 있는 것들이었다. 그래서 희소성이 있고 가치 있는 물건들이 지불수단이 된 것이다.

인플레이션의 역사는 '돈이 지니고 있는 가치'와 '돈이 나타내는 가치'가 달라지면서 시작됐다. 쉽게 말해 돈의 가치를 조작하거나 파괴하는 일이 가능해졌다는 것이다. 이런 부작용은 특히 지폐에서 많이 나타났다.

지불수단으로 유통되던 지폐에는 가치가 표시되어 있었다. 이 가치는 불에 태운다고 사라지는 것이 아니었다. 창고에서 물건을 꺼내와 물건의 가치를 종이에 적고 이 종이에 적힌 만큼 물건을 내준다면 인플레이션은 발생하지 않는다. 종이에 적힌 금액은 그만큼 주겠다는 약속이었다. 그런데 이 약속을 어기는 사람들이 나타났다. 바로 정치인들이었다.

정치 하수인으로서의 돈

3장에서 상세히 다룰 예정이지만 화폐 가치 하락의 역사는 정치 실패의 역사다. 항상 그랬듯이 돈은 정치인들의 손아귀에 있었다. 왕, 황제, 제후, 대통령, 수상, 한 사회의 엘리트들이 사리사욕을 채우기에 화폐 조작만큼 좋은 방법은 없었다.

지폐에 적혀 있는 숫자는 어떤 상품에 대해 일정한 가치를 지급하겠다는 약속이다. 그런데 이 약속을 지킬 필요가 없다면 무슨 일이 벌어지겠는가? 물론 처음에 국가는 국민들에게 일정한 가치를 약속하는 지폐를 주고 국민들은 이 지폐에 적힌 가치만큼 상품을 구매한다. 그런데 나중에는 굳이 이 약속을 지키지 않아도 된다. 이게 무슨 말일까?

결론적으로 화폐 발행권을 갖고 있던 국가는 손을 더럽히지 않고도 이익을 취할 수 있었다는 의미다. 국민이 소유하고 있는 화폐에는 명시된 금액만큼의 가치가 보장되어 있다. 그러나 실제로 국민의 손에 쥐어지는 것은 화폐 주조 비용이 공제된 금액이다. 이것을 화폐주조차익Monetary Seigniorage(중앙은행이 화폐를 독점적으로 발행함으로써 얻는 수입)이라고 한다. 모든 시대의 통치자들은 더 많은 돈을 주머니에 챙기려고 이 방법으로 화폐의 가치를 조작했다.

다행히 국민들이 그 정도로 멍청하지는 않다. 국민들은 화폐의 가치와 실질가치가 일치하지 않고 돈이 정치적 이탈 행위에 악용되기 쉽다는 사실도 안다. 그래서 화폐의 가장 중요한 특성이 신뢰인 것이라고 해보자.

모든 사람들이 화폐를 신뢰해야 화폐는 제 기능을 한다. 가령 이웃이 당신에게 중고차를 500유로에 팔려고 한다. 그런데 당신은 수중에 돈이 없어서 100유로짜리 차용증 다섯 장을 써주고 이웃의 중고차를 인수했다고 해보자. 현금을 받지 않고 차용증으로 거래가 가능한 것은, 다른 이웃들이 당신을 알고 있고 돈을 빌려줘도 될 만한 사람이라고 생각했기 때문이다. 당신이 어떤 사람인지 알고 자동차를 팔려고 한 것이다. 차용증으로 거래해도 될 만한 사람이라고 믿었다는 것은, 차용증을 지불수단으로 인정했다는 의미다. 이 경우 차용증은 지폐와 동일한 역할을 하는 지불수단이다.

차용증은 발행자의 상환 능력만큼 가치가 있다. 돈을 빌려간 사람이 돈을 갚을 수 있을지 스스로 확신하지 못하면 차용증은 가치가 없어진다. 이 경우에는 아무도 차용증을 지불수단으로 인정하려 하지 않을 것이다. 차용증이 있어봤자 소용없기 때문이다.

현대의 지폐는 차용증과 별반 다르지 않다. 차이가 있다면 발행자가 이웃이 아니라 중앙은행이라는 것이다. 지폐에 명시된 가치는 그만큼 되돌려주겠다는 구체적인 약속이 아니다. 지폐의 가치는 국민이 벌어들일 수 있는 GNP, 즉 화폐의 범위 안에서 생산되는 모든 재화와 서비스를 통해서 보장된다.

당신이 주머니 속에 있는 돈을 내면 'GNP'라고 부르는 케이크의 큰 조각을 가질 수 있다고 하자. 이때 당신은 이 돈을 지불수단으로 인정한다. 그러나 GNP의 목표치를 달성하지 못하거나 실적이 점점 떨어지면 이 돈으로는 재미를 볼 수 없다. 당신은 이 화폐를 기피하고 다른 화폐나 다른 지불수단으로 바꾸려고 할 것이다. 사람들이 자신의 재산을 잃지 않으려고 할 때 보여주는 행동이다. 사람들은 인플레이션이 발생했을 때도 유사한 행동을 한다. 이 상황에서 사람들은 이 방법 말고 딱히 할 수 있는 일이 없기 때문이다.

이것이 가치가 보장되지 않는 현대 화폐의 맹점이다. 국민들이 화폐가 제 기능을 하는지 신뢰할 때만 화폐의 가치는 유지된다. 화폐는 곧 신뢰다. 화폐에 대한 신뢰가 바닥으로 떨어지면 화폐에 대한 가치도 떨어진다.

현대의 화폐는 어떤가. 지폐는 사람들의 신뢰를 먹고 사는데 지폐에 대한 사람들의 신뢰는 점점 떨어지고 있다. 화폐의 파수꾼 역할을 해야 할 정치인들이 통화 정책으로 무모한 실험을 하고 있기 때문이다. 오랜 세월 동안 정치인들은 무슨 일을 벌여온 것일까? 이제 그 실체를 낱낱이 파헤쳐보자. 첫 번째 이야기는 '작전명 베른하르트'다.[8]

01

인플레이션은 어떻게 측정하는가?

현대 국민경제에서는 장바구니를 기준으로 인플레이션을 측정한다. 먼저 한 국가의 국민들이 평균적으로 사용하는 제품과 그 제품의 소비량을 계산한다. 여기에서 그 나라 서민이 가장 많이 사용하는 제품을 뽑아 '대표 장바구니 물가' 목록을 만든 다음, 매달 이 목록에 속한 제품들의 물가를 조사한다.

인플레이션율은 대표 장바구니에 속한 제품들의 기준 물가와 실제 물가를 대조하여 상승 여부를 확인하고 실제 경제에 끼치는 비중을 고려하여 측정된다. 가령 임대료 지출은 브로콜리보다 훨씬 더 큰 비중을 차지한다. 브로콜리 가격보다 임대료 가격이 오를 때 경제에 더 큰 영향을 끼치기 때문이다. 단순히 모든 제품의 물가가 상승했다고 인플레이션율이 상승하는 것은 아니다. 장바구니 물가가 평균 이상으로 오른 경우를 인플레이션이라고 한다.

장바구니 물가 목록에 무엇이 포함되어 있느냐에 따라 인플레이션율도 달라진다. 소위 코어 인플레이션core inflation(소비자물가지수에서 곡물 이외의 농산물과 석유류 등 외부 충격에 의해 일시적으로 급등락하는 품목을 제거하고 난 뒤 산출하는 기조적 물가지수)의 경우, 식료품 및 에너지 비용은 가격 변동이 심하기 때문에 목록에서 제외한다.

물론 장바구니 물가에 모든 국민들의 생활 습관이 반영되는 것은 아니다. 서민의 장바구니 물가를 평균적으로 계산한 것이므로 일부 사람들은 인플레이션율의 영향을 거의 받지 않는다. 담배 가격 인상은 인플레이션율을 상승시키는 요인이지만, 비흡연자들에게는 직접적인 영향을 끼치지는 않는다.

로마제국의 인플레이션은
길고 긴 인플레이션 여정의 서막에 불과하다.
중세시대로 넘어가보자.
검은 돈의 무대는 전 세계로 뻗어나가기 시작한다.

.
.
.
.
.

"전쟁, 약탈, 방화보다 무서운
인플레이션이 죽음을 몰고 다닌다."

2장

돈의 파괴,
새로운 시대가
열리다

핵심 명제

1 지폐가 등장하기 전에는 화폐독점권인 '뮌츠레갈(동전진열장)'이 통치자들의 중요한 수입원이었다.

2 과거에는 통치자들이 화폐의 명목가치를 하락시키거나 동전의 금속 함량을 줄이면서, 화폐의 가치는 떨어졌다.

3 이 과정이 진행되면서 금속 함량과 동일한 가치를 지닌 양화(良貨, 품질이 좋은 화폐. 실제 가격과 법정 가격의 차이가 적은 화폐)가 금속 함량이 적은 악화(惡貨, 금속의 가격이 법정가격보다도 낮은 화폐)에 밀리는 현상이 나타났다.

01
꿈틀거리는 인플레이션

INFLATION

위조지폐를 유포하는 정권

1939년, 나치의 테러리스트 알프레트 나우요크스Alfred Naujocks는 한 가지 지령을 받았다. 나치친위대원을 동원해 폴란드의 글라이비츠 방송국을 위장 습격하라는 것이었다. 언론에서는 침공 세력이 폴란드 반군이었다고 발표했다. 이 사건은 나치 정권이 합법적으로 폴란드를 침입할 수 있는 명분이 되었고, 이로 인해 제2차 세계대전의 대서사시가 막을 올렸다.

나우요크스는 1931년 20세의 나이로 나치친위대에 입회하자마자 잔인하고 실력 있는 테러리스트로 이름을 날리기 시작했다. 그는 나치 정권의 극비 암살 계획에 투입되어 승승장구하면서 자신의 입지를 굳혔다. 나우요크스가 받은 비밀 지령들은 정말 독특했다. 그 중에는 영국 경제를 파탄으로 몰아넣으라는 지령도 있었는데 이것이 이른바 '작전명 베른하르트'다.

경제 파탄이라는 목표를 달성하기 위해 나우요크스는 영국에 위조지폐를 대량 유통시켰다. 아이디어는 단순했다. 한 국가에 위조지폐가 범람하면 진폐와 구분되지 않기 때문에 대대적인 인플레이션이 발생하고 국민은 자국 통화에 대한 신뢰를 잃는다는 것이다. 현대의 선진국들도 통화가 제 구실을 하지 못하면 경제가 파탄 지경에 이를 수밖에 없다.

이 작전이 성공하려면 정교한 위조지폐가 필요했다. 위조지폐를 제조하기 위해 나치 정권은 나치친위대원 장교인 베른하르트 크뤼거Bernhard Krüger의 통솔하에 화가, 인쇄업자, 동판조각사, 식자공, 석판인쇄사, 심지어 미용사까지 강제 동원했다. 동원된 인력은 대개 유대인들이었다. 이들 중 대부분은 강제수용소에 끌려가 죽임을 당하고 싶지 않아서 철통 보안 속에서 진행되는 강제 노역에 참여했다. 위조지폐 제작에 참여했던 사람들의 대부분은 히틀러가 권력을 장악한 제3제국 시대에도 목숨을 부지했다.

대략 1942년부터 1945년까지 베른하르트는 작센하우젠 강제수용소의 비밀 인쇄소에서 위조지폐를 900만 장가량 찍어냈다. 가치로 따지면 1억 3400만 파운드가 넘는 거액이었다. 당시 진폐 유통량의 13퍼센트에 해당하는 분량이었다.[9]

1943년 처음 위조지폐를 발견한 영국 중앙은행은, 너무 정교하게

● 나치친위대원 베른하르트의 통솔하에 위조지폐 900만 장가량을 찍어 유통시켰던 작센하우젠 강제수용소.

위조되어 이제껏 발견된 위조지폐 중에서 가장 위험한 지폐라고 발표했다.

나치 정권의 당초 계획은 비행기로 영국 전역에 위조지폐를 투하하는 것이었으나 공군의 반대와 비행 연료 부족으로 이 계획은 좌절됐다. 나치 정권은 영국에 간첩을 침투시켜 위조지폐 밀거래를 하는 것으로 작전을 변경했다. 이번에는 영국 정보국에서 이 작전을 먼저 눈치 채는 바람에 실패했다.

그리하여 나치 정권은 위조된 파운드화 지폐로 외환보유고를 메워 적자를 감추고 영국의 의무를 대폭 경감시켜주려는 것처럼 위장했다. 그런데 이 계획마저 실패했다. 대량의 지폐를 투입하지 않아도 영국 경제의 자금은 충분히 순환될 수 있었기 때문이다. 영국은행은 전후 복구를 위해 발행한 지폐만으로도 충분히 자금 순환이 된다고 판단하고 있었다.[10]

수십 년이 지나 결과적으로 보면 히틀러의 위조지폐 제조자 베른하르트의 작전은 성공한 셈이라고도 볼 수 있다. 수천 년 역사를 자랑하는 대영제국이 멸망한 후 세월이 흘렀고 많은 양은 아니지만 파운드화 위폐가 경매에서 수천만 파운드에 거래되고 있으니 말이다.

화폐 시스템을 교란시켜 한 나라를 망치겠다는 아이디어는 나치 정권 당시 처음 등장한 것이 아니었다. 18세기에 영국은 프랑스혁명을 진정시키기 위한 방안으로 대량의 위조지폐를 프랑스로 밀반입했다. 몇 년 후 나폴레옹 내각의 경찰장관 조제프 포체Joseph Fouché는 위조지폐를 모스크바, 런던, 비엔나로 이송시켰다.[11] 오스트리아는 전쟁통에 지폐 조판을 도난당한 상태였지만 다행히 2억 장에 달하는 위조지폐 중 소량만 오스트리아 비엔나에 반입되었다. 나폴레옹이 오스트리아 황녀 마리 루이즈와 결혼하는 바람에 '오스트리아 화폐 교란' 계획이 중단되었기 때문이다.[12]

영국은 제2차 세계대전 중에도 독일에 위조지폐를 유통시켜 독일 경제를 붕괴시킬 계획을 세웠으나 결국 포기한 바 있다. 한편 미국 정부는 북한이 달러화 위조지폐를 제작했을 것으로 추정한다. 다만 북한이 미국 경제를 동요시키려는 목적보다는 외환보유고 확보를 위해 위조지폐를 제작했을 것으로 보고 있다.

영국의 경제학자 존 메이너드 케인스$^{John Maynard Keynes}$는 통치자에 의한 인플레이션 이용과 관련해 구소련의 독재자 레닌의 주장을 다음과 같이 좀 더 명확하게 설명하고 있다. "레닌은 자본주의 체제를 붕괴시킬 수 있는 가장 좋은 방법은 통화를 파괴하는 것이라고 했다. 인플레이션을 이용하면 조용하고 은밀하게 국민이 누려야 할 복지의 일부를 빼앗을 수 있기 때문이다. (……) 레닌의 주장이 옳다. 한 사회를 전복시키는 데 화폐 시스템을 교란시키는 것만큼 주도면밀한 방법은 없다."[13]

그러나 통치 계급들은 통화를 파괴시킬 때 이만큼 주도면밀하지 못했다. 이들이 어떤 일을 벌여왔는지 이제 본격적으로 살펴보도록 하자.

MONEY INSIGHT 비공식 환율

내 돈이 인플레이션 때문에 가치를 상실했을 것이라 생각하는 사람은 아무도 없다. 이런 위험성이 존재한다는 사실을 알아챌 수 있는 방법이 있을까? 물론 국가에서 발표하는 공식 인플레이션율을 살펴봐야 한다. 하지만 이 수치는 언제든 조작될 수 있으므로 신뢰할 수 없다. 이보다 더 신뢰할 수 있는 지표는 암시장의 비공식적 환율이다(공식 주가도 간혹 정부에서 조작을 한다). 자국 통화에 문제가 있을 때 보이는 조짐이 있다. 1차 신호로, 비공식 환율이 급락한다. 2차 신호로, 국제 투자자들이 대출 금리 인상을 요구한다. 해당 국가의 유가물(有價物, 경제적 가치가 있는 물건) 가격이 인상되고 정부는 인플레이션에는 문제가 없다고 확신을 한다. 이런 상황의 국가에 여행을 할 때는 현금인출기나 환전소를 이용하지 않는 편이 낫다. 현금인출기나 환전소에서는 공식 환율을 적용하기 때문에 손해가 훨씬 크다.

역사상 최초의 화폐 가치 하락

최초의 인플레이션이 언제 발생했는지 정확하게 알 수는 없다. 독일의 경제사가 귄터 슈묄더스^{Günter Schmölders}는 기원전 3000년경 고대 이집트에서 인플레이션이 있었다고 주장한다. 고대 이집트의 지불 단위인 샤트^{Shat}는 금 함유량이 15그램이었는데 처음에는 딱 그만큼의 가치를 지니고 있었다. 그러나 기원전 1700년 무렵에는 금 함유량이 7.5그램으로 줄어들더니, 급기야 금화에서 은화로 바뀌었고, 나중에는 은화마저도 자취를 감췄다.[14]

금과 은의 공급량이 수요량에 훨씬 못 미쳤기 때문에 아마도 화폐를 제작하는 데 계속해서 금과 은을 사용할 수 없었을 것이다. 금화와 은화가 사라진 데 대해 다른 전문가들은, 고대 이집트에서는 금은 신의 피부이고 은은 신의 뼈라고 여겼기 때문에 종교적인 이유로 사라졌다는 주장도 한다.

한편 금과 은이 아닌 값싼 재료로 만든 돈 자체가 인류의 역사에서 인플레이션을 초래했을 가능성도 배제할 수 없다.[15] 공식적으로 확인된 기록에 의하면 역사상 최초의 화폐 가치 하락은 2세기 로마 제국에서 발생했다.[16]

군인 황제와 통치자들은 시중에 유통되는 금속 동전의 가치를 단계적으로 하락시켰다. 이들은 구리를 섞어 동전을 주조하고 귀금속 함량을 줄임으로써 화폐유통량을 증가시켰으나 화폐의 구매력은 감소했다. 전쟁을 하고 군대를 유지하기 위해 돈이 필요했던 유권자와 정치인들은 뇌물수수나 정치 이력 사고팔기도 서슴지 않았고, 결국 화폐를 녹여서 부를 축재하기에 이르렀다. 당시 로마의 수입은 수출보다 많았지만 부패한 로마 경제에는 하등 도움이 되지 않았다.

적자를 메우기 위해 귀금속마저 동원되었지만 이후로도 인플레이션은 진정될 기미가 보이지 않았다. 귀금속을 확보하는 데 열을 올린 로마의 시민들은 동전의 가장자리를 잘라서 귀금속을 모았고 그 때문에 동전 가장자리는 물결무늬를 이루었다. 로마의 노예들은 동전을 가방에 넣고 흔들어서 금이 달라붙으면 가방을 태우고 잿더미 속에서 금만 골라냈다.

동전 주조로 인해 발생한 인플레이션의 파괴력은 실로 굉장했다. 이는 로마 동전주조공들이 화폐개혁을 하면 일감이 줄어들 것을 알고 화폐개혁에 반대하는 봉기를 일으켰다는 기록만으로도 쉽게 확인할 수 있는 사실이다. 기록에 의하면 로마에서만 동전주조공 중 4만 명이 봉기에 동참했다고 한다. 이 수치는 로마 전역의 동전주조소가 아니라 일부에 불과했다. 로마제국에서 얼마나 많은 사람들이 동전주조업에 종사했고 얼마나 많은 동전이 유통되었는지 짐작할 수 있는 대목이다.

3세기 로마제국의 정치와 경제는 대혼란에 빠졌다. 50년 동안 26명의 황제가 거쳐갔고 그중 단 한 명만이 처참한 죽음을 모면했다. 급기야 외국에서는 더 이상 로마 화폐를 받지 않기에 이르렀다. 인플레이션은 그칠 줄 모르고 치솟았다. 250년의 역사를 지닌 도시에 빈곤화가 시작되었고 인구가 줄어들었다. 금과 은도 사라졌다.

디오클레티아누스^{Diocletianus} 황제는 파탄난 로마 경제를 회복시키기 위해 필사적으로 노력했다. 먼저 그는 모든 재화에 최고가를 적용하고 최고가 규정을 위반하거나 물건을 움켜쥐고 있는 사람에게는 사형에 처한다는 명문을 그리스어와 라틴어로 대형 돌판에 새겼다. 다음으로 그는 물가 상승을 법으로 억제시키려 했다. 하지만 두 정책 모두 실패로 돌아갔다.

디오클레티아누스 황제 이후 수천 년이 지난 지금도 각국에서 물가를 진정시키기 위해 이와 유사한 조치를 취하고 있다. 인플레이션은 마치 흐르는 물과 같아서 우리가 할 수 있는 일은 그것을 중단시키는 것이 아니라 단지 방향을 돌리는 것뿐이기 때문이다.

우리는 수천 년 전의 인플레이션 억제책에서 한 가지 중요한 교훈을 얻을 수 있다. 최고가 규정을 도입한 국가에는 절대 투자해서는 안 된다는 사실이다. 최고가 규정이 존재한다는 것은 인플레이션을 잡기 위한 정책이 실패했다는 의미다. 정부에서도 갈피를 못 잡고 있기 때문에 이런 국가에서는 물건을 파는 것보다 보유하고 있는 것이 좋다.

로마제국에서는 150년부터 301년까지 인플레이션이 기승을 부렸다. 당시 물가는 매년 5~6퍼센트 상승했다. 당신은 이 숫자만 보고선 심각하지 않다고 느낄지도 모른다. 하지만 1장에서 예로 다루었던 연못을 뒤덮은 수련의 기하급수적 증가를 떠올려보라. 우리는 수련의 사례를 통해 인간이 기하급수적 변화에 둔감하다는 것을 살펴보았다. 그렇다. 이 시기에 로마제국의 물가는 200지수나 상승했다. 인플레이션이 얼마나 무서운지 로마의 통치자들이 미리 알려준 셈이다.

당장은 인플레이션율이 낮다고 해도 장기적으로 인플레이션은 세계의 부호를 빈털터리로 만들 수 있을 만큼 엄청난 파급효과를 가져올 수 있다. 그러나 지금까지 살펴본 로마제국의 인플레이션은 길고 긴 인플레이션 여정의 서막에 불과하다. 이제 중세시대의 인플레이션으로 넘어가보자. 인플레이션의 무대는 순식간에 전 세계를 향해 뻗어나갔고 죽음을 동반하기도 했다.

MONEY INSIGHT   **인플레이션에 대한 짧은 오해**

인플레이션은 개별 물가가 상승하는 현상과는 다르다. 예를 들어 난방비 인상은 유가 상승 때문이고, 서비스 요금 인상은 정부가 국민에게 새로운 세금을 부과했기 때문이다. 개별 재화 가격이 상승하는 것은 인플레이션이 아니다. 인플레이션은 물가가 전반적으로 상승한 상태를 말한다. 쉽게 말해 주변의 거의 모든 물가가 상승한 경우가 인플레이션이다.

02
검은 죽음과
유럽 최초의 인플레이션

INFLATION

전쟁보다 무서운 '쉰더링에'

1347년, 유럽에 죽음의 그림자가 드리웠다. 죽음의 기운은 아마도 동방에서 온 배를 타고 전파된 것으로 보였다. 이 '검은 죽음'은 항구 도시에서 항로를 통해 독일, 영국, 프랑스, 덴마크, 폴란드, 핀란드, 스웨덴 등 유럽 전역으로 급속히 퍼졌다. 이 죽음에는 경계가 없었다. 얼마나 많은 사람이 목숨을 잃었는지 알 수 없으나, 2000만~5000만 명가량 희생되었을 것으로 추산됐다. 흑사병. 이 '검은 죽음'은 유럽의 경제와 사회 구조를 완전히 바꿔놓았다. 유럽을 뒤바꾼 전례 없는 큰 사건이었다.

흑사병이 퍼지면서 농노제와 봉건제가 해체되었다. 수많은 농부들이 죽어나간 나머지 대지주가 소유한 땅을 경작할 노동력이 점점 부족해졌기 때문이다. 화폐의 가치는 흑사병과 함께 사라져갔다. 모든 영역의 물가가 하락하면서 고통이 시작되었다. 생산 제품의 잠재적 소비자가 흑사병으로 사망하여 재화에 대한 수요가 감소했다.[17] 경제학자들은 이때를 디플레이션 시기라고 말한다.

다행히 흑사병으로 인한 1차 쇼크가 잠잠해지는가 싶을 때 물가가 상승하기 시작했다. 그 이유는 간단하다. '사람은 죽지만 동전은 죽지 않기 때문'이다. 인구가 급감하면서 상품생산량이 감소했지만 시중에 유통되는 화폐량은 감소하지 않았다. 그 결과 인플레이션이 발생했던 것이다.

정부는 로마제국이 했던 것과 똑같은 정책을 실시했다. 전시를 방불케 하는 긴급 사태를 극복하기 위해 화폐를 대량으로 찍은 것이다. 화폐의 가치는 점점 떨어졌다. 흑사병이 인플레이션을 유발한 것이다. 연 인플레이션율은 6퍼센트에 조금 못 미쳤으나 이는 앞으로 닥칠 인플레이션에 비하면 온건한 편이었다.

유럽의 통치자들은 통화 가치를 떨어뜨릴 방법을 고민할 필요도 없었다. 이제 통치자들은 혼자서도 재정난을 척척 해결했다. 15세기 중반 합스부르크 왕가의 프리드리히 폰 슈타이어마르크Friedrich von Steiermark와 알브레히트 폰 슈타이어마르크Albrecht von Steiermark의 왕위 계승과 유산 상속을 둔 알력 다툼이 시작됐다. 합스부르크 왕가는 이전까지 별다른 주목을 받지 못했던 터라 집안싸움에 상당한 시간, 돈, 신경이 소모됐다.

그렇다면 알력 다툼에 필요한 그 많은 자금을 어디서 조달했을까? 자금 조달을 위해 두 사람은 간단한 아이디어를 냈다. '뮌츠레갈Münzregal(동전진열장)'을 판매하는 것이었다. 오늘날 이케아에서 판매하는 진열장을 상상하며 뮌츠레갈을 떠올리면 안 된다. 뮌츠레갈이란 한 통치자가 독점적으로 동전을 유통시키고 여기서 얻을 수 있는 수익을 착복할 수 있는 권한을 일컫는다. 단순한 동전 주조 수익과는 차이가 있다. 뮌츠레갈은 통치자들에게 금광이나 다름없었다. 동전주조권보다 더 지능적으로 수익을 올릴 수 있는 수단이었다. 프리드리히 폰 슈타이어마르크와 알브레히트 폰 슈타이어마르크는 이 방법으로 자금난을 해소하고도 남을 만큼의 돈을 벌었다.

이들이 뮌츠레갈을 이용해 돈을 긁어모을 동안 동전주조권을 소유한 자들은 무엇을 하고 있었을까? 이들 역시 통치자들과 똑같은 짓을 하고 있었다. 동전주조권 거래가 활발하게 이루어지는 점을 악용하여 동전의 은 함량을 줄이고 구리와 납 함량을 늘렸다. 은 함량이 줄어든 화폐는 시중에 대량으로 유통되었고 사람들은 이 화폐를 '쉰더링에Schinderlinge'라고 불렀다.

쉰더링에는 사람들의 삶을 갉아먹었다. 급기야 1460년 초반 필러스도르프 지역 의회는 "전쟁, 약탈, 방화보다 쉰더링에가 백성의 삶을 더 피폐하게 만들고 있다"며 황제에게 쉰더링에의 유통량을 제한할 것을 청원했다.[18] 이런 사정을 간파한 알브레히트 폰 슈타이어마르크는 같은 해 동전주조권을 비엔나동전주조조합Wiener Münzhausgenossenschaft에 넘겨주면서 쉰더링에 시대를 종식시켰다. 그러나 몇몇 제후들은 알브레히트에게 사기를 당했다고 생각했다. 그리하여 길고 긴 재판과 협상이 시작되었다. 여기서 눈여겨보아야 할 부분이 있다. 동전주조조합은 쉰더링에 시대에 광풍처럼 몰아닥치는 동전주조 열풍에 동참하지 않았고 백성들로부터 그나마 긍정적인 평판과 신뢰를 얻고 있었다는 사실이다.

쉰더링에 시대는 유럽 최초의 인플레이션이 발생한 시기다. 물론 흑사병이 창궐한 때에도 화폐 가치가 하락하는 현상이 있었지만 당시의 인플레이션은 한 시대를 뒤흔들어놓을 만큼의 영향력은 없었다. 쉰더링에가 기승을 부리는 동안 유럽 남부에서는 어떤 일이 벌어지고 있었을까? 16세기 스페인에서 일어난 인플레이션을 보자.

"동전에서 은을 모조리 빼버려라!"

16세기에 스페인의 물가는 매년 1.5퍼센트씩 상승했다. 당신에게

MONEY INSIGHT 중앙은행의 독립성

통화가 안정되려면 중앙은행의 독립성이 보장되어야 한다. 정부가 중앙은행 통제권을 넘겨받았다는 것은 해당 국가에 대한 투자를 중단해야 한다는 신호다. 예를 들어 크리스티나 키르히너(Kristina Kirchner) 아르헨티나 대통령은 2010년 중앙은행의 외환보유고를 부채를 탕감하는 데 사용하려고 했다. 그러나 이 계획은 중앙은행장의 거센 반발로 좌절됐다. 이런 국가에 투자하는 것은 고위험을 감수해야 하는 일이다.

는 1.5퍼센트라는 수치가 별것 아닌 것처럼 보일지도 모른다. 하지만 16세기 말이 되었을 때 스페인의 물가가 4배로 뛰어올랐다고 하면 달리 보일 것이다. 인플레이션의 원인은 페루와 멕시코 광산에서 스페인으로 유입된 금과 은에 있었다. 이때 스페인으로 유입된 은만 1700만 킬로그램이었고, 금은 18만 1000킬로그램에 달했다.

당시 경제는 '귀금속 보유량이 많을수록 국가가 부유하다'고 보는 중상주의가 지배하고 있었다. 금과 은이 있으면 군대를 정비하고, 교회와 성을 건축하고 장식하며, 상품을 해외로 수출할 수 있다고 생각했던 것이다.

귀금속을 다량으로 유입하고 소유한 자들이 부를 축적할 수 있다는 사고방식은 인플레이션을 일으키는 원인이 될 수 있다. 그러나 당시의 통치자들은 이런 개념에 익숙하지 않았다. 금과 은의 유통량이 증가하자 물가가 상승했고, 사람들은 온갖 이론을 동원하여 물가 상승의 원인을 밝혀내려 했다. 하지만 원인을 밝혀내기에는 직업 활동을 하지 않는 가정주부, 경제적 관점에서 비생산 계층인 성직자, 투기꾼, 막강한 권력, 사치품, 저조한 수확량, 높은 소작료, 도살되는 소 등 고려해야 할 대상이 너무나 많았다. 통화량을 증가시켰기 때문에 인플레이션이 발생할 수 있다는 생각은 논의 대상에 오르지도 않던 시절이었다.

그런데 16세기 프랑스의 정치가이자 사상가인 장 보댕Jean Bodin만은 예외였다. 그는 양팔 저울로 인플레이션의 개념을 다음과 같이 명쾌하게 설명했다. "저울의 한쪽 접시에는 돈을, 다른 한쪽 접시에는 사람들이 이 돈으로 살 수 있는 상품을 올려놓는다. 돈이 있는 저울에 돈을 더 올려놓으면 다른 한쪽 접시는 위로 올라간다. 즉 물가가 상승한다." 수백 년 후 이 아이디어는 화폐수량설quantity theory of money(화폐 공급량의 증감이 물가수준의 등락을 정비례적으로 변화시킨다고 하는 경제 이론)로 재탄생했다.

이러한 개념에 익숙하지 않던 16세기 스페인에서는 인플레이션이 발생했으나 국민들은 그런 일이 있었다는 것조차 몰랐다. 스페인에서 발생한 인플레이션은 그 발생 원인이 쉰더링에의 경우와는 달랐다. 과잉 수요나 통화 상태의 악화로 인해 발생한 것이 아니라 지불수단인 화폐유통량이 과도하게 증가했기 때문이었다.

어느 시대에나 지배적인 특성과 세계관이 있기 마련이다. 16세기 말 스페인 국왕이자 포르투갈 국왕인 펠리페 3세는 무역을 강요했다. 그가 통치했던 왕국에는 금화 1억 두카트Ducat(베네치아공화국에서 처음 만들어져 1284년부터 제1차 세계대전 이전까지 유럽 각국에서 통용된 금화 또는 은화 단위)의 부채가 있었고, 향후 4년 치 국가 재정 수입까지 저당 잡혀 있는 상태였다. (물론 그 정도 규모의 부채는 충분히 있을 수 있다. 실제로

MONEY INSIGHT 화폐유통량

화폐유통량은 경제 상황을 진단하는 중요한 도구다. 국민경제의 현 상태와 미래의 투자 가능성을 알고 싶다면 화폐 유통량의 변동 추이를 주의 깊게 살펴보아야 한다. 화폐유통량이 지나치게 많고 과도한 증가세를 보인다면 경고신호로 받아들이는 것이 좋다. 통화량 정보는 각국 중앙은행 홈페이지에서 쉽게 확인할 수 있다.

● 펠리페 3세(좌측에서 두 번째)는 동전에서 은을 아예 뺀 다음 빼돌린 은으로 부채를 메꾸려 했다.

오늘날 고속도로 건설을 할 때 재정 상태도 이와 유사하다.)

하지만 펠리페 3세는 비정상적인 방법으로 사태를 수습하고 말았다. 1599년에 그는 시중에 유통되는 동전을 주조할 때 은을 아예 빼버렸다. 이렇게 빼돌린 은은 고스란히 그의 차지가 되었다. 새로 만드는 동전 중량을 맞추려면 구리 함량을 절반으로 줄이는 수밖에 없었고, 구화를 가지고 있던 사람들은 강제로 그것을 신화로 교환해야 했다.

그런데 펠리페 3세는 사소한 부분을 놓치고 말았다. 동전의 액면 가치가 동전을 만드는 재료와 동전을 주조하는 가치보다 높았던 것이다. 그 결과 해외에서 동전을 주조하여 스페인으로 수입하고 해외의 스페인 동전 소유자들을 통해 저질 동전을 양질의 금화와 은화로 교환하는 사태가 발생했다. 스페인에는 저질 구리 동전이 넘쳐나는 반면, 양질의 금화와 은화는 해외로 유출되었다. 그나마 해외로 유출되지 않은 금화와 은화는 소유자들이 베개 밑에 꽁꽁 숨겨놓았다. 이 금화와 은화의 가치는 계속 올랐다.

전쟁이 양산한 저질 동전

17세기 초반 독일에서도 유사한 일이 벌어졌다. 역사학자들은 이 시기를 키퍼 운트 비퍼Kipper und Wipper 시대라고 말한다. 키퍼 운트 비퍼라는 표현은 동전 함량을 재는 당시의 관행에서 유래한다. 당시에는 귀금속 함량을 줄이는 방식으로 동전을 위조하는 일이 빈번했다. 키퍼 운트 비퍼는 동전을 양팔저울에 올려놓은 다음 저울대를 기울이면서 무겁고 품질이 좋은 동전을 추려내고, 품질이 떨어지는 동전에는 납, 구리, 주석을 섞던 관행에서 유래한다.

이를 악용한 통치자들에 의해 독일에서도 다른 나라에서 익히 일어난 일이 벌어졌다. 전쟁준비자금이 부족해지자 통치 계급인 제후들은 자금난을 해결하기 위해 제국의 화폐주조규정을 무시하고 자신들이 주조하던 동전에서 은 함량을 줄이고 차익을 몰래 챙겼다. 시중에는 은 함량을 줄인 저질 동전이 넘쳐났고 은 수요가 증가하면서 은값이 올랐다. 은값이 동전 한 개의 가치보다 높아졌다. 사람들은 은 함량이 높은 동전을 녹여서 은 함량이 적은 동전을 새로 주조하기 시작했다.

새로운 동전들이 주조되자 초기에는 경기가 좋아지는가 했고, 그 덕에 사람들은 환호성을 질렀다. 그러나 저질 동전이 쏟아지면서 침체 국면으로 돌아섰다. 물가는 상승하고 노동자가 벌어들인 수입의 구매력은 감소했으며 은 함량을 줄인 '키퍼 동전'에 대한 불신은 경제를 파탄으로 몰아넣었다. 문헌에는 키퍼 운트 비퍼 시대에 독일의 물질적 행복은 30년 전쟁 당시보다 훨씬 황폐한 상태였다고 기록돼 있다.[19] 이는 신성로마제국(962년부터 1806년까지, 독일 국가 원수가 황제 칭호를 가졌던 시대의 독일제국) 역사상 최악의 인플레이션이었다.

지금까지 (소액 거래를 위해 탄생한) 동전으로 인해 발생한 인플레이션의 역사를 살펴보았다. 여기에는 공통점이 있다. 지배 계급들은 자신들이 필요한 돈을 마련하기 위해 저질 화폐를 만들고 화폐 주조 비용과 저질 화폐의 명목가치에서 발생한 차익을 자기 주머니에 챙겼다. 그러나 앞으로 일어날 사태에 비하면 이 정도는 새 발의 피였다. 동전이 아닌 지폐를 사용하면서 인플레이션은 더욱 심화되었기 때문이다. 지폐라는 아이디어를 낸 사람은 누굴까? 이제 초인플레이션이 불러온 혼돈과 재앙의 이야기를 살펴볼 시간이다.

02

희대의 위조지폐 제작자는 누구일까?

최초의 위조지폐는 약 5000년 전 고대 이집트에서 발견됐다. 고고학자들의 연구 결과 이 지폐에는 곡물 운송 수령확인증과 금괴를 위조한 내용이 쓰여 있었던 것으로 확인됐다. 최초의 동전이 유통되기 무섭게 위조 동전이 제조되기 시작했다. 위조자들은 값싼 금속으로 동전을 제조한 다음 도금하는 수법을 썼다. 인류 최초의 위조 동전을 가려내기 위한 방법은 동전에 눈금을 새겨 금속 함량을 검사하는 것이었다.

위조지폐는 최초의 은행권이 등장하기도 전에 제작됐다. 위조지폐 제작자로 가장 명성을 떨친 인물은 오스트리아의 페터 리터 폰 보어Peter Ritter von Bohr였다. 그는 말 그대로 화려하고 파란만장한 인생을 살았다. 그는 파리에서 미술을 전공하고, 프랑스 혁명군으로 입대했다가 도나우증기선회사와 오스트리아의 디 에르스테 방크Die Erste Bank(제1은행이라는 의미)의 전신인

에르스테 슈파르카세Die Erste Sparkasse(제1신용금고라는 의미)의 창립 멤버가 되었다. 그러던 중 회사가 재정난에 빠졌다.

재정난을 해결하고자 페터 리터 폰 보어는 직접 화폐를 찍기로 결심했다. 물론 그가 제조한 위폐는 당시 오스트리아 국립은행에서 전부 받아줄 정도로 정교했다. 재정난에 허덕이던 보어에게 새로운 세상이 열린 듯했다. 그러나 그 기쁨도 잠시였다. 그의 아내가 위조지폐로 엄청난 고가의 시계를 사면서 이 행복이 날아가버렸다. 시계상 주인은 자신이 받은 돈이 위조지폐라는 걸 눈치 챈 순간 누구의 '작품'인지 알 수 있었다. 보어와 그의 아내는 처음에는 사형을 선고받았으나 이후 징역형으로 감형을 받았다. 오스트리아 입장에서는 국가적 치욕이 아닐 수 없었다. 이런 까닭에 이후 70년 동안 이 사건 관련 보도는 전면 금지되기도 했다.[20]

포르투갈의 아르투르 비르질리오 아우베스 두스 헤이스Artur Virgilio Alves dos Reis 역시 천재적인 위폐 제작자로 손꼽히는 인물이다. 그의 위조 수법은 그야말로 기발했다. 그는 은행권이 아니라 계약서를 위조했다. 간이 크게도 그는 포르투갈 중앙은행의 계약서를 위조해서 영국의 사설 인쇄소에 거액의 지폐 발행을 의뢰했던 것이다. 믿기지 않겠지만 사람들은 이 수법에 깜빡 속아 넘어갔다. 실제로 계약서에 명시된 대로 은행권으로 20만 장, 가치로 환산하면 130만 유로의 거액이 인쇄됐다. 물론 이 위조지폐 수익의 4분의 1은 두스 헤이스가 챙겼다. 결국 그는 1925년 체포되어 1945년까지 감옥살이를 했다.

독일 출신의 유명한 위폐 제작자로 한스 위르겐 쿨Hans Jürgen Kuhl이라는 사람도 있다. 그는 '위조지폐계의 워홀'이라는 별명으로 언론에서 유명세를 탔다. 그래픽 디자이너, 화가, 모드 디자이너였던 그는 1970년대에 4000만 달러 상당의 위조지폐를 제작했다. 독일 연방총리실에서 그의 위폐를 보고 '소름 끼치게 완벽하다'고 할 정도였다. 그런데 한스 위르겐 쿨이 체포된 경위도 독특하다. 쾰른의 쓰레기 처리업체 직원이 우연히 그가 버린 쓰레기에서 위조지폐 조각을 발견했던 것이다. [21]

이제 위조지폐의 역사는 이상한 방향으로 흘러가고 있다. 유로화 도입 직후 한 기업인이 오스트리아 비엔나에서 300유로를 이미지광고에 활용했다. 그는 지폐의 앞면에 나체 여인을 그렸다. 그런데 간이매점 주인은 이 지폐를 받고 고객에게 290유로를 거스름돈으로 내주었다고 한다.[22]

2부

누가, 왜 인플레이션을
만들고 이용하는가?

: 화폐의 가치를 조작해온 검은 손

인플레이션이 만드는 희곡에서
재정 적자와 부채에 시달리는 국가는 배우다.
국가는 재정 위기를 극복하기 위해
지폐를 발행하며 필사적으로 노력하고
불안정한 통화 체제에서 빠져나가려는 사람들을 엄벌한다.

.
.
.
.
.

"발버둥 처봤자 소용이 없다
재앙이 올 시기가 미뤄질 뿐이다."

3장

악마의
화폐 체계

핵심 명제

1 일반적으로 과잉 부채국에서 통화 위기가 발생한다.

2 지폐의 등장으로 통치자들은 마음껏 빚을 지고 그 빚을 국민들에게 떠넘길 수 있게 됐다.

3 화폐 조작으로 인해 발생한 인플레이션은 대개 초기에는 내수 경제를 활성화시키다가 금융위기로 넘어간다.

4 화폐유통량을 줄여 인플레이션을 진정시키면 물가는 전반적으로 하락한다(디플레이션). 그러나 이 경우에도 내수 경제는 심각한 타격을 입는다.

01
판 도 라 의   상 자

INFLATION

돈 한 푼 없이 돈을 버는 남자

17세기까지 인플레이션의 주원인은 화폐 자체였다. 금, 은, 청동, 구리로 된 화폐들은 그 자체로 고유한 가치를 지녔다. 사람들은 금속을 채굴하여 동전을 주조했고 이 모든 작업을 하는 데는 돈과 시간이 필요했다. 그런데 종이를 화폐로 사용하면 금전과 시간에 제약이 없었다. 종이에 일정한 가치를 명시하고 서명만 하면 되므로 이보다 더 간단할 순 없었다.

하지만 국가에서 관여하지 않아도 자연스럽게 화폐 역할을 했던 동전이나 상품화폐와 달리 지폐는 권위나 명성을 가진 사람이 지폐에 명시된 금액을 내줄 것이라는 신뢰 관계가 형성될 때만 가치가 있었다.

이런 돈을 명목화폐^{fiat money}라고 하는데, 이러한 화폐는 누군가가 이것이 돈이라는 사실을 명시하고 지폐를 받은 사람이 지폐의 가치를 신뢰해야 비로소 돈이 된다. 즉, 신뢰를 잃는 순간 한낱 종이 쪼가리에 지나지 않는 것이다.

1700년대 프랑스에는 종이화폐의 발행을 주도한 장본인이자 인플레이션의 대서사시를 쓴 주인공이 있었다. 돈 한 푼 없이 돈 버는 법을 발견한 사람, 프랑스에서 활동한 영국의 재정가 존 로^{John Law}다.

존 로의 아버지 윌리엄 로^{William Law}는 금 세공사였다. 그는 자신에게 금을 맡기는 고객들에게 영수증을 발행했는데, 얼마 지나지 않아 이 영수증은 일종의 화폐처럼 시중에 유통되기 시작했다. 종이 영수증은 보관하고 휴대하기에 편리했다. 일정한 금액을 분할하여 여러 장의 영수증으로 재발행할 수도 있었다.

아버지로부터 탁월한 경제 관념을 물려받은 걸까? 존 로 역시 무에서 유를 창조할 줄 알았다. 혹자는 존 로를 두고 지폐의 발명인이라 말하기도 하지만, 최초의 지폐 발명인의 영예는 어느 중국인이 차지해야 옳을 것이다. 중국은 6세기에 이미 일종의 어음인 비전^{飛錢}을 사용했고, 아랍 상인들에 의해 지폐가 유럽에 전파되었다. 따라서 존 로를 '지폐의 발명인'이라고 보긴 어렵다. 다만 그가 위험천만한 사기 수법을 많이 개발한 것만은 사실이다.

존 로는 타고난 도박꾼이자 모험가였다. 그는 고향 스코틀랜드에서 결투를 벌이다 사람을 죽이는 바람에 도망자 신세가 되어 유럽 전역을 전전했고, 도박판에서 툭하면 사기를 쳐서 도박꾼들에게 쫓겨 다니기 일쑤였다. 그는 화폐론에 관한 책을 여러 권 집필했는데, 29세에 이미 자신의 저서에서 '악마의 화폐체계'에 관한 내용을 썼다.

최초의 지폐발행은행 설립,
거대한 붕괴의 서막

존 로는 대출과 통화량을 늘리면 경제를 활성화시킬 수 있다고 확신했다. 그래서 국가에서 가치를 보장하는 화폐를 발행해야 한다고 주장했다. 1715년 프랑스로 건너간 그는, 빈털터리가 된 프랑스 국왕에게 도움을 주겠다고 자청했다. 존 로에 의해 1716년부터 시작된 총 4막의 대서사시는 5년 동안 계속됐고 1720년에서야 막을 내렸다.[1]

제1막은 1716년에 존 로가 프랑스 국왕으로부터 은행 설립 허가를 받으며 시작되었다. 이 은행이 바로 최초의 지폐발행은행 뱅크 제너럴Banque Generale이다. 뱅크 제너럴은 고객에게 대출을 승인하고 예금을 받고 은행권을 발행했다. 요즘과 마찬가지로 자금 출자를 위해 정상적으로 수익이 발생하는 주식을 발행한 것인데, 다만 주식 지분의 일부는 국왕의 소유였다.

존 로는 일반은행에서 대출한 자금으로 국가의 부채를 상환했다.

국가 부채의 일부를 은행에서 인수하고 은행에서 발행한 은행권이 담보가 된 것이다. 은행에서는 시민들에게 언제든 이 은행권의 가치만큼 은으로 교환해주겠다는 약속을 했다. 물론 국민들을 안심시키기 위한 꼼수였다.

사실 뱅크 제너럴은 그만큼의 자금력이 없었다. 은행권 전액을 은으로 돌려줄 수 있을 만큼의 예금도 자본도 없었다. 하지만 존 로는 금 세공사인 아버지로부터 배운 방법을 그대로 적용하면 성공할 수 있겠다고 확신했다. 그는 '은행권을 가지고 있는 사람들이 동시에 몰려와 은으로 교환해달라고 요청하지만 않는다면 그만큼의 금액을 충당하고도 남을 만큼의 은행권을 찍어낼 수 있다. 고객들이 자신이 가지고 있는 은행권이 가치가 있다고 믿어주기만 하면 리스크는 없다'고 생각했던 것이다. 이 원칙은 지금도 여전히 금융 및 화폐 체계의 근간을 이루고 있다.

한편 프랑스 국왕은 시민들의 은행권 사용을 장려하기 위해 은행권으로 세금을 납부하게 했다. 존 로가 발행한 은행권은 그 사이 프랑스의 합법적인 지불수단이 되었다. 이때만 해도 사람들은 은행권의 매력에 푹 빠져 있었다. 부채도 순환될 수 있다고 믿었기 때문이다. 최대 채무자였던 국가는 은행으로부터 은행권을 대출받고, 국민들에게는 이 은행권으로 세금을 납부하도록 지시함으로써 은행권을 확보했다. 그리고 나서 이 은행권으로 국가의 부채를 정리했다.

프랑스 국왕은 이 사업 모델이 성공할 수 있다고 믿었다. 실제로 은행은 상당한 흑자를 냈다. 1718년 뱅크 제너럴은 뱅크 로얄^{Bank}

● 　 존 로를 풍자한 정치 만화(1720년). "로는 말한다. 바람(Wind)은 나의 보물이자 쿠션이며 기초다. 바람의
마스터인 나는 삶의 마스터다. 나의 전매품인 바람은 곧 숭배의 대상이 된다"라는 내용을 담고 있다.

Royale(왕립은행)로 승격되는 동시에 국영화되었다. 국왕이 은행권의 가치를 보장하면서 드디어 국가에서 공식적으로 조폐권을 차지하게 된 것이다.

제2막은 1717년 존 로가 서인도회사Compagnie d'Occident를 설립하면서 시작됐다. 식민지의 자원을 개발하고 약탈할 수 있는 독점권을 갖고 있었던 서인도회사는 해외 식민시를 개척하면서 자본을 축적했다. 이 목표를 달성하기 위해 주식을 발행했고 수익이 보장되는 주식이라며 사람들에게 주식 투자를 권장했다.

사람들은 서로 주식을 사겠다고 아우성이었다. 이 돈으로 국가의 부채를 지불할 수도 있고 지금껏 그렇게 해왔는지도 모른 채 말이다. 국가의 채권자들은 자신들이 갖고 있던 차용증과 사실상 국가의 소유물을 착취하고 있는 기업의 주식을 맞바꿨다. 국가의 채권자들에게는 투자를 통해 돌려받기 바라는 금액이 있다. 서인도회사 주식에 명시되어 있듯이 식민지 투자에서 얻은 수익을 돌려달라고 청구할 수 있었다.

서인도회사가 애초부터 해외 자원만 이용했다면 사업 영역이 확장되며 사업이 번창했을 것이다. 하지만 서인도회사는 국가로부터 담배독점권을 사들인 다음 식민지를 약탈하는 다른 회사들을 사들였다. 그리고 조폐권을 비롯한 다른 권리들까지 사들여 국가의 세금을 몰래 챙겼고 이 수입으로 주식을 계속 발행했다.

국가와 서인도회사 간의 모종의 사업 진행 방식은 이랬다. 국가는 서인도회사에 식민지, 흡연자, 납세자를 착취할 수 있는 권리를 팔고 서인도회사는 그 대가로 채무를 변제해주었다. 결국 국가는 향후 수입원을 주식으로 자금을 조달하는 회사에 팔아넘기고, 시민들이 이 주식을 사들인 꼴이었다. 물론 시민들은 로의 은행에서 발행한 지폐로 주식을 매수했다. 이제 새로운 국면이 시작되었다.

벼락부자가 되는 하녀들,
1700년대의 폰지게임

제3막은 1719년에 막을 올렸다. 존 로가 재무장관이 되면서 서인도 회사와 은행이 합병됐다. 이렇게 탄생한 새 회사는 국가부채관리기 관이 되었다. 이 회사를 운영하기 위해 국민의 돈과 주식을 끌어들 였다. 국가의 부채를 이 회사에서 전부 떠안은 셈이다. 이 계획의 궁 극적인 목표는 국가의 부채를 회사의 주식과 맞바꾸는 것이었다.

그렇다면 이 주식을 무엇으로 사들였을까? 물론 존 로의 은행에 서 열심히 찍어낸 돈으로 지불했다. 이 계획의 마지막 수순은 금과 은을 지불수단에서 퇴출시키는 것이었다. 국가의 부채는 주식과 지 폐로 전환되면서 프랑스 경제는 원활하게 돌아가는 듯했다.

1720년부터 제4막이 시작되었다. 이제 존 로의 대서사시도 막을 내릴 때가 되었다. 프랑스의 현금거래에서 금리가 인하되면서 경제 는 활성화됐지만 존 로의 체제 자체에서 이미 몰락의 씨앗이 싹트 고 있었다. 몰락의 첫 번째 신호는 은행권에서 나타났다. 금과 은,

값어치 있는 천연자원 등 부를 가져다줄 것이라 약속했던 식민지는 질퍽하고 생활하기에 적합하지 않은 야생의 불모지였다. 이런 곳에서 부를 기대할 수는 없었다.

주가가 오를 것이라고 큰소리를 뻥뻥 쳤던 존 로는 이 사태를 어떻게 수습할 것인가? 대체 주주들에게 배당금을 어떻게 돌려준단 말인가? 새로운 주식을 발행하여 그 수익을 주주들에게 돌려주는 방법밖에 없었다. 언뜻 보기엔 그럴 듯하다. 하지만 이는 망할 수밖에 없는 전형적인 폰지게임ponzi game(일종의 금융 다단계 사기수법을 말한다. 1925년 미국 전역에서 8개월 만에 4만여 명으로부터 1500만 달러를 끌어모은 사기범 찰스 폰지의 이름을 따서 붙여진 용어)이었다.

처음에는 모든 일이 순조롭게 돌아가는 듯했다. 프랑스 사람들은 존 로의 주식을 사겠다고 몸싸움을 벌였다. 주식 덕을 본 하녀들이 하루아침에 벼락부자가 되는 일도 더 이상 드문 일이 아니었다. 이

MONEY INSIGHT 폰지게임의 원리

폰지게임은 금융 투자가 아니라 몰락이 예고된 사기다. 이 게임에서는 참여자들이 쏟아붓는 돈으로 자금을 조달하고 매번 더 많은 참여자들을 모아야 한다. 쉽게 말해 오래 투자한 사람들에게 수익을 나눠주기 위해 신규회원을 모집하는 피라미드 조직과 비슷하다. 내가 투자하고 있는 대상이 폰지게임으로 운용되고 있는지 확인할 수 있는 쉬운 방법이 있을까? 그들은 리스크는 낮고 고수익이 보장되는 투자라며 사람들을 끌어모은다. 사람들이 껌뻑 넘어갈 만한 후광과 카리스마가 있는 사람들이 리더이고, 그 리더가 수십 년 동안 다른 경쟁업체들보다 투자 실적이 뛰어났고 모든 면에서 우월하다고 주장한다면 일단 의심부터 하는 게 좋다.

　　　　　　　　　　　　　　　　　　　　　　　　　　　　　인플레이션

러한 역사적 배경 때문에 주가 등귀 현상을 두고 '하녀의 강세'라는 이름이 붙었다.[2] 프랑스의 마지막 왕 루이 필리프Louis Philippe의 아내 리제로테 폰 데어 팔츠Lieselotte von der Pfalz가 쓴 편지 구절에서 당시 상황을 엿볼 수 있다.

"지금 프랑스에는 부자가 얼마나 많은지 모른다. 분명 이해할 수 없는 일이 벌어지고 있다. 사람들은 백만 단위가 아니면 얘기도 하지 않는다. 나는 지금 세상에서 벌어지고 있는 일을 이해하지 못한다. 나는 부자에 대한 이야기를 들으면 마치 재물의 신이 파리를 지배하고 있는 듯한 생각이 든다."[3]

하지만 영화는 오래가지 않았다. 드디어 올 것이 오고야 말았다. 프랑스 시민들은 과열된 주식의 가치, 부를 가져다주지 않는 식민지의 실상, 은행권의 가치, 은행의 안정성을 의심하기 시작했다. 프랑스 시민들이 주식을 대량으로 매도하자 현금이 부족해진 중앙은행은 지폐를 발행하여 적자를 메웠다. 그러자 경기는 과열되고 물가는

MONEY INSIGHT 주가 붕괴에서도 버텨내기

주가가 붕괴된다고 해서 모든 투자자들이 돈을 잃는 것은 아니다. 아일랜드의 경제학자 리처드 캉티용(Richard Cantillon)은 로의 체제에서 투자 금액의 두 배의 수익을 올렸다. 그는 먼저 주가가 상승하기를 기다렸다. 그만큼 치고 빠지는 것이 중요하다. 동시에 그는 프랑스 통화에 투자했다. 그는 프랑스에 통화량이 넘치면 파운드 대비 프랑스화 환율이 하락한다는 사실을 간파하고 있었다.[4] 경험법칙상 주식을 팔아야 할 시기는, 당신의 지인 중 금융이나 주식업계 종사자들이 주가가 상승할 것이라고 장담할 때다. 이런 때는 과감하게 주식을 팔고 더 이상 고민하지 마라.

상승했다. 1717년과 1720년 사이 연 인플레이션율은 26퍼센트에 이르렀다.[5] 물가뿐만 아니라 주가도 폭등했다. 거액을 잃은 프랑스인들은 분노를 표출할 방법을 찾았다. 신변의 위협을 느낀 존 로는 은행과 무역회사가 파산하자 몸을 피해 벨기에를 거쳐 베네치아로 도주했다.

존 로의 대서사를 겪고 난 프랑스는 1720년 10월 금과 은을 다시 지불수단으로 돌려놓았다. 프랑스 계몽주의의 선구자 볼테르 Voltaire가 지적하듯 지폐의 가치가 땅으로 떨어졌다.[6] 지폐의 내재가치intrinsic value는 제로에 가까웠다.

존 로의 경제정책에 대한 평가는 엇갈린다. 그를 온 나라를 망쳐놓은 도박꾼이자 사기꾼으로 보는 견해가 있는 반면, 다양한 사상을 앞장서 실천했던 최초의 금융이론가로 보는 견해도 있다. 실제로 존 로의 일부 사상은 이후 국민경제에 편입되었다. 존 로는 지폐를 발명하지는 않았으나 지폐의 메커니즘을 밝혀냈다. 그의 실패는 지폐의 명목가치와 실질가치가 반드시 일치하지는 않는다는 사실과 잘못된 화폐정책이 경제를 어떻게 무너뜨릴 수 있는지를 여실히 보여주었다.

6세기 중국의 비전, 17세기 스웨덴에 도입된 지폐, 18세기에 사용된 여타의 지폐들은 금, 은, 동을 본위로 했고 이 지폐들은 명목가치를 보장받을 수 있었다. 한마디로 명목가치와 실질가치가 일치하는 화폐였다. 반면 존 로가 발행한 은행권은 액면가치와 실질가치가 일치하지 않았다. 이 지폐의 담보가치는 약속, 믿음, 평판, 희망뿐이었다. 따라서 이런 종류의 화폐를 '위험화폐'라고 한다. (귀금속을 본위로 가치가 보장되는 화폐와 대조적으로) 이러한 화폐는 보장가치가 약하다는 사실이 드러나면 내재가치만 남는다.

02
뿌 리 칠 수 없 는
유 혹 과 덫

INFLATION

스웨덴의 지폐 실험

유럽은 존 로의 체제하에서 프랑스 경제가 처참하게 무너지는 참상을 목격한 터라, 이후 수백 년 동안 지폐 도입을 망설였다. 20세기까지 인플레이션율은 그럭저럭 괜찮은 수준이었다. 인플레이션은 지폐를 잘못 사용했을 때, 특히 자금이 부족할 때, 대개 전쟁이 일어났을 때에 한해 발생했다. 그러나 20세기까지 유럽에서 인플레이션이 낮았다고 말하기는 어렵다.

그럼에도 스웨덴은 유럽 최초로 지폐를 도입했다. 물론 여기에는 나름의 이유가 있었다. 스웨덴의 동전은 구리로 만들었기 때문에 무거웠다.[7] 무게 때문에 금액이 크면 소액으로 나눠야 하는데다 당시 구리 동전과 지폐는 등가관계에 있었다. 그래서 스웨덴 제국은행은 별 무리 없이 은행권 지폐를 발행할 수 있었다.

1756년 발발한 7년 전쟁(슐레지엔 영유를 둘러싸고 유럽 대국이 둘로 갈라져 싸운 전쟁)은 지폐 발행량을 늘릴 수 있는 절호의 기회였다. 스웨덴 황실은 일부 산업에 보조금을 퍼주느라 부채가 눈덩이처럼 불어나 있던 차에, 지폐 발행량을 늘려 국가의 재정 적자를 메울 수 있었다.

자, 이제 무슨 일이 일어날지 예상이 되지 않는가? 1759년 구리 동전의 가치는 명목가치보다 높아졌다. 아무도 지폐를 소유하려 하지 않았던 것이다. 그리하여 스웨덴은 전면적인 지폐본위제를 실시했다. 이제 지폐는 구리, 금, 은으로 교환할 수 없었다. 밤낮으로 조폐기를 돌렸다. 앞서 존 로의 체제에서 일어났던 사태가 다시 발생했다. 화폐를 대량으로 투입하여 일시적인 경기 부양 효과는 누렸지만, 얼마 가지 못해 인플레이션이 발생하여 내수 경제가 무너지고 말았다.

인플레이션이 정점에 달하자 집권 여당은 금융위기를 해결하기 위해 1765년 화폐유통량을 줄였다. 지금은 이러한 조치에 대해 '디플레이션 정책을 도입했다'고 표현한다. 원칙적으로는 옳은 방식이다. 그러나 통화량을 줄이면 대개 내수 경제가 붕괴된다. 1772년에 선출된 새 정부는 1765년에 이미 권력의 힘을 맛본 터라 정권을 잡은 이후 빠르게 유권자들의 입장을 잊었다. 이들이 승리의 기쁨을 기뻐할 새도 없이 같은 해 일어난 쿠데타로 스웨덴의 대의 민주주의는 종지부를 찍었다. 그 후 올라선 새 군주인 구스타프 3세는 은

본위제의 은행권을 발행하도록 지시했다. 이렇게 스웨덴에서의 지폐 제도 실험은 끝이 났다.

미국 남북전쟁이 만든 인플레이션 209퍼센트

17세기와 18세기에 다른 국가에서 실시했던 지폐 제도 실험도 유사한 양상으로 흘러갔다. 미국 매사추세츠 정부는 신용전표credit note로 부채를 지불하기 시작했다. 물론 신용전표는 그전에도 이미 지불 수단으로 사용되고 있었다.

그러나 신용전표 유통량이 급속도로 증가하는 통에 시중에서 은화는 자취를 감추고 말았다. '악화가 양화를 구축한다'는 말이 있지 않은가. 누가 값어치 있는 은화를 장래성이 없는 신용전표로 교환하

MONEY INSIGHT　인플레이션과 디플레이션

인플레이션이나 디플레이션, 즉 물가 상승이나 물가 하락은 신용 거래에서 꼼꼼히 따져볼 부분이다. 물가가 상승(혹은 하락)할 때 대출을 받으면 구매력의 관점으로 보면 나중에 더 조금(혹은 더 많이) 상환해야 한다는 의미다. 하지만 디플레이션 시기에 대출을 받아도 바로 파산한다. 이것은 채권자에게도 마찬가지다. 물가가 상승(혹은 하락)할 때 돈을 빌려주면 구매력의 관점으로 보면 더 적은 금액(혹은 더 많은 금액)을 되돌려 받는다는 의미이기 때문이다. 디플레이션일 때 채무자가 파산을 하거나 더 많은 돈을 벌 수 없다면 말이다.

려 하겠는가? 인플레이션은 밑도 끝도 없이 치솟았다. 결국 이 실험도 은화제로 복귀되면서 허무하게 끝났다.

미국 독립전쟁 당시에도 같은 일이 반복됐다. 의회는 세금을 징수할 능력이 없었고, 각 주는 국가 예산을 지원할 재정도 없었을뿐더러 그럴 용의도 없었다. 해외에서 차관을 들여오는 데에도 제약이 있었다. 남은 방법은 전쟁 자금을 충당할 수 있을 만큼의 지폐를 발행하는 것뿐이었다. 미국은 지폐 덕분에 독립할 수 있었다.

그다음에 무슨 일이 일어날지 안 봐도 뻔할 것이다. 매년 약 100퍼센트에 달하는 인플레이션이 발생했다. 의회에서 발행한 이른바 대륙지폐continental currency의 가치는 급속도로 하락하여, '대륙지폐만큼의 가치도 없다'라는 말까지 생길 정도였다. 전후에는 인플레이션 진정 조치가 필요했다. 지폐 발행이 중단되면서 물가와 경제활동이 침체 국면으로 접어들었다. 인플레이션으로 물가가 고공행진을 하고 있던 시절 돈을 빌린 사람들은 빚더미에 앉았다. 심지어 농부와 군인들까지 과도한 부채 때문에 철창신세로 전락했다.

100년도 채 안 되어 1861년 미국 남북전쟁이 일어나면서 같은 일이 다시 벌어졌다. 전쟁 자금을 마련하기 위해 남부와 북부 모두 경쟁하듯 지폐 발행을 남발한 것이다. 그 바람에 북부의 인플레이션율은 28퍼센트, 남부의 인플레이션율은 209퍼센트로 또다시 치솟았다. 이래서 역사를 교훈 삼아야 한다는 말이 있는 것이다.

많을수록 좋다는 그릇된 판단,
혁명화폐 '아시냐'

전쟁과 혁명만큼 화폐를 무너뜨리기에 좋은 구실은 없었다. 유럽 역사상 가장 중요하고 큰 규모로 일어났던 프랑스혁명은 인플레이션이 어떻게 발생하는지 똑똑히 보여준 사건이었다.

프랑스혁명으로 인해 후손은 물론이고 이들이 사용하는 화폐도 몰락했다. 힘없는 왕, 떠오르는 신흥 중산계층, 가난에 찌들고 굶주린 하류계층, 텅 빈 국고…… 민중혁명이 일어날 수밖에 없는 상황이었다. 나라는 거의 통제 불능 상태였다. 집권당인 국민의회는 성난 민중으로부터 더 이상 세금을 거둬들일 수 없었다. 아니나 다를까, 이번에도 정치인들은 같은 생각을 떠올렸다. 70년 전 존 로가 프랑스 경제를 붕괴시키는 데 일조했던 그 수법을 또 써먹은 것이었다. 결국 정부는 지폐 발행량을 늘렸다.

사실 지폐의 장점과 유혹은 어마어마했다. 재정이 바닥난 정부는 그 유혹을 뿌리치지 못했다. 존 로가 던진 덫에 빠졌을 때처럼 이번에도 실패할 위험이 없다고 생각했다. 정부가 그렇게 주장하는 데는 나름의 이유도 있었다. 첫째, 정부는 경제가 그 지경으로 파탄이 나는 것은 군주제에서나 가능한 일이며 민중이 이끄는 공화국에서는 그럴 일이 없다고 장담했다. 요즘 사람들이 이 말을 들으면 웃음이 터져 나올 소리다. 둘째, 영어로 'TINA^There is no alternative', 즉 다른 대안이 없다는 것이다. 하지만 지폐를 발행하여 자금을 마련한 후에도

● 아시냐 화폐. 빚에 허덕이던 국민의회는 경제위기를 해결하기 위해 몰수한 교회 재산을 담보로 아시냐 화폐를 발행했다.

대안이 없기는 매한가지다. 자, 이제 무슨 일이 일어날지 안 봐도 뻔하지 않은가?

화폐발행량이 증가하여 화폐가 휴지 조각이 될까 봐 겁이 난 사람들은 대비책을 마련하기 시작했다. 교회 재산을 몰수하고, 국유화시킨 교회 재산을 재정 확보를 위해 발행한 혁명화폐인 아시냐Assignat의 담보로 삼았다. 국가에서 몰수한 재산 중 일부를 취득하려면 아시냐로 거래해야 했다. 물론 국가에서 발행한 아시냐를 먼저 사야 했다. 이 방법으로 사람들은 말 그대로 몰수된 재산이 팔리기도 전에 현금화했다.

존 로의 체제와 마찬가지로 아시냐에도 다음 두 원칙이 적용됐다. 첫째, 소유물을 담보로 화폐를 발행했다는 점이다. 몰수한 교회 재산 한 건당 서류를 한 장 발행했고, 이것은 현금화시킬 수 있었다. 물론 미심쩍은 부분이 있긴 했다. 몰수한 교회 재산의 가치가 지폐에 명시되는 금액보다 크다면 리스크가 없었다. 처음에는 그런 듯했다. 초창기에 아시냐를 가진 사람들이 받을 수 있는 이자는 심지어 3퍼센트였다. 이 원리를 바탕으로 개발된 금융상품이 현재의 담보 대출이다.

다음 이야기는 어떻게 전개될까? 충분히 짐작할 수 있다. 영미권에서는 이런 현상을 '미끄러운 경사면slippery slope'이라고 표현한다. 경사면에서 한번 미끄러지면 중간에 멈추기가 어렵다. 아래로 미끄러지는 속도는 점점 더 빨라진다. 아시냐에 대한 수요는 점점 증가했다. 그러나 첫 번째 장벽이 무너지자 사람들은 화폐발행량을 늘리기 시작했다. 이런 상황에서 어떻게 멈출 수가 있겠는가? 처음에는 아시냐 도입이 성공적인 듯했다. 생산이 증가하고 정부는 부채 상환 능력을 갖춰나갔으며 고용이 증대됐다. 화폐 발행이 경제에 긍정적인 영향을 끼치자 정부는 더 많은 화폐를 발행하면 경제적으로 더 긍정적인 효과를 볼 수 있을 것이라 생각했던 것이다. 만약 적당한 시기에 발행을 중단했다면 아시냐는 대성공을 거뒀을 것이다. 그러나 정부는 결국 유혹을 뿌리치지 못했다. 안타깝게도 지금 이 순간까지도 유럽에서는 '많을수록 좋다'는 정서가 계속 유지되고 있다.

인플레이션

● 1789년, 프랑스혁명의 시작점인 바스티유 감옥 습격은 이날 이후 벌어질 화폐의 대몰락을 예고하지 않았
을까?

하지만 무조건 많을수록 더 좋은 것은 아니다.

아시냐의 경우 '많을수록 좋다'는 그릇된 판단의 결과였다. 혁명
세력들은 정신없이 조폐기를 돌렸다. 삽시간에 아시냐의 실질 가치
는 몰수된 교회 재산의 가치에 미치지 못할 만큼 떨어졌다. 아시냐
를 발행한 지 불과 7년 만에 프랑스의 통화량은 20배나 증가했다.[8]
당연한 결과이지만 시민들은 아시냐로 거래하기를 거부했다. 더 많
은 귀족의 재산을 몰수했지만 화폐의 명목가치는 이미 떨어질 만큼

떨어진 상태였다. 아시냐에 대한 신뢰를 되찾으려면 아시냐 발행을 중단하는 방법밖엔 없었다. 결국 화폐 조판과 조폐기를 수많은 대중이 모인 축제에서 폐기했다. 집권계층은 지폐가 정상적으로 유통되려면 신뢰가 필요하다는 걸 그 누구보다 잘 알고 있었다. 그러나 신뢰만으로 이 모든 사태가 해결될 수는 없었다.

이러한 조치는 갑작스런 화폐 부족 사태를 해결하기에는 역부족이었다. 그래서 집권계층은 '토지위임권Territorialmandate'이라는 새로운 화폐를 만들었다. 토지위임권의 경우, 국가의 소유물을 경매를 거치지 않고 감정가로 매각할 수 있는 권리가 소유자에게 있었다. 따지고 보면 국민의 소유물을 헐값으로 매각하는 것이나 진배없었다. 그럼에도 국민들은 새로운 형태의 화폐인 토지위임권의 가치가 완벽하게 보장받을 것이라고 믿었다. 토지위임권도 아시냐처럼 급속도로 가치가 하락했다. 신뢰를 되찾으려는 노력에도 불구하고 이제 프랑스에는 지폐를 신뢰하는 사람이 없었다.

이러한 정책이 어떤 결과를 가져왔을까? 이젠 놀랍지도 않다. 1790년과 1796년 사이 물가는 매년 157퍼센트씩 폭등했다. 드디어 유럽 역사상 최초의 초인플레이션이 시작된 것이다.

03

지긋지긋하게 반복되는
인플레이션 게임

INFLATION

시간과 공간을 초월하는 친숙한 사건들

대개 초인플레이션이 발생하면 정해진 다음 수순을 따른다. 일단 정부는 물가 상승을 막기 위해 가격 동결 조치를 시행한다. 그다음에는 원치 않는 화폐 인수 강요, 해외 귀금속 제조 금지, 금화 및 은화 거래 금지, 금은 및 재산 몰수와 같은 조치를 실시한다. 초인플레이션이 발생했을 당시 전시 상태였던 영국에서 영국 정부의 승인하에 프랑스의 아시냐는 대량으로 복제됐다.

프랑스는 극심한 인플레이션을 이용해 재산을 해체하고 분배했다. 사람들은 이것을 혁명의 핵심 프로그램이라고 생각할 수도 있다. 그러나 이것은 인플레이션의 직격탄을 맞은 민중의 가난을 근본적으로 해결할 수 있는 방법이 아니었다.

혁명 후에 반혁명이 일어났다. 국민의 권한을 장악하던 독재자와 지폐가 사라지고 금속 화폐가 재등장했다. 1795년 화폐개혁이 단행되면서 등장한 프랑스의 새 금속 화폐의 이름은 '프랑'이었다. 1796년이 되자 아시냐 사용금지령이 내려졌다. 시민들이 움켜쥐고 있던 금속 동전은 차츰 경세순환의 사슬로 편입됐다. 나폴레옹 정복 전쟁을 계기로 프랑스는 부를 쌓으며 안정기에 접어들었고 화폐 시스템은 정상적인 기능을 되찾았다. 이는 나폴레옹의 추진력이 있었기에 가능한 일이었다. 한때 유럽을 제패했던 황제 나폴레옹이 남긴 유명한 말이 있다.[9] "나는 현금으로만 거래를 한다."

처음에 정부는 새로 발행한 지폐는 언제든 금속으로 교환할 수 있다고 약속했다. 진심이었을 것이다. 자금난에 시달리면서 정부는 지폐를 대량으로 발행했다. 지폐의 가치가 하락하자 정부는 지폐를 경화hard currency(금속으로 만든 화폐, 언제든지 금이나 다른 화폐로 바꿀 수 있는 화폐)로 교환하는 것을 금지했다. 그러자 인플레이션이 발생했다.

지금까지 살펴봤던 친숙한 사건들은 유럽에서만 있었던 일이 아니다. 11세기 중국에서도 같은 일이 일어나고 있었다. 중국은 훨씬 오래전부터 지폐를 사용했다. 1024년 중국이 인류 최초로 사용하기 시작해 발달해온 지폐는 화폐의 가치를 보장해주지 않을뿐더러 지긋지긋한 인플레이션을 유발한 장본인이었다. 지폐 발행, 예산 적자, 지폐 발행량 증가, 인플레이션의 순서로 진행되는 이 게임은 왕조가 바뀌어도 끊임없이 반복됐다. 13세기 중국에서 지폐는 인플레이션의 늪에 빠져 회생 불가능한 상태에 이르렀다. 당시 송나라 황제는 양심의 가책을 느껴 10년 동안 밤잠을 이루지 못했다고 한다. 어떤 조치로도 이 문제를 해결할 수 없었다. 송 황제는 지폐를 환수하고 불태우기까지 했으나 아무런 성과도 거두지 못했다. 결국 1264년 이 화폐는 붕괴되었다.[10]

주연배우는 국가, 인플레이션이 만드는 5막 희곡의 세계

시대와 문화를 막론하고 만성적 재정 악화에 시달리는 국가에는 인플레이션이 발생한다. 그 유형도 거의 유사하다. 재미있게도 고전 희곡과 구성도 일치하여 총 5막으로 구성된다.

제1막에서는 배우들이 소개된다. 인플레이션이라는 희곡에서는 재정 적자와 부채에 시달리는 국가가 배우인 셈이다. 국가는 재정 위기를 극복하기 위해 지폐를 발행하며 필사적으로 노력한다. 처음에는 토지, 건물, 귀금속, 세수, 식민지 혹은 기타 국가사업에서 얻은 수입으로 지폐의 가치가 정상적으로 보장된다. 지폐 도입이 성공한 듯 보인다. 국가가 채무를 정리하고, 추가 자금을 투입하는 덕분에 경제가 활성화되고, 생산과 복지는 증대된다.

제2막에서는 여러 가지 문제가 드러나기 시작한다. 성공에 도취한 나머지 국가는 경솔한 판단을 한다. 통화량을 늘리기에 바빠 통화의 실질가치와 명목가치가 일치해야 한다는 사실을 간과한다. 동시에 국가는 재정 적자에 시달리고, 부족한 재정을 메우기 위해 화폐발행량을 늘린다. 이제 그레셤의 법칙이 슬슬 힘을 발휘하기 시작한다. 시중에 악화의 유통량이 점점 늘어나는 것이다. 사람들이 양화는 뒤로 빼돌려 움켜쥐고 있으려 하지만, 가치를 상실한 악화로 빚을 갚으려 하기 때문이다.

제3막에서 클라이맥스에 이른다. 초반에 누리던 행복은 사라진다. 부채가 증가하고 정부에서 적자를 메우기 위해 화폐발행량을 증가시키자 인플레이션이 발생한다. 이 3종 세트가 순차적으로 발생하면서 경제 및 신용 위기로 이어진다. 화폐발행량이 증가하고 수입이 감소하는 상황을 인위적으로 바꾸려다 보면 극심한 인플레이션이 발생할 수 있다. 모든 것이 하강 국면으로 접어든다.

하강 국면에 돌입할 무렵 제4막이 시작된다. 정부는 재앙을 막기

MONEY INSIGHT   악화가 양화를 구축한다

'악화가 양화를 구축한다'는 그레셤의 법칙을 쉽게 설명해보도록 하겠다. 은화 한 개의 공식적인 지불 가치가 10개의 화폐 단위라고 하자. 그런데 은의 가치가 15개의 화폐 단위를 넘어섰다. 그러면 사람들은 이 동전을 녹여 다른 사람들에게 팔아 더 많은 이익을 남기려고 할 것이다. 결국 양질의 은화는 시중에서 사라질 것이다.

이 경우 양화는 해외로 더 많이 유출될 수 있다. 해외업체는 제품을 양화로 거래하길 원하기 때문이다. 물론 국내 통화를 사용하라고 강요할 수는 없다. 그레셤의 법칙은 양화와 악화 사이에 일정한 교환관계가 성립한다는 사실을 전제로 하지만 자연법칙이 아니다. 사람들은 지불 거래를 할 때 양화를 선호하기 때문에 양화가 악화를 밀어낼 수도 있다.

위해 마지막 카드를 꺼낸다. 정부는 인플레이션을 막고자 가격 동결을 선포하고, 시민들에게 '가치를 잃은' 화폐를 사용할 것을 강요하며 금은 거래를 금지하고 재산을 몰수한다. 이제 국민이 보호받을 수 있는 것은 아무것도 없다. 정부는 불안정한 통화 체제에서 빠져나가려는 사람들을 엄벌에 처한다. 이렇게 해봤자 대개 소용이 없다. 재앙이 올 시기가 미뤄질 뿐이다.

마지막으로 제5막에서는 경제가 붕괴한다. 인플레이션으로 통화가 무너지면서 정부는 고통스런 화폐개혁을 단행한다. 정부는 치솟는 물가를 잡아보려 하지만 결코 쉽지 않다. 대개 이런 것들은 높은 경제 비용과 관련 있기 때문이다. 결국 정부는 경제 회생 조치를 감행한다. 국민들에게 환영받지 못할 것을 감수해야 하며 도중에 중단될 위험도 있다. 이런 정책을 도입해봤자 경기 부양 효과는 별로 없다.

고전 희곡에서는 제5막에서 영웅이 성숙한 인물로 거듭나면서 막이 내린다. 하지만 이런 결말은 안타깝게도 인플레이션의 역사에서는 관찰할 수 없다. 인플레이션의 역사를 살펴보면 지난 2000년 동안 유사한 일이 너무 자주, 많이, 빠르게 반복되어왔다.

혹시 당신은 이것이 인플레이션의 전부라고 생각하는가? 우리가 지금까지 살펴본 것들은 소꿉놀이에 불과하다. 20세기에 들어서면 광기를 제대로 경험하게 될 것이다. 초인플레이션의 시대에 오신 걸 환영한다.

03

인플레이션으로 가장 큰돈을 번 사람은 누구일까?

독일에서 인플레이션으로 가장 많은 돈을 번 사람은 기업가 휴고 슈티네스 Hugo Stinnes다. 1870년에 태어난 그는 1887년 대학입학자격시험에 합격하여 코블렌츠에서 상업 교육을 받고, 베를린공과대학교를 졸업한 후 독일 서부 도시 뮐하임의 광산에서 실습 교육을 받았다. 1890년에는 가족 기업인 마티아스 슈티네스 합자회사Mathias Stinnes KG에 합류했다. 슈티네스 일가는 뮐하임에서 루르 지역 선원, 석탄 거래상, 선주를 거쳐 나중에는 광산업까지 뛰어들며 부를 키워나갔다. 이러한 집안에서 휴고 슈티네스는 성공가도를 달리며 1904년 젊은 나이에 대부호가 됐다.

전쟁 후 인플레이션으로 경제가 혼란스러운 가운데서도 슈티네스는 돈을 벌었다. 그는 대출을 받아 기업, 호텔, 신문사를 사들였다. 수백 개 업체가 합병되어 탄생한 대기업의 종업원 수만 60만 명이었다. 두뇌 회전이 빨랐던 그는 화폐의 가치가 휴지 조각이 될 때까지 기다렸다가 대출금을 상환했다. 이러한 방법으로 극심한 인플레이션 중에도 돈을 벌 기회를 찾은 것이다.

휴고 슈티네스의 돈 놀음에 피해를 보았다 하더라도 그의 방식이 법적으로는 하자가 없었기 때문에 사람들은 이의를 제기할 수도 없었다. 그러나 그의 정치적 야망은 비판의 대상이 되었다. 독일국가자유당원Nationalliberale Deutsche Volkspartei으로 제국의회 국회의원 자리까지 올랐지만 사람들은 그가 정계에 발을 들인 이유가 사업적 이해관계 때문이었을 것이라 여겼기 때문이다. 돈에 끼치는 정치적 영향력이 얼마나 막강한지 인플레이션으로 큰돈을 번 그가 간과했을 리 없다.

인플레이션의 소꿉놀이는 이제 끝났다.
20세기에 들어서면 광기를 제대로 경험하게 된다.
일 인플레이션율 207퍼센트,
월 인플레이션율 3억 1300만 퍼센트,

.

.

.

.

.

**"초인플레이션의 시대에 오신 걸
환영한다."**

4장

20세기,
초인플레이션의
광기가 시작되다

핵심 명제

1 20세기에 발생한 초대형 인플레이션은 주로 초인플레이션이었다.
2 대부분의 초인플레이션은 정치적 격변기에 발생하며 대개 정치적인 문제로 발생한 인플레이션이다.
3 인플레이션율이 이미 상승세에 접어들었다면 상승세가 지속될 가능성이 높고 인플레이션의 변동률도 점점 커진다.
4 통화량과 높은 인플레이션율 사이에는 밀접한 상관관계가 있다.
5 초인플레이션을 진정시키려면 국가의 지출 행태를 수정할 수 있는 정치 개혁을 단행하고 국민으로부터 신뢰를 되찾아야 한다.

01
초 인 플 레 이 션   시 대 가
열 리 다

INFLATION

연 인플레이션 720퍼센트,
베네수엘라의 비극

고작 담배 한 갑을 사기 위해 두툼한 돈다발을 든 사람들이 줄을 서 있다. 식당에서 점심을 먹으려면 배낭 한 가득 돈을 짊어지고 와야 했다. 현금인출기 앞에도 달러를 인출하려는 사람들의 줄이 길게 이어졌다. 그래봤자 1인당 인출할 수 있는 금액은 하루 4달러도 채 되지 못했지만 현금인출기는 하루에도 여러 번 현금이 채워져야 했기 때문에 화폐 운송 트럭들이 뜰에서 대기하고 있었다. 왔다 갔다 하느니 대기하는 편이 경제적으로도 이득이었다. 강도의 습격 따위는 걱정할 필요가 없었고 상인들은 물건 가격을 달러로 표시했다. 자국 통화로 1.5킬로그램 무게만큼 되는 지폐를 쌓아도 미화 100달러밖에 되지 않았다.

정작 화폐 가치를 떨어뜨리는 데 일조한 정치인들은 연화 대신 경화인 외환을 갖고 싶어 했다. 심지어 위폐 제작자들도 자국 통화는 위조하지 않았다. 위조해봤자 돈벌이가 되지 않았기 때문이다.[11] 더이상 버틸 수 없어 유럽중앙은행에서 금융 구제 조치를 단행하는 최악의 상황은 차치한다 하더라도 중앙은행 입장에서도 화폐를 찍는 것은 적자 사업이었다.

돈을 세는 것이 무의미해 무게로 재야 했던 2016년 베네수엘라의 모습이다. 당시 우고 차베스Hugo Chavez 전 베네수엘라 대통령은 '21세기형 사회주의'를 부르짖으며 물가와 언론, 금융정책과 외환 거래를 통제했다. 그러던 차에 국제 유가가 급락했다.

차베스의 후임자로 앉은 니콜라스 마두로Nicolas Maduro 대통령이 석유 수출로 먹고사는 베네수엘라를 위해 할 수 있는 일은 없었다. 예산 적자는 GDP의 무려 18퍼센트에 달했다. 국제통화기금에서 평가한 베네수엘라의 연 인플레이션율은 720퍼센트였다. 상점의 진열대는 텅 비어 있고 식료품 부족 사태까지 벌어졌다. 나라에서 금리를 24퍼센트로 제한한 탓에 금융업계는 속앓이를 하고 있었다.

19세기까지는 인플레이션율이 상승하다가도 어느 정도에 이르면 멈췄다. 하지만 20세기에 접어들면서 인플레이션율 상승은 초인플레이션으로 이어졌다. 화폐 가치는 밑도 끝도 없이 추락했다. 투자자들과 현금 보유자들이 과거에 있었던 인플레이션에 대해 향수를

● 21세기형 사회주의를 주장하며 복지 정책을 대폭 확대한 가운데 유가 폭락으로 경제를 위기로 몬 우고 차베스(좌)와 그의 정치적 동지이자 후임 대통령 니콜라스 마두로(우). 석유 매장량 세계 1위, '가난할 수 없는 나라' 베네수엘라는 연 인플레이션율 720퍼센트를 기록하며 반정부 시위가 들끓었다.

느낄 정도로 상황은 심각했다. 화폐는 오랫동안 광기의 역사를 지속해왔다. 베네수엘라의 금융위기는 그중 가장 최근의 사건일 뿐이다.

대체 초인플레이션은 무엇인가? 일반적으로 인플레이션율이 매달 50퍼센트 이상 상승하는 경우를 초인플레이션이라고 정의한다. 한계값 50퍼센트를 넘지 않으면 초인플레이션은 1년 이상 지속되지 않는다.[12] 다소 비학문적이기는 하지만 쉽게 풀어 설명하면, 돈뭉치가 가득 실린 트럭이 대기하고 있거나 강도가 돈보다 타이어를 훔치려 한다면 초인플레이션 상태다. 이 잣대를 기준으로 평가하면 베네수엘라는 극심한 초인플레이션 상태라고 볼 수 있다.

20세기 최초의 초인플레이션

3장에서 보았듯 인플레이션이 발생하는 근본적인 원인은 재정난, 정확하게 말하자면 국가의 재정난이다. 일단 국가는 증세로 재정 문제를 해결한 뒤 국내외 자본시장에서 자금을 빌리거나 저축할 수 있다. 이렇게 하려면 강한 정부와, 국민과 유권자의 눈치를 보지 않는 대담함이 필요하다. 그러나 초인플레이션은 인플레이션과는 다르다. 물론 약한 정부도 인플레이션을 부추길 수 있다. 국가가 불안정하고 정치인들이 무능하면 전후사정을 살피지 않고 화폐발행량을 늘리기 때문이다.

일반적으로 혁명이나 전쟁을 겪은 후 경제는 불안정해진다. 두 차례의 세계대전 후에 초인플레이션 현상이 여러 번 있었다는 사실에 주목하자.[13] 독일은 제1차 세계대전에서 패한 후 전쟁배상금 지불 판결을 받았는데, 이 전쟁배상금이 1920년대 독일에 치명적인 인플레이션을 일으키는 데 일조했다. 한마디로 전쟁배상금이 사실상 초인플레이션을 일으킨 장본인이었던 것이다.

공식 기록상 1920년대 독일에서 20세기 최초의 초인플레이션이 발생했다. 마침내 20세기의 금융 재앙이 시작된 것이다. 오스트리아의 소설가 슈테판 츠바이크Stefan Zweig는 1920년대 독일의 경제 사정을 보면 독일 사람들이 히틀러를 받아들이지 않고는 못 배길 상황이었다고 말한다. 당시 금융 거래 수치들을 살펴보면 얼마나 심각한 상황이었는지 이해가 갈 것이다.

이 시기에 제국 은행은 총 524,000,000,000,000,000,000마르크를 지출했다. 여기에 700,000,000,000,000,000,000마르크 상당의 비상화폐가 투입되었다. 1923년에는 세계 최고권인 100조 마르크 권이 발행되었다. 1923년 가을, 133개 해외업체에서 1783대의 조폐기로 24시간 내내 지폐를 찍는 동안 30곳의 제지공장에서 종이를 생산했다. 29개 전기 제판술 공장에서 약 40만 개의 인쇄 조판을 제작하고, 3만 명의 인력이 약 100억 장의 '인플레이션 지폐'를 인쇄했다.

이렇게 대량으로 화폐를 찍어냈지만 재정 적자를 면치 못했다. 그리하여 5800개 도시, 지역, 회사에서 자체적으로 비상화폐를 찍어 시장에 유통시켰다.[14] 1923년 말에는 빵 1킬로그램 가격이 4280억 마르크였고, 신문 한 부는 2000억 마르크, 우표 한 장은 1000억 마르크였다.

매일 천문학적인 숫자로 치솟는 물가를 보며 질리지 않을 사람이 어디에 있을까? '큰 자릿수에 대한 피로감'은 1923년 독일에서 흔히 볼 수 있는 병상病狀이었다. 가격표에 붙어 있는 0의 개수는 하루가 멀다 하고 늘어났고 사람들은 0만 봐도 피로감을 느꼈다. 1910년부터 1923년까지 독일의 연 인플레이션율은 1174퍼센트였다. 1923년에는 인플레이션율이 10억 대까지 오른 적도 있었다. 월 최고치는 3만 퍼센트였다. 1910년에서 1923년의 기간 동안 물가지수는 1,430,000,000,000였다. 0의 개수만 무려 10개다.

술집과 카페에서는 음료 두 개를 동시에 주문받았다. 첫 번째 주문과 두 번째 주문을 받는 사이에 음료 가격이 오를 정도로 인플레이션이 심각했기 때문이다. 임금은 하루 단위로 지불됐고 노동자의 아내들은 수레를 가지고 와서 지폐 더미를 실어 날랐다. 이것도 그나마 사람들이 돈의 가치를 인정하던 시절에나 볼 수 있던 풍경이었다. 급기야 돈을 실은 수레를 가지고 와서 물건을 사는 동안 돈이 가득한 수레는 그대로 두고 빈 수레만 훔쳐가기 일쑤였다. 앞에서 다뤘던 초인플레이션의 정의가 기억나는가? 초인플레이션이란 바로 이런 것이다!

이러한 경제적 재앙이 발생하는 근본적인 원인은 국가의 과잉 부채와 무분별한 지폐 발행에 있었다. 1914년 독일은 거액의 빚을 져가며 전쟁을 했다. 국민들도 독일이 승리하리라는 기대감에 들떠 애국하는 마음으로 전쟁채권war bonds을 샀다. 이때 진 빚에 1918년 승전국이 패전국에 부과한 전쟁배상금, 군대 해산, 고용 창출 정책, 지방분권화 재정 지출 등으로 독일 정부의 빚은 눈덩이처럼 불어났다. 1923년 독일 북서부의 루르 지역이 프랑스에 의해 점령당하자 독일의 채무는 최악의 상태에 이르렀다.

독일에서 초인플레이션이 발생한 원인이 다른 데 있다고 보는 이론도 있었다. 마르크 투기꾼들 책임이라는 것이다(예나 지금이나 자본시장에 문제가 생기면 책임을 전가하기에 만만한 대상이 투기꾼이긴 하다). 반면에 독일 경제학자들은 전쟁배상금이 원인이라고 분석했다. 전쟁배상금을 지불하기 위해 독일은 수출을 늘려야 했고, 수출을 증가시키려면 마르크를 평가절하해야 하는데, 이런 상황이 인플레이션을 몰고 왔다는 것이다. 적어도 하나는 사실이다. 이 시기에 마르크 가치는 급락했다. 1923년 4월 1달러대 마르크 환율이 2만 마르크였던 것이 8월에는 460만 마르크, 11월 초에는 2조 2000억 마르크로 올라갔다가, 1923년 11월 20일에는 4조 2000억 마르크를 기록했다.

마르크 환율은 연일 고공행진을 하며 화폐가 광기를 부리면 어떻게 되는지 제대로 보여주었다. 1920년대 초반 사람들이 노후를 대비하여 모아둔 돈은 1923년이 되자 휴지 조각이 되어버렸다. 그 돈으로는 노후 대비는커녕 신문 한 장도 사볼 수 없었다. 정치적 결정으로 인해 중산층 전체가 무너지고 말았다. 대부분의 상점은 화폐를 받지 않고 물물거래를 했다. 이것은 화폐를 교환수단으로 하는 산업화 된 국민경제체제에서는 재앙이나 다름없었다.

한편 이 틈을 타 돈을 번 투기꾼들과 암거래 상인들은 벼락부자가 되면서 사람들 사이에서 적개심의 대상이 되었다. 유가물(경제적 가치가 있는 물건)을 소유한 자가 곧 왕이었다. 유가물은 해외로 반출되었

MONEY INSIGHT **시장이 불안할 때 매수하라**

"포성이 울리면 매수하라!" 다소 비꼬는 듯한 어조라는 건 인정한다. 어쨌든 이 문장은 자본시장에서는 거래 원칙처럼 통용된다. 전쟁이 터지면 자본시장에도 비상이 걸린다. 패닉 상태이기 때문에 현재 주가와 물가는 바닥을 치고 있지만 장기적으로 보면 언젠가는 회복될 수밖에 없다는 것이다. 사람들은 제1차 세계대전 때 한 번 당해봤기 때문에 어떤 상황인지 이해는 한다. 그렇더라도 결코 쉬운 일이 아니다. '포성 투자'는 전쟁에서 벗어나기 위해 모험을 걸고 하는 내기이기도 하다. 정리하자면 시간이 지나면 불안은 잦아들기 마련이니 시장이 불안정하고 투자자들이 불안해할 때 자본을 매수하라는 소리다.

고 약삭빠른 투기꾼들은 대출받은 돈(몇 달 후면 화폐 가치가 떨어지므로 거의 공짜로 물건을 사는 것이나 다름없었다)으로 재산과 지배권을 얻었다.

얼핏 보면 독일 정부가 돈을 벌었다고 생각할 수도 있다. 화폐를 마구 찍어 부채를 처리할 수 있었으니 말이다. 그러나 이는 장기적인 관점에서 결코 좋은 아이디어가 아니었다. 정부가 정말로 부채 문제를 해결하길 바란다면 사회에서 감당할 수 있는 방법을 찾아야 했다.

앞으로 자세히 살펴볼 것이지만 인플레이션은 세상에서 가장 불공정한 과세다. 세계를 혼란에 빠뜨린 인플레이션 사례들을 들여다보면 이 말의 의미를 알게 될 것이다.

02

미 친 듯 이 날 뛰 는 숫 자 들

INFLATION

1일 인플레이션율 207퍼센트,
월 인플레이션율 3억 1300만 퍼센트

초인플레이션을 다루려면 십진법의 수 개념을 제대로 이해하고 있
어야 한다. 100자리, 1000자리, 10만 자리, 100만 자리, 10억 자
리…… 이 정도로는 어림도 없다. 10억은 1 다음에 0이 9개, 1조
는 0이 12개, 1000조는 0이 15개가 붙는다. 그다음으로 1000조의
1000배는 0이 18개가 붙는 100경이다. 이 정도면 충분할까? 아직
은 살짝 부족하다. 그렇다면 10^{27} 정도를 알면 될까? 우리가 이해해
야 하는 숫자는 400 뒤에 0이 27개가 붙는 숫자인 400,000,000,00
0,000,000,000,000,000 즉 40양穰이다.

1946년 7월에 헝가리의 인플레이션율은 무려 4×10^{29}퍼센트였다. 이 수치는 인류의 역사를 통틀어 초인플레이션율 경쟁에서 단연 선두를 차지한다. 당시 헝가리의 화폐 단위는 펭괴^{Pengö}였는데, 만약 당신이 1945년에 1펭괴를 주고 신문 한 부를 샀다면, 1년 후인 1946년에는 신문 한 부를 사는 데 4×10^{29}펭괴를 내야 했다는 얘기다.

천문학적인 숫자이기 때문에 아직 감이 잘 안 잡힐 것이다. 좀 더 객관적인 수치로 나타내면, 1일 인플레이션율이 207퍼센트, 물가는 15시간마다 2배씩 뛰어올랐다. 그야말로 타의 추종을 불허하는 상승률이었다.

물론 이는 1946년에 헝가리에서 실제로 있었던 일이다. 전후이기는 하지만 실제로 어떻게 이런 일이 벌어졌던 걸까? 그런데 현대에도 이런 일이 가능한 걸까? 가능하다. 초인플레이션 경쟁에서 헝가리를 잇는 영광의 2위는 2007년 나이지리아에서 일어났다. 2007년 나이지리아의 월 인플레이션율은 796억 퍼센트였다. 1일 인플레이션율은 98퍼센트에 달했고, 물가는 24시간 간격으로 2배씩 뛰었다.

3위는 1994년 유고슬라비아가 차지했다. 당시 월 인플레이션율은 3억 1300만 퍼센트였고, 1일 인플레이션율은 65퍼센트가량으로 물가가 1.4일 간격으로 2배씩 올랐다.

1923년 독일의 초인플레이션은 4위에 올랐다. 월 인플레이션율은 2만 9500퍼센트, 1일 인플레션율은 20.9퍼센트, 물가는 3.7일

간격으로 2배씩 상승했다. 한편 프랑스의 '토지위임권' 화폐는 월 인플레이션율이 304퍼센트, 1일 인플레이션율이 4.77퍼센트, 물가는 15.1일마다 2배씩 올랐다.[15]

제2차 세계대전 후, 1947년에서 1984년까지 인플레이션은 오히려 잠잠했다. 초인플레이션 명예의 전당 후보에 오를 만한 사례가 없었다. 이후 일부 국가에서 몇 차례 스포츠 행사가 개최된 후 인플레이션이 발생했다.

예를 들어 1990년대 초반 니카라과공화국의 월 인플레이션율은 최고치에 달했을 때 260퍼센트였다. 한편 1980년대 중반 페루는 월 인플레이션율이 397퍼센트, 1980년대 볼리비아는 182퍼센트, 콩고는 250퍼센트였다. 최근 인플레이션이 발생한 국가 중 눈여겨볼 곳은 아르헨티나다. 아르헨티나에서는 1974년 7월에서 1991년 10월까지 인플레이션이 발생했고 이 기간 동안 화폐 가치가 총

MONEY INSIGHT **고인플레이션 국가에 투자한다면**

고인플레이션 국가에 자금을 투자하는 경우, 일시적으로 인플레이션에 안전한 유가물에 투자를 한다고 해도 문제가 생길 수 있다. 물가가 계속 상승하면 해당 국가의 통화 가치가 하락하기 때문이다. 이 경우 해외 투자자들은 환율이 안정적일 때보다 더 적은 금액을 돌려받는다. 유로 대 달러 환율이 1 대 1일 때 달러에 투자를 했다고 하자. 이 경우 100달러를 유로로 환전하면 100유로다. 좀 더 단순하게 생각해보자. 투자를 했는데 수익이 없는 상황이라 가정하고 100달러를 유로로 바꾼다고 하자. 유로 대 달러 환율이 1 대 0.5로 악화되면 1달러를 내고 50센트밖에 못 받는다. 환율 때문에 투자금이 반 토막이 난 것이다. 환율이 떨어지면 얻을 수 있는 수익마저 급격히 사라진다는 뜻이다.

3조 퍼센트 하락했다. 브라질에서는 1980년부터 1995년 5월까지 인플레이션쇼가 이어져 이 기간에 화폐가치는 총 20조 퍼센트 하락했다.

프랑스의 인플레이션은 초기 금융사에서는 선두를 차지했다. 그러나 20세기에 여러 차례의 극심한 초인플레이션이 발생하면서 선두 자리를 내주었다. 프랑스혁명 당시 인플레이션을 제외하면 1920년 이후 50회 이상의 초인플레이션이 발생했다.

20세기로 접어들면서 초인플레이션의 시대가 열렸다. 이제 우리는 그 이유를 너무 잘 안다. 빚더미에 쌓인 국가와 무분별한 화폐 발행이 주 원인이었다. 이 두 가지 사실 외에 그동안 발생했던 초인플레이션들의 공통점은 무엇일까?

초인플레이션을 해부하다

초인플레이션과 하늘을 찌를 듯이 높은 인플레이션율 사이에는 몇 가지 공통점이 있다.[16] 첫 번째 공통점은 이미 알고 있다. 대부분의 초인플레이션은 정치적 격변기에 발생했다. 전쟁 중 혹은 전쟁 후 기존의 체제가 붕괴되는 시기, 이를테면 계획경제체제가 시장경제체제로 전환되는 과도기 혹은 변혁기에 발생했다는 시기적 공통점이 있다. 초인플레이션은 정치 혹은 경제적 혼란이 낳은 자식인 셈이다. 꼬집어 말하면 초인플레이션은 정치적 인플레이션으로, 일반적으로는 정치인들이 원인 제공자다.

정치적 변혁기는 대개 불안정하고 국가의 통제 기능이 제한적이다. 조세 수입은 물론이고 다른 수입원이 없기 때문에 국가는 심각한 재정 적자에 시달린다. 자금 압박이 심하기 때문에 자국의 화폐가치를 떨어뜨려서라도 재원을 마련해야 한다. 이 방법은 정치인들 사이에서는 반발이 적고 유일한 해결 방안일 때도 있다.

두 번째 공통점은 인플레이션율이 높을수록 향후에도 인플레이션이 지속적인 상승세를 보일 가능성이 높다는 사실이다. 인플레이션율은 마지노선을 넘으면 가속이 붙어 걷잡을 수 없이 치솟는다. 화폐가치가 추락하기 시작하면 멈출 방법이 없다. 이때 하늘을 찌를 듯이 높은 인플레이션율이 초인플레이션으로 넘어간다. 고^高인플레이션일수록 인플레이션 수치가 더 불안정하다. 즉, 고인플레이션일수록 인플레이션율이 들쭉날쭉하기 때문에 경제 상황을 예측하기 더 어렵다는 얘기다.

세 번째 공통점은 인플레이션과 통화량은 같이 움직인다는 사실이다. 통화량과 인플레이션 사이에는 밀접한 상관관계가 있다. 인플레이션율이 높을수록 화폐유통량이 증가하기 때문이다.

그런데 이 상관관계는 살짝 더 복잡하다. 화폐량과 화폐의 액면가치가 증가하면 구매력이 하락할 수 있다는 점이다. 시중에 유통되는 화폐량은 증가하지만 은행권의 명목가치에 비해 구매력이 극도로 낮다. 그만큼 물가가 상승할 수밖에 없다는 얘기다. 이제 이런 상황까지 상상할 수 있다. 화폐를 더 많이 찍어내도 물가가 화폐발행량보다 빨리 상승하므로 화폐가 부족해진다. 화폐량이 2배 증가했는데 물가가 4배 상승한다면, 구매력의 관점에서 우리가 소유하고 있는 돈은 더 적어지는 셈이다. 경제학자들은 이런 상황을 두고 "가격 변동 추이가 반영된 실질 통화량이 감소했다"라고 말한다. 쉽게 말해 100만 마르크 지폐 한 장으로 단독주택 한 채 대신 치즈 크래커 하나밖에 못 산다는 얘기다.

MONEY INSIGHT **실질 GNP**

- -

경제학자들은 명목가치와 실질가치를 구분한다. 예를 들어 와인 두 상자를 5유로에 생산하는 국민경제 규모의 국가에서 명목 총생산(GNP)은 10유로다. 이 국가에서 다음 해에 와인 두 상자를 생산하고 한 상자당 10유로에 판매한다고 하자. 이 경우 명목 GNP은 20유로다. 그렇다면 이 국민경제의 생산력이 상승했다고 말할 수 있을까? 이 국가는 동일한 제품을 동일한 양만큼 생산했다. 투자를 하려면 일단 투자국의 생산력을 알아야 한다. 이때 살펴보아야 할 것이 실질가치인 실질 국민총생산이다. 우리가 어떤 국가 혹은 기업에 투자할 때, 판단 기준으로 삼아야 할 것이 물가 변동 추이를 반영한 실질 GNP다.

03
어떻게 혼란을
잠재울 것인가

INFLATION

물가 상승의 원리

물가는 어떻게 상승할까? 구매력의 관점으로 볼 때 시중에 유통되는 화폐량이 적을수록 화폐 소유주는 자주 바뀐다. 노동자의 아내들은 남편이 하루 임금을 받을 때까지 수레를 세우고 기다렸다가, 임금을 받자마자 물건을 사려고 상점으로 달려갔다. 이런 상황에서는 돈의 소유주가 더 자주 바뀐다. 이런 상황을 나타내는 전문 용어 중 '화폐의 유통 속도'라는 표현이 있다. 화폐의 주인이 자주 바뀔수록 그 화폐는 빨리 처리하고 싶은 골칫덩어리다. 움켜쥐고 있으면 오히려 손해이므로 빨리 해치우는 편이 낫기 때문이다.

딱히 놀랄 일은 아니다. 국민경제와 관련된 지표를 기준으로 보아도 고인플레이션인 경우에는 GNP, 소비, 투자가 감소하기 때문이다. 고인플레이션은 경제 성장에 해가 된다. 이는 인플레이션의 역사를 통해 확인된 사실이다. 화폐 제도가 정상적으로 돌아가지 않는 국가는 국민의 행복을 희생시켰다.

어디 그뿐인가. 초인플레이션이 발생하면 대개 빚을 내서 소비를 한다. 이 빚을 어디서 마련했을까? 주로 화폐발행량을 증가시키는 방법을 통해서였다. 더 놀랄 것도 없지 않은가? 게다가 초인플레이션은 국가의 예산 적자를 늘리는 데 일조했다. 인플레이션 때문에 세금 수입의 실질가치가 하락했기 때문이다. 이 모든 것이 초인플레이션이 발생할 때마다 공통적으로 나타났던 현상이다. 국민들이 정부를 전혀 신뢰하지 않을 수밖에 없는 상황이다. 1984년 브라질에서는 이런 말이 유행했다. "우리는 정부에서 어떤 발표를 하면 그 반대가 사실이라고 믿는다."[17]

고인플레이션은 한 나라의 자본시장을 교란시킨다. 인플레이션율이 높고 예측 불가한 금융시장일수록 사업을 하거나 장기 계약을 성사시키거나 투자하기가 어렵다. 장기적으로 국민의 복지는 침해당하며 경제는 나락으로 떨어진다. 해외투자자만 사라지는 것이 아니다. 무역 파트너들도 사업을 철수한다. 경제활동이 죽어버리는 것이다.

인플레이션이 발생하면 장기 계약도 끊긴다. 계약에 물가를 연동시켜 지수화하기 때문에 인플레이션율이 상승하면 임대료가 저절로 상승하기 때문이다. 지수화한 계약은 합리적인 방법인 것처럼 보

이지만 이내 부메랑이 되어 되돌아온다. 인플레이션율이 상승하면
임대료, 임금은 저절로 인상된다. 그 결과 물가가 상승하고 인플레
이션율도 상승한다. 인플레이션이 계속 반복되는 악순환이 벌어지
는 셈이다.

지금까지 우리는 인플레이션이 어떤 혼란을 초래할 수 있는지 살
펴보았다. 그렇다면 어떻게 해야 이 혼란을 잠재울 수 있을까? 사람
들은 그 답을 찾았으나, 결과적으로 이는 더 나쁜 것으로 나쁜 것을
쫓아내는 격이 되고 말았다.

야수를 잠재우는 법

독일 화폐개혁은 종종 '렌텐마르크Rentenmark의 기적'이라고 불린다.
실제로 신화폐인 렌텐마르크가 도입되자 독일의 초인플레이션이
멈췄기 때문이다. 독일인들은 1조 마르크당 렌텐마르크 1장을 받았

MONEY INSIGHT 인덱스 채권

인덱스 계약에는 인플레이션으로 인한 리스크가 장기 계약에 끼칠 영향이 반영되어 있다.
인덱스 채권이 그 대표적인 예다. 이러한 형태의 투자에서는 채권 구매자에게 연이율이 지
급되며 인플레이션율에 맞춰 연이율이 정해진다. 연이율이 상승하면 투자 금액에 대한 상
환금도 조정된다. 인덱스 채권은 인플레이션율이 상승하는 시기에 사용할 수 있는 대안 투
자법이 될 수 있다.

● 1923년 악성 인플레이션을 극복하기 위해 렌텐은행이 발행한 은행권인 렌텐마르크. 1조 마르크를 1렌텐마르크와 교환함으로써 기적적인 통화안정을 만들어냈다.

다. 따지고 보면 화폐에 대한 신뢰가 무너진 상태에서 독일인들이 렌텐마르크를 받아들였다는 자체가 기적이다. 사람들은 렌텐마르크가 독일의 토지와 땅을 담보로 한다는 말을 그대로 믿고 따랐다.

도이체 렌텐방크Deutsche Rentenbank는 렌텐마르크를 발행하기 위한 목적으로 설립된 기관이었다. 렌텐마르크는 법정 지불수단은 아니었지만 공공은행에서 인정하는 화폐였다. 은행 설립에 필요한 자본은 농업, 공업, 상업, 중소기업 종사자들을 통해 조달했다. 이러한 목적으로 이들은 부동산의 토지채무Grundschuld(토지로부터 일정한 금액을 지불받을 수 있는 물권으로 독일민법상 저당권과 유사한 제도) 상태를 강제로 등기하고 국가에 양도해야 했다. 달리 말해, 국가가 이러한 부동산에 대해 강제로 접근할 권한을 갖고 있었다는 의미다. 부동산이 새로 발행하는 화폐인 렌텐마르크의 담보였던 셈이다.

화폐로서 가치를 상실한 마르크화에 대한 렌텐마르크의 환율은 1 대 1조로 고정되어 있었다. 그런데 렌텐마르크를 도입하자 기적이 일어났다. 인플레이션이 잠잠해진 것이다. 이후 1924년 가을 라이히스마르크Reichsmark가 도입되면서부터 독일 경제가 안정을 찾았다. 라이히스마르크 대 렌텐마르크의 환율은 1 대 1로 자리 잡을 수 있었던 것이다. 이 시끌벅적한 놀이의 최대 수혜자는 독일 제국이었다. 독일 제국의 채무는 1640억 마르크에서 16페니히로 감소했으니[18] 얼마나 안정적인가!

라이히스마르크를 발행하는 라이히스방크는 정부가 지폐발행권을 남발하여 과도한 채무를 해결하는 것을 금했다. 이는 렌텐마르크가 이례적인 성공을 거둘 수 있었던 비결이다. 여기에는 '무분별한 화폐 발행으로 발생한 인플레이션을 진정시키기 위해 화폐 발행을 중단한다'는 아주 단순한 공식이 적용됐다. 그런데 이 공식대로 했더니 초인플레이션이 뚝 그쳤다. 당시 기록을 보면 초인플레이션이 완전히 중단된 듯했다고 되어 있다.[19]

여기에 화폐 발행 중단을 계기로 국가가 그동안의 잘못된 지출 행위를 수정하고, 신규 채무량을 감소시키고, 금융 질서가 재편된다면 더 바랄 것이 없다. 인플레이션율이 높을 때 화폐발행량을 늘려 빚을 해결해온 시간들을 국가가 바로잡아야 하는 것이다. 쉽게 말해 국가에서 새로운 정책을 더 많이 시행할수록, 정치인들이 기념행사에서 제도 혹은 구조 개혁에 대해 더 많이 언급할수록, 화폐의 광기를 막을 가능성이 높다.[20] 가치가 보장되지 않는 돈은 정치와 관련된 돈이다. 돈의 가치는 돈을 발행하는 정부의 정책과 밀접한 관련이 있다. 정책이 잘못되면 돈이 가치를 잃는다.

화폐개혁에 대한 의지와 노력이 아무리 강렬하다고 해도 한 가지가 빠지면 소용이 없다. 바로 신뢰다. 역사학자들의 표현을 빌면, 독일인들은 경제적 대혼란이 지나가고 경제 질서가 잡히며 렌텐마르크가 안정되기를 바랐다.

렌텐마르크 비판론자들은 1923년 프랑스에서 아시냐와 후속 통화인 토지위임권도 국민의 신뢰를 얻지 못해 결국 실패로 돌아갔다는 점을 지적했다. 특히 공업 및 농업용 토지는 렌텐마르크를 담보로 할 필요가 있을 때만 매매할 수 있었는데, 이 아이디어는 설득력이 약했다. 어쨌든 렌텐마르크는 소기의 목적을 달성했다. 독일 국민들이 렌텐마르크를 신뢰하려는 의지가 있었기 때문인 듯하다.

신뢰가 있어야 힘을 얻는다. 경제정책의 방향을 바꾸려는 정부의 노력과 의지가 강할수록 국민의 신뢰는 커진다. 국민의 신뢰가 클수록 새로운 통화는 제 기능을 발휘할 가능성이 높다. 이 신뢰가 다시 국민에게 힘을 실어준다. 인플레이션의 악순환이 방향을 틀어 선순환이 이뤄지는 것이다.

독일의 초인플레이션은 진정되었으나 이미 때는 늦었다. 잘못된 정책이 초래한 피해는 이루 말할 수 없었고, 20세기의 두 번째 경제 재앙의 원인이 되었다.

제2차 세계대전의 폐허가 복구되자 새로운 게임이 시작됐다. 물론 정치인들은 처음에는 과거의 실수를 반복하지 말자고 다짐했지만 안타깝게도 그 다짐은 오래가지 않았다. 새로운 국면에 접어들면서 행운이 찾아왔다고 기뻐할 새도 없이 세상은 단순해지기는커녕 더 복잡해졌다. 제2차 세계대전이 끝난 지 불과 30년 만에 더 끔찍한 악몽이 되어 인플레이션이 돌아온 것이다. 이번에는 초대형 인플레이션이었다.

MONEY INSIGHT   화폐전환으로 인한 혼란

- -

1921년에 독일 라이프치히에서 태어난 독일인은 지금까지 총 6차례의 화폐 개정을 경험했다. 이 사람을 기준으로 하면 독일에서는 평균 15년에 한 번 꼴로 새로운 화폐가 도입된 셈이다. 이 사람의 지갑 속에 있었던 마르크 종류만 마르크, 렌텐마르크, 라이히스마르크, 동독 마르크(DDR-Mark), 서독의 도이치 마르크(D-Mark), 유로 총 여섯 가지다.[21] 이 상황을 일반화시켜보자. 사람들은 극단적이고 이례적인 사건이 발생하는 횟수를 대수롭지 않게 여기고 넘겨버리는 경향이 있다. 그런데 금융 투자에서는 이례적인 사건과 빈도가 매우 중요하다.

04

문학은 인플레이션을 어떻게 묘사했을까?

독일 문학계의 거장인 오스트리아의 소설가 슈테판 츠바이크Stefan Zweig처
럼 오스트리아의 인플레이션이 사회에 끼친 영향을 실감나게 표현한 작가
도 없다. 슈테판 츠바이크는 『어제의 세계』에서 당시의 시대상을 이렇게 묘
사했다.

"사회는 말할 수 없이 혼란스러웠다. 사람들은 어떤 물건이 얼마에 팔리
는지 몰랐다. 물가는 마구 치솟았다. 심성이 바른 사람도 전날 다른 상점에
서 산 성냥 한 갑을 양심의 가책 없이 웃돈을 붙여 팔았다. 그런데 이 성냥
은 다음 날 다른 상점에서 20배나 비싼 가격에 팔리고 있었다. …… 사람들
은 팔 수 있는 것은 죄다 이렇게 사고 되팔기를 하고 있었다. 자신에게 필요
한 물건인지 아닌지 따위는 중요하지 않았다. 특히 금붕어나 골동품 망원경
은 소중한 '자산'이었다. 사람들은 지폐 대신 자산을 움켜쥐고 있으려 했다.

임대료는 기형적인 양상으로 폭등하고 있었다. 정부는 (사회 계층의 대다수인) 임차인을 보호하고 임대인의 손해를 막기 위해 임대료 인상을 법으로 금지시켰다."

츠바이크는 인플레이션이 사회에 끼친 영향을 다음과 같이 묘사했다.

"40년 동안 부지런히 저축한 돈을 애국심 때문에 전쟁채권에 투자한 사람은 빈털터리가 됐고, 그 덕분에 채무자들은 빚에서 해방됐다. 정직하게 자신에게 할당된 식료품만 받는 사람들은 배를 곯았다. 뻔뻔스럽게 법을 어기는 사람들만 배불리 먹었다. 뇌물을 바치는 사람들이 출세를 하고, 투기를 하는 사람들이 돈을 벌었다. 정가대로 물건을 파는 사람들의 물건은 도둑들의 표적이었고, 정직하게 돈 계산을 하는 사람은 속여 먹기 좋은 대상밖에 되지 않았다. 돈은 녹아서 증발된 상태에 있는 것이나 다름없었기 때문에 어떤 기준도 가치도 없었다. 미덕은 사라진 지 오래였다. 약삭빠르게 행동하고 아첨을 일삼고 뻔뻔해야 살 수 있고, 말에게 짓밟히지 않기 위해 말 위에 올라타야 하는 세상이었다."

츠바이크는 해외 자본의 역할이 무엇인지도 정확히 파악하고 있었다.

"한 국가에 인플레이션이 3년 동안 급속히 진행되어 화폐 가치가 불안정해지면 해외 자본만 남는다. (……) 오스트리아는 '해외 자본의 집결지'가 되었고 숙명적인 '외국인 특수'를 누렸다. 비엔나의 모든 호텔에서 썩은 냄새가 진동했다. 돈독이 오른 자들은 호텔에 모여 칫솔에서 토지에 이르기까지 모든 물건을 닥치는 대로 사들였다. 궁지에 몰린 사람들이 자신이 소유하고 있던 재산과 골동품이 강도나 약탈을 당한 것이나 다름없는 헐값에 팔렸다는 사실을 눈치채기 전에, 이들은 돈이 될 만한 것은 전부 싹쓸이해갔다. 믿을 수 없는 일이 눈앞에서 벌어지고 있었다. 나는 역사의 산증인으로 확실히 말할 수 있다. 당시 가장 유명한 최고급 호텔 '드 유롭 인 잘츠부르크de l'Europe in Salzburg'는 영국 실업자들에게 장기 임대를 한 상태였다. 당시 영국의 실업자 지원 혜택은 상당히 좋았다. 그 돈으로는 영국의 빈민가를 전전해야 했지만 오스트리아에서는 여유롭게 살 수 있었다."

츠바이크의 결론은 우울하다.

"당시 대부분의 사람들이 재산을 잃었다. 전쟁을 일으킨 장본인들과 전쟁 채권을 발행하고 화폐 발행을 남발하여 경제적 혼란을 일으킨 자들이 책임져야 할 책임을 무고한 시민들이 떠맡은 것이다. 독일 민족은 이 일을 떠올릴 때마다 분노하고 증오심에 불타올랐다. 정부가 조장한 인플레이션의 희생양이 된 국민들은 히틀러의 등장을 환대할 수밖에 없었을 것이다."

INFLATION

정치인들이 새로운 정책 아이디어를 내고 실험을 했는데
불과 몇 달 만에 문제가 해결됐다.
아무리 강력한 법이라고 해도
제정된 지 불과 몇 달 만에 말이다.

.

.

.

.

"법 하나로 한 나라의 경제 방향을
완전히 바꾼다는 게 말이 되는 일인가?"

5장

예고된 재앙,
초대형
인플레이션

핵심 명제

1   고전경제학파에서는 장기적으로 경제 위기는 지속될 수 없다고 본다. 돈은 실
    물경제를 감싸고 있는 베일에 불과하다는 것이다. 반면 케인스학파에서는 수요
    부족이 경제 위기의 원인이라고 주장한다. 이 관점에서 인플레이션은 실업률
    해소에 도움이 될 수 있다. 1960년대 전 세계에서 케인스 이론을 바탕으로 하
    는 정책을 선호했다.

2   1970년대에는 인플레이션과 실업률의 상관관계를 강조하는 경제 이론이 주목
    을 받았다. 필립스곡선에 의하면 인플레이션이 높을수록 고용률이 높아진다.
    이 사상은 경제에 극약 처방을 한 것이나 다름없었다. 인플레이션과 고용의 상
    관관계를 강조하는 경제정책은 추진한 지 얼마 지나지 않아 문제점이 드러나
    기 시작했다.

3   신자유주의 경제학파는 국민이 중앙은행의 금융정책 방향을 미리 알아야 이에
    맞춰 경제 행위를 수정할 수 있다고 주장한다.

4   인플레이션율을 높여 고용을 증대시키는 금융정책을 추진할 수 없다.

01
하 루 아 침 에
세 계 의 운 명 이 바 뀌 다

INFLATION

"하룻밤사이에 체리가 익었다!"

1947년 11월 25일, 화물선 '아메리칸 파머'가 독일 해안 도시 브레머하펜 항구에 정박했다. 화물선에서는 총 중량 192톤인 4800개의 상자가 하역됐다. 다음 달에는 총 중량이 916톤에 달하는 약 1만 8000개의 상자가 하역됐다. 상자 위에는 '브레머하펜 경유 바르셀로나'라고 적혀 있었다.

물론 이 화물들은 바르셀로나로 가지 않았다. 애초부터 목적지가 프랑크푸르트의 타우누스 구역이었기 때문이다. 이곳에서 상자 속 내용물들이 화물차와 특별 기차로 옮겨진 뒤 독일의 11개 지역으로 운송됐다. 사냥개라는 뜻의 '버드 독Bird Dog' 작전은 철통 보안 속에

서 진행되었다. 타우누스 구역에서도 6명의 첩보원들만이 이 '보물'
이 잠시 내려졌다가 다른 곳으로 옮겨진다는 사실을 알았다.

1948년 2월부터 4월 사이에는 약 2만 3000개 상자가 하역됐다.
운반된 상자 속에는 총 60억 마르크에 달하는 지폐가 들어 있었다.
이 거금은 신생 국가 독일연방공화국의 건국 자금이었다. [22]

1948년 독일에는 새로운 화폐가 필요했다. 15년 동안 정권을 잡
고 있던 나치가 세계대전에 패전한 직후였기 때문에 라이히스마르
크는 가치가 떨어질 대로 떨어져 화폐 가치를 상실한 것이나 다름
없었다. 나치는 정권을 잡고 있던 1930년대에 고용 프로그램과 전
시 경제에 필요한 자금을 마련하기 위해 화폐발행량을 늘렸고 늘어
난 화폐발행량으로 인해 발생한 인플레이션의 여파는 심각했다. 사
람들은 물물교환 방식으로 거래를 했고 상점의 담배, 밀, 초콜릿이
화폐 역할을 대신했다. 상점 진열대는 텅 비어갔고 국민들은 화폐개
혁이 단행되기를 기다리고 있었다.

나치 정권은 인플레이션을 억제시키기 위해 엄격한 가격 통제 및
가격 동결 정책을 추진했다. 그러나 가격 동결은 미봉책에 불과했
다. 가격을 동결하거나 수돗물을 잠그듯 강압적으로 가격을 통제해
도 결국 인플레이션이 발생하기 때문이다. 그러니 전후 라이히스마
르크의 가치가 급속도로 떨어진 것이 놀랄 일도 아니었다.

1948년 6월 20일, 드디어 화폐개혁이 개시됐다. 명목가치 57억
도이치마르크, 총 중량 500톤 상당의 은행권 지폐가 시중에 투입되
어 시민들의 지갑 속으로 들어갔다. 식량배급소 앞에는 수백만 명의

● 1924년부터 1948년까지 쓰였던 독일의 통화 라이히스마르크(좌). '라인강 기적의 아버지'와 '경제 독재자'라는 상반된 평을 받는 루드비히 에르하르트(우)가 새겨진 우표.

독일인들이 길게 줄을 섰다.

식량배급표를 제시하고 40라이히스마르크를 새로운 화폐 도이치마르크로 바꾸기 위해서였다. 예금액이 있는 경우 라이히스마르크 대 도이치마르크를 10 대 1의 비율로 교환해주었다. 이런 상황에서는 현금이 많을수록 손해였다. 이렇게 하여 시중에 유통되던 구 화폐 라이히스마르크의 94퍼센트가 회수됐다. 현금 자산 중 예금액은 6.5퍼센트만 남았다.[23]

패전국으로 가난에 시달리던 독일은 도이치마르크로의 화폐개혁이 대성공을 거두면서 비로소 경제 기적을 이룰 수 있었다. 상점의 진열대에 물건이 다시 채워졌고 비로소 돈을 주고 물건을 살 수 있었다. 드디어 물물교환의 시대가 끝이 났다. 아무것도 모르는 사람들도 화폐개혁에 긍정적으로 반응했다. 도이치마르크가 도입된 첫

주에 이미 전 주보다 더 많은 양의 버터가 운송될 정도였다.[24] 주간지《노이에 도이체 보헨샤우Neue Deutsche Wochenschau》표제처럼 「밤사이 체리가 익었다」.[25]

독일 경제의 황금기

화폐개혁의 역할과 경제 기적의 의미에 대해 격렬한 논쟁이 벌어졌다. 또한 정신적·정치적 지도자 자리를 두고 전설의 경제장관 루드비히 에르하르트Ludwig Erhard와 '도이치마르크의 아버지'라 불리는 미국의 공군 소위 출신 경제학자 에드워드 테넌바움Edward A. Tenenbaum이 경쟁을 했다. 라이히스마르크는 잘못된 금융정책으로 인해 이미 화폐 가치를 상실했고 회생이 불가한 상태였다. 화폐개혁이 없었다면 독일연방공화국은 정상적인 출범이 불가능했을 것이라는 사실에 대해서만큼은 전문가들의 의견이 일치했다.

1950년대 도입된 도이치마르크는 독일 경제사에 한 획을 그었다. 도이치마르크가 자리를 잡은 덕분에 독일 경제에 기적의 초석이 다져질 수 있었다. 전쟁이 끝난 지 20년도 채 안 되어 독일은 경제 강국의 반열에 올랐고, 독일의 경제모델은 다른 나라의 모범이 되었다. 도이치마르크는 모든 통화의 가치를 평가하는 잣대인 기축통화가 되었다.

물론 처음부터 모든 상황이 순조로웠던 것은 아니었다. 물가와 실업률은 상승했지만 임금은 그대로였다. 국민들의 불만이 가득할 수밖에 없었다. 연합국 점령 지역에서는 상점 불매운동과 대규모 시위가 일어났고, 1948년에는 통화개혁과 에르하르트의 경제정책에 반대하는 총파업이 일었다. 정부의 경제정책은 소액 예금자가 대부분인 국민의 입장에서는 사실상 소액 예금자의 재산을 몰수하는 것과 다를 바 없었기 때문이다.

국민들의 분노는 쉽게 가라앉지 않았다. 노조에서는 에르하르트를 두고 '경제 독재자'라며 맹렬히 비판했지만 그는 끈질기게 버텼다. 임금동결 조치가 총파업 이전에 철폐된 덕분에 1949년 봄이 되자 물가는 하락하기 시작했고, 도이치마르크가 평가절하되면서 수출 경기는 호황을 이뤘다.[26]

1950년대에 이르러 비로소 본격적으로 시작된 경제 기적은 여러 가지 복합적인 요인이 어우러져 나타난 성과였다. 마셜 플랜, 자유무역 붐, 탄력적인 노동 공급, 독일 경제의 높은 생산성, 시장경제의

MONEY INSIGHT　화폐개혁을 기피하는 이유

사람들이 자기가 가진 돈을 유가물로 제때에 바꿀 수만 있다면 화폐개혁은 국민의 재산을 국유화하는 작업이라는 오명을 벗을 수 있다. 언뜻 보면 단순한 일이지만 실상은 그렇지 않다. 정치적으로 허용할 수 없는 일이기 때문이다. 수많은 사람들이 전쟁으로 모든 것을 잃었고 정부는 이들이 폭동을 일으킬 것을 겁낸다. 전후 복구를 위해 국가는 보유 재산의 일부를 분배하고 경제적 형편이 넉넉한 자산소유자들의 참여를 유도했다. 이러한 목적으로 마련된 것이 전후보상금제도다. 이 재정은 재산세, 저당수익세, 대출수익세를 징수하여 충당한다.

충격요법 등의 흐름을 타고 상승효과가 일었고 1950년대 중반에는 한국전쟁의 여파로 투자재 및 생산재 수요가 증가하면서 '코리아 붐' 덕을 톡톡히 봤다.

그러나 아쉽게도 독일 경제에 평화의 시대는 오래 지속되지 못했다. 세계 경제의 새로운 도전이 잔잔한 평화를 주시하고 있었기 때문이다. 드디어 세기의 경제시상가들의 이론을 만나볼 차례가 왔다.

MONEY INSIGHT 도이치마르크의 안정성

도이치마르크는 어느 정도로 안정적인 통화였을까? 도이치마르크는 지금도 통화 정책과 통화사에서 최고의 화폐라는 평가를 받는다. 그렇다면 인플레이션과 관련된 성적은 어떨까? 도이치마르크는 평균 3퍼센트의 인플레이션율을 기록했다. 즉, 도이치마르크 체제 중 4분의 3이 넘는 기간 동안 가치를 상실했다. 참고로 유로는 도입 10년 동안 평균 2.1퍼센트의 가치를 상실했다. 그러나 10년 실적과 50년 실적은 비교 대상이 될 수 없다.[27] 이 50년 동안 두 차례의 석유파동과 동서독 통일이라는 역사적 사건이 있었기 때문이다. 50년 실적에는 이 두 사건도 반영되어 있다.

02
세 기 의 경 제 사 상 가 들

INFLATION

고전경제학에 대한 반박

작품 하나로 역사의 한 획을 긋는 인물이 되는 것은 말처럼 쉬운 일이 아니다. 그러나 존 메이너드 케인스는 이런 평가를 충분히 받을 자격이 있다. 현대 거시경제학에서 케인스만큼 명쾌한 이론을 제시한 사람은 이전에도 이후에도 찾아보기 힘들다.

케인스가 등장하기 전에는 고전경제학이 경제 이론을 지배하고 있었다. 고전경제학에서는 경제 위기가 원천적으로 불가하다고 본다. 고전경제학파들이 이에 대한 근거로 제시한 것이 '세의 법칙Say's law'이다. 세의 법칙에서는 '공급은 수요를 스스로 창조한다'고 주장한다. 쉽게 말해 장기적으로 경제 위기가 지속되는 것은 불가능하다는 의미다.

그러나 이러한 세계관으로는 폐쇄된 순환만 설명할 수 있을 뿐이다. 기업은 제품을 생산할 때 생산 참여자에게 임금, 이자, 임대료, 이윤을 지불한다. 가령 한 기업이 자동차 한 대를 생산하려면 노동자, 납품업체, 은행, 임대하여 사용하고 있는 사무실의 소유주, 자동차 공장 소유주에게도 돈을 지불한다. 지출 총액은 자동차의 가치와 일치한다. 이것은 단순히 회계적인 관점에서 본 결과다. 제품의 가치가 생산에 투입된 지출 금액과 일치하고(이윤은 여기서 지출의 일부다), 기업의 지출은 납품업체, 노동자, 공장 소유주에게는 수입이다.

그러나 세의 법칙대로라면 공급된 제품의 가치와 수입이 정확하게 일치해야 한다. 이때 생산과 수입은 항상 대응관계에 있으며, 생산된 제품을 살 수 있을 만큼 유지된다. 이 관점에서는 수요가 줄어들고 고용이 감소하여 생기는 불황은 불가능하다. 단기적으로 삐걱거리는 현상이 나타나도 임금과 가격이 탄력적이기 때문에 경제는 빠른 속도로 회복될 수 있다는 것이다. 게다가 세의 법칙이 지배하는 체계에서는 수요가 사라질 수 없다. 국민의 저축이 증가할수록 소비 수요는 감소한다. 한편 이율이 감소하면 투자가 촉진되기 때문에 결국 투자재에 대한 수요가 다시 증가하는 셈이다.

이때 혜성처럼 나타난 학자가 존 메이너드 케인스다. 그는 1929년 세계대공황을 겪으면서 경제 위기는 원천적으로 불가하다는 세의 법칙에서 오류를 발견하고 고전경제학을 맹렬히 비난했다.

이유를 막론하고 소비자가 수입을 전부 지출하지 않거나 이자 수

● 대공황 당시 공짜 배급을 기다리는 시카고의 실업자들. 대공황은 처참했다. 거리에는 거지가 넘쳐났고 아사자가 속출했다. 케인스의 말대로 "세상을 파멸로 이끄는 것은 사악함이 아니라 어리석음"이었다.

익을 얻기 위해 은행에 저축하는 일도 하지 않는 경우가 있다. 돈을 그냥 움켜쥐고 아예 지출을 하지 않으려 한다면 어떻게 될까?

이 경우에는 기존의 생산 제품에 대한 수요가 줄어들 것이다. 생산자가 가격을 인하하지 않고 생산량을 줄인다고 하자. 결국 수요

부족으로 인해 실업이 발생한다. 케인스의 진단이 옳다면 경제정책으로 금융 위기를 해결할 수 있다. 민간 수요가 감소하여 경기가 침체되면 국가가 개입하여 빚으로 지출을 늘리고 부족한 수요를 채워주면 문제는 해결된다.

물론 케인스의 사상 체계는 이 짧은 설명보다 훨씬 섬세하고 세련되었다. 여러 정치인들이 케인스 경세 이론에서 정책 아이디어를 얻고 악용하기도 했는데 이제 만나볼 1960년대 독일에 케인지언정책(케인스에 의해 제창된 경제학 이론에 기초한 경제정책)을 도입한 두 정치인 또한 케인스 이론 덕을 본 대표적인 사람들이다.

경기를 급상승시킨 법

이 세상에 망나니 같은 두 마리 개에 비유되고 싶은 사람이 어디에 있겠는가? 1967년 독일의 유력 주간지 《슈피겔Spiegel》 편집자는 기민당(중도 우파 성향의 연방정당)의 프란츠 요제프 슈트라우스Franz-Joseph Strauß 재무부장관과 사민당(중도좌파 성향의 사회민주주의 정당)의 카를 실러Karl Schiller 경제부장관의 대연정을 플리시와 플룸Plisch und Plum에 비유했다.[28] 플리시와 플룸은 독일의 만담가 빌헬름 부시Wilhelm Busch의 만화 주인공들로, 망나니짓을 일삼는 두 마리 개의 캐릭터다.

그런데 이 비유는 뜻하지 않은 성공을 거뒀다. 얼마 후 실러와 슈트라우스는 정말로 플리시와 플룸과 같은 관계가 되어 독일 경제사에 족적을 남기게 된다. 갓 출범한 독일연방공화국에 케인지언정책을 도입하는 데 혁혁한 공을 세운 두 장관은 정치인으로서가 아니라 경제정책으로 독일 경제사의 전설이 되었다.

1950년대만 해도 독일 정부는 소유권, 자극, 자유시장, 경쟁을 기본적으로 인정하는 사회주의적 시장경제체제를 표방했다. 하지만 1960년대에 접어들면서부터 프란츠 요제프 슈트라우스와 카를 실러는 존 메이너드 케인스의 처방에 따라 국가에서 적극적으로 경기를 통제하는 정책을 펼쳤다. 그 과정은 다음과 같다.

1966년 독일연방공화국 사상 최초로 기민당과 사민당의 대연정이 극적으로 성사되면서 연립 내각이 출범했지만 몇 달도 채 되지 않아 경기가 악화되기 시작했다. 그전에는 0.1퍼센트대였던 실업률이 1967년 상반기에 2퍼센트대로 급상승했다. 산업 생산, 성장, 건설 투자, 수주 등 경제 실적이 전반적으로 하향세를 보이며 독일 경제는 침체기로 접어들었다(요즘 기준에서는 실업률 2퍼센트는 완전고용, 심지어 과잉고용이라는 평가를 받을 정도로 양호한 실적이지만 말이다).

이에 슈트라우스와 실러는 수요 부족이 원인이라며 국가에서 경제정책에 적극적으로 개입해야 한다는 케인스식 처방을 내리면서 두 가지 경기활성화 방안을 내놓았다. 그중 하나가 공공지출을 늘려 부족한 수요를 메워야 한다는 것이었다.

겉만 번드르르하고 실속 없는 이 정책이 추진되면서 1967년에는 '경제안정 및 성장촉진법'이 제정되기에 이르렀다. 경제안정 및 성장촉진법에는 국가는 경기를 통제할 수 있는 법적인 책무를 갖는다는 조항이 명시되어 있었다. 케인스식 통제 정책을 공적으로 허용한 셈이다. 그런데 믿을 수 없는 일이 일어났다. 국가의 경제통제정책이 효과를 발휘하는 듯했다. 1967년에 벌써 경기 회복 조짐이 나타난 것이다. 실업률이 감소하고, 1968년이 되자 독일 경제는 다시 7퍼센트 이상 상승했다.

회의론자들은 경제안정 및 성장촉진법이 제정되기 전부터 독일 경제는 이미 회복세로 돌아선 상태였다고 주장했다. 특히 독일 경제에 날개를 달아준 수출 실적은 슈트라우스와 실러가 추진한 지출 정책 덕분이 아니라는 것이다. 경제안정 및 성장촉진법은 1967년 5월에 제정됐다. 아무리 강력한 법이라고 해도 제정된 지 불과 몇 달 만에 거대하고 육중한 유조선과 같은 한 나라 국민경제의 방향을 돌린다

MONEY INSIGHT 인과관계와 상관관계

지금 당신은 들판에서 토끼가 뛰고 있는 모습을 보고 있다. 몇 초 후 개 한 마리가 나타났는데 이 개가 토끼가 지나간 방향으로 뛰어가고 있다. 두 사건이 동시에 일어난 경우(토끼와 개의 만남) 반드시 인과관계가(개가 토끼를 쫓는다) 성립하는 것은 아니다. 토끼와 개가 함께 나타나는 것과 같은 단순한 만남을 상관관계라고 한다. 상관관계와 인과관계를 혼동하기 쉬운 예가 '슈퍼볼 지수(Super-Bowl-Indicator)'다. 미국 프로미식축구 아메리칸 풋볼 콘퍼런스(American Football Conference)가 우승을 한 해에는 주식시장이 전반적으로 호황이고, 내셔널 풋볼 콘퍼런스(National Football Conference)가 우승하면 주가가 하락한다는 통설이 있다. 그런데 아메리칸 풋볼 콘퍼런스의 우승과 증시 호황은 시간적 거리가 있는 사건이다. 따라서 이 경우에는 인과관계가 성립되지 않는다. 증시예언가들은 "이것은 경험적 사실입니다. 실제로 될지 안 될지 두고 봐야 할 일입니다"라는 말을 자주 하지만 상관관계가 곧 인과관계로 이어지는 것은 아닌 것이다.

는 것이 말이 되는 일인가?

그 시대를 살았던 사람들은 아마 이 사건의 암시적 효과를 무시하기 힘들 것이다. 마침 정치인들이 새로운 정책 아이디어를 내고 실험을 했는데 불과 몇 달 만에 문제가 해결됐으니 말이다. 인간의 사고체계에서는 시간적 거리가 가까우면 인과적 상관관계가 성립되곤 한다.

필립스곡선의 거북한 메커니즘

독일의 경제정책은 새로운 방향으로 가고 있었다. 독일뿐만이 아니었다. 1960년대 영미권 국가에서는 케인스주의를 바탕으로 하는 경제정책이 한창 주가를 올리고 있었다. 경제학자들은 대담한 실험정신으로 성공을 꿈꾸고 컴퓨터 신기술을 이용해 거대한 국민경제 모델을 제시하며 경제정책을 경영 문제로 강등시켰다.

케인스주의를 지지했던 국민경제는 거대한 엔진이나 다름없었다. 우리는 엔진이 덜그럭거리면 기계 설계도를 보고 톱니바퀴에 윤활유를 공급하고 브이벨트를 갈아준다. 그러면 엔진이 정상적으로 작동된다. 경제학자들은 엔지니어가 기계를 고치듯 경기침체와 경제위기를 다루려 했다. 이러한 사고를 실업률과 인플레이션의 상관관계로 표현한 것이 바로 '필립스곡선Phillips Curve'이다. 필립스곡선에 의하면, 경제가 활성화되면 고용이 증가하고 수요가 부족하면 물가가 상승한다.

　그런데 필립스곡선에서 주장하는 내용 중 상당히 거북한 메커니즘이 있다. 물가가 상승하면 기업의 수입은 증가하지만 임금의 구매력은 떨어진다는 것이다. 필립스곡선의 논리를 자세히 살펴보면 다음과 같다. 물가가 상승하고 기업의 이윤이 증가해도 임금은 인상되지 않는다. 근로자들은 실질 임금이 감소한다는 사실, 즉 자신들이 받는 임금으로 살 수 있는 물건이 더 적어진다는 사실을 깨닫지 못하기 때문이다. 그래서 기업은 더 많은 근로자를 고용할 수 있고 실업률이 떨어진다.

　필립스곡선에서 강조했던 인플레이션과 고용의 상관관계는 심심 찮게 왜곡되곤 했는데 헬무트 슈미트Helmut Schmidt 전 독일 수상이 이렇게까지 말할 정도였다. "실업률 5퍼센트보다는 인플레이션 5퍼센트가 낫다."

　필립스곡선은 정치인들에게 '고용을 증가시키려면 인플레이션을 높여야 한다'는 잘못된 환상을 심어줬다. 필립스곡선의 설득력, 진실성, 해석을 두고 수십 권의 책에서 격렬한 논의가 벌어졌다. 당시 정치인들은 필립스곡선에 매료될 수밖에 없었다. 20세기 초반 정치 지도자들은 세계 경제를 파탄으로 몰아넣고 무기력한 상태로 있었다. 정치인들은 금융 위기와 유로 위기라는 이중 타격을 받고 무기력한 상태로 과거의 전철을 밟는 것보다 전문지식을 갖춘 경제 관료라는 이미지를 심어주고 싶었을 것이다. 이 정책이 한층 더 매력적으로 여겨졌던 것은 주변 상황 덕이었다. 정치인들의 선거공약이 실제로 이행되는 것을 목격한 국민들은 경제학과 경제정책이 내린 축복을 한껏 누릴 수 있었기 때문이다.[29]

헬무트 슈미트는 모든 상황을 정확하게 파악하고 있었던 듯하다. 독일 연방경제부 수장이 슈미트에게 "장관님, 어제 저녁 말씀하신 연설과 오늘 아침 신문에 난 기사는 잘못됐습니다!"라고 조언을 하자 슈미트는 "학문적으로 잘못됐다는 건 나도 압니다. 하지만 수만 명의 지역 광부들이 모인 선거 유세장에서 정치적 목적으로 사용했다고 지적할 필요는 없습니다"라며 역정을 냈다고 한다.

1960년대 세계 경제정책을 지배했던 정신을 한 문장으로 요약해보라고 할 때 자주 인용되는 문장이 있다. '경제 이론은 전지전능해 보이는 신무기를 공급하고, 실업률과 인플레이션을 맞바꾸려고 했다'는 것이다. 1960년대는 경제 이론의 옳고 그름을 떠나 정치적 유용성만 따지던 시절이었다. 정치적 이용 가치만 좇다 보니 어느 순간 모든 것이 부메랑이 되어 되돌아왔다. 초대형 인플레이션의 시대가 도래한 것이다.

03
석 유 파 동 과 스 태 그 플 레 이 션

INFLATION

70년대를 떠도는 인플레이션 유령

1970년대는 험난하고 다채로운 시대였다. 빌리 브란트^{Willy Brandt} 전 서독 총리가 바르샤바 게토의 사망자 기념비 앞에 무릎을 꿇고 사죄하면서 새 시대가 열렸다. 그리고 이 일을 계기로 이후 빌리 브란트는 노벨평화상을 수상했다. 1972년 뮌헨 올림픽에서 무장조직 '검은 9월단'의 인질극 참사가 벌어졌고 미국 대선에서 닉슨^{Richard Nixon}이 승리했으며, 2년 후인 1974년에는 닉슨 대통령이 워터게이트 파문으로 자진 하야했다. 같은 해 서독에서는 빌리 브란트 총리의 비서인 귄터 기욤^{Günter Guillaume}이 동독의 간첩이었던 것으로 밝혀지면서 브란트는 수상직에서 물러났다. 1년 후 1975년에는 베트남 전쟁이 끝나는 한편, 비엔나의 OPEC ^{석유수출국기구} 건물에서 인질극이 벌어지며 1977년 '독일의 가을^{Deutscher Herbst}(1977년 9월과 10월 독일 적군파^{RAF} 테러조직의 암살사건이 기승을 부린 시기)'이라는 그림자가 드리워졌다. 1970년대 말에는 평화운동, 환경보호운동, 원전폐쇄운동이 일어났고 녹색당이 탄생했다. 1978년에는 이례적으로 폴란드 출신 카롤 보이티야^{Karol Wojtyła} 추기경이 교황으로 선출되었는데, 그가 바로 요한 바오로 2세다.

1970년대는 경제적으로도 격동의 시대, 현대 경제사의 침체기였다. 1950년대에는 제한적으로, 1960년대에는 대체로 안정적인 성장률과 온건한 인플레이션을 보였지만 1970년대에 접어들자 우려할 만한 상황이 터지고 말았다. 실업률과 인플레이션이 상승하고 성장이 멎었다. 지난 수십 년 동안 상승가도를 달려온 경제에 제동이 걸리며 1990년대 후반까지 이 흐름이 이어졌다.

경제 실적이 우수한 독일과 스위스를 제외한 대부분의 OECD^{경제협력개발기구회원국}의 인플레이션율이 1970년대에는 10퍼센트를 넘었다. 프랑스는 15퍼센트, 이탈리아는 25퍼센트, 스페인은 28퍼센트였던 반면, 경제적으로 선두를 달리던 독일의 인플레이션율은 8퍼센트를 기록하며 극명한 대립을 보였다.

1970년대를 총결산하면 대부분의 선진국들은 고인플레이션에 시달렸다고 볼 수 있다. 1980년대에 접어들면서 인플레이션은 잠시 진정되는 듯하다가 1990년대에 들어와 OECD 국가에 또다시 인플레이션의 유령이 떠돌기 시작했다.[30] 고인플레이션과 고실업이

라는 위험한 조합이 등장하며 스태그플레이션이 나타나기 시작한
것이다.

필립스곡선을 퇴출시킨 주범

스태그플레이션은 전 세계 정치인들과 경제이론가들이 자초한 일
이다. 필립스곡선이 말했던 것과 전혀 다른 일이 벌어지고 있는 상
황에서 정치인들은 실업률과 인플레이션 중 하나를 선택해야 했다.
실업률과 인플레이션이 동시에 상승하면서 고통이 시작됐다. 정치
인들에게는 더 이상 선택의 여지가 없었다. 결국 필립스곡선은 경
제사가의 서랍에서 퇴출되고 말았다.

  대체 무슨 일이 있었던 것일까? 1970년대 경제를 뒤흔든 핵심 축
은 원유 가격이었다. 1973년 10월 6일부터 같은 해 10월 25일까지
이스라엘과 아랍 국가들(이집트와 시리아가 주축이 됨) 사이에서 일어났던
욤키푸르 전쟁Yom Kippur War(또 다른 이름으로 라마단 전쟁, 10월 전쟁, 제4차 중
동전쟁이라고도 함)이 터지면서 OPEC 회원국들이 서방 선진국에 석유
수출을 중단한 것이다. 1973년 원유 1배럴(159리터)당 3달러였던 것
이, 1979년에는 1배럴당 38달러로 폭등했다. 이때 생긴 신조어가
'공급파동'이다.[31]

  케인스주의에 입각한 경제정책을 추진했던 국가들에서 경기가 과
열되고 수요가 급증하고 생산능력은 한계에 달하며 인플레이션이

　　　　　　　　　　　　　　　　　　　　　　　　　　　　인플레이션

상승했다. 1970년대에 인플레이션은 그동안 숨겨놓았던 모습을 드러냈다. 이상하게도 생산량이 증가하는데 인플레이션은 계속 상승하고 있었다. 선진국에서 생산하는 제품의 주원료 중 하나가 원유였는데, 원료비가 상승하면서 물가도 함께 상승했던 것이다.

석유파동의 여파로 독일에서도 극단적인 정책이 필요했다. 휘발유는 동이 났고 사재기가 기승을 부렸다. 정부는 차 없는 일요일, 국도와 고속도로의 속도 제한, 휘발유 배출량 제한치 등을 도입했다. 당시 독일 수상이었던 빌리 브란트는 유권자들에게 "종전 후 처음으로 위기가 찾아왔습니다. 내일도 다음 일요일에도 크리스마스가 되기 전에 전국의 도로가 보행자 전용 거리로 바뀔지도 모릅니다. 하지만 에너지 위기는 우리에겐 기회가 될 수 있습니다. 우리는 이 기간 동안 서로 도우며 사는 것이 무엇인지 배우게 될 것입니다. 국민 여러분, 우리에게 겨울이 찾아오는 데에도 이유가 있습니다"라며 이해를 구했다.[32]

6년 뒤 1979년에는 제2차 석유파동이 터졌다. 1950년대와 1960년대 불었던 바람이 경제계에 몰아쳤다. 인플레이션과 대량 실업이 발생한 것이다.

이때에 스태그플레이션이 발생한 데는 여러 가지 원인이 있다. 1960년대 미국은 무모하게 베트남 전쟁을 벌이느라 빚더미에 앉았다. 독일도 별반 다르지 않았다. 독일은 '경제 위기가 터졌을 때 지출을 늘려야 한다'고 처방한 케인스주의에 입각해서 지출 위주 정책을 추진해 왔다. 실업률이 증가하면 국가의 재정 지출을 늘려 고용을 창출함으로써 실업 문제를 해결한다는 필립스곡선 이론이 옳은 것처럼 보였다. 모두가 국가에서 지출을 늘리면 이 문제를 해결할 수 있을 것이라 믿었다. 그런데 지출 위주의 경제정책도 그 효과가 신통치 않았다. 그 이유를 밝혀낸 자가 있었으니, 시카고의 작은 거인 밀턴 프리드먼Milton Friedman이었다.

MONEY INSIGHT 유가 상승 시 투자하려면

유가 상승으로 이어지는 석유파동은 여전히 자본 시장의 중요한 화두다. 1970년대만 하더라도 전 세계 국민경제는 유가가 상승하면 극심한 경기 침체가 올 것을 우려햇다. 이후 각국은 블랙 골드인 석유가 경제에 미치는 영향을 최소화하기 위해 독자적인 노력을 했다. 제품 생산에서 원유 비중을 감소시켰다. 요즘에는 유가 상승이 경제의 청신호로 받아들여질 정도다. 수요가 증가하고 경기가 활성화됐다는 뜻이기 때문이다. 유가가 상승했을 때 투자를 하려면 상승 원인을 먼저 살펴보아야 한다.

인플레이션

04
금 융 정 책 이   주 도 한
세 계   경 제 의   안 정 기

INFLATION

필립스곡선에 반기를 든 두 남자

밀턴 프리드먼은 155센티미터밖에 되지 않는 작은 체구를 가졌지만 진정한 거인이었다. 그는 20세기의 영향력 있는 경제학자로 손꼽히며 케인스에 버금가는 업적을 남긴 인물이다. 작은 체구와 급진적 사상 때문에 '시카고의 미친 난쟁이'라며 비웃음을 사기도 했지만, 케인스와 쌍벽을 이루는 위대한 사상가였다. 케인스주의자들이 국가의 지출 정책과 경기 부양책을 강조한 반면, 신자유주의인 밀턴 프리드먼은 더 작은 국가, 더 많은 자유, 국민들의 더 많은 결정을 부르짖었다.

프리드먼이 경제사상에 끼친 영향은 실로 대단하다. 프리드먼의 지지자들은 그를 메시아^{Messiah}라고 부를 정도다. 그는 필립스곡선의 핵심 이론을 강력히 반박했다. 케인스주의의 변형이라고 볼 수 있는 필립스곡선에서는 '인플레이션이 발생하면 고용이 증가한다'고 주장한다. 물가가 상승하기 때문에 기업의 이윤이 늘어날 것이기 때문이다. 이때 노동자는 임금의 구매력이 떨어진다는 사실을 전혀 모른다. 기업 입장에서는 인건비가 낮아지므로 기업은 더 많은 인력을 고용할 수 있다. 노동자의 실질 임금이 감소하고, 실질 임금이 감소하여 고용이 증가하는 것이다.

그러나 프리드먼은 노동자가 자신의 실질 임금이 감소한다는 사실을 모를 정도로 바보가 아니라고 지적한다. 만일 처음에는 이 사실을 몰랐다고 하더라도 나중에는 임금 인상을 요구할 것이라고 필립스곡선 이론을 반박했다. 프리드먼에 의하면, 임금 인상 요구로 인건비가 상승하면 기업의 인력 고용 의향이 감소한다. 따라서 인플레이션으로 인한 원래의 고용 효과는 사라진다. 이렇게 필립스

MONEY INSIGHT **금융 위기를 예측하는 것은 불가능하다**

붕괴와 위기는 발생 시기와 기간은 물론이고 그 강도를 예측할 수도 계산할 수도 없다. 표면적으로는 안정적인 시기인 것처럼 보이지만 다음 위기가 예고되어 있기도 하다. 물론 금융 위기를 정확하게 예측한다는 예언가들도 있다고 하지만 이들은 구체적인 정보를 주지는 못한다. 잘못된 경기 진단과 위기조차 예측하지 못하는 경우가 부지기수다. 투자자들이 할 수 있는 일은 금융 위기가 찾아와도 쉽게 무너지지 않는 포트폴리오를 준비해놓는 것이다. 최대 어느 정도의 손해를 감수할 수 있는지, 투자 금액이 최대 손실 경계값을 넘지 않도록 조절해야 한다.

곡선에서 말했던 고용 효과는 한낱 망상에 지나지 않았음이 확인된 것이다.

물론 실질 임금이 감소하기 때문에 단기적으로 인플레이션은 상승한다. 그러나 중기적으로 노동자들은 실질 임금이 감소한다는 사실을 알아챌 수밖에 없기 때문에 임금 인상을 요구하게 되어 있다는 것이다. 실질 임금이 상승하면 원래의 고용 효과는 사라지고 없으므로 프리드먼은 중기적으로 필립스곡선이 성립하지 않는다고 주장했다.

1995년에는 노벨경제학상 수상자인 로버트 루카스Robert Lucas가 등장하면서 필립스곡선에 대한 비판이 더 심해졌다. 루카스는 인플레이션율이 상승하면 실업률도 상승할 수 있다는 사실을 증명하며 프리드먼의 이론을 논리적으로 완성시켰다. 그는 노동자들이 인플레이션율이 상승할 것을 예상하면 먼저 임금 인상을 요구할 것이므로, 인플레이션 증가에 따른 고용 효과는 사라질 것이라고 주장했다. 프리드먼은 일시적으로 고용이 증대되는 효과가 있다고 본 반면, 루카스는 노동자들이 상황을 바르게 판단하면 인플레이션으로 인해 고용이 증대하는 효과는 없어진다고 보았다.

인플레이션이 상승할 것이라고 예상한 노동자들이 더 높은 임금을 요구했는데 인플레이션이 발생하지 않으면, 최악의 경우 임금과 실업률만 증가한다. 실질 임금이 증가하므로 고용이 감소하는 것이다. 잘못된 예측이 한 나라를 경기침체로 몰고 갈 수 있음을 통찰한 루카스의 주장은 탁월하다.

1970년대에는 스태그플레이션, 높은 인플레이션율과 실업률이 나타나고 국가의 경기 개입 정책이 실패로 돌아가며 각국은 빚더미에 쌓이기 시작했다. 경제와 정치에 관한 사고가 전환되고 새로운 원칙이 절실히 필요했다. 초대형 인플레이션의 폭풍이 지나고 세계 경제는 안정기로 접어들었다.

경제 안정기의 원인

1980년대 중반부터 2007년까지 전 세계의 거시경제는 잠잠해졌다. 인플레이션은 후퇴하고 성장률은 호조세를 보였다. 세계 경제가 드디어 잔잔한 항로에 진입한 이 시기를 대 안정기라고 한다.

전문가들은 대 안정기로 접어든 원인을 다양하게 분석한다.[33] 선진국의 GNP에서 서비스 영역 비중 증가로 인한 경기 안정, 정보기술의 발달, 재고 관리 주기 감소, 공급 상황 개선 위주의 정책 증가 등을 대표적인 원인으로 꼽았다. 1980년대 공급경제학을 바탕으로 한 보수주의 정책을 레이거노믹스Reganomics 혹은 대처리즘Thatcherism이라고 하며, 각국은 감세정책과 민영화를 추진하고 자기책임과 시장의 유연성을 강조했다.

그러나 대 안정기의 핵심은 금융정책이다. 각국의 중앙은행은 1970년대의 쓰라린 경험과 케인스주의, 그리고 여기에서 파생된 필립스곡선 이론에 대한 비판을 교훈으로 삼으며 안정적인 금융정책으로 방향을 돌렸다.

프리드먼과 루카스가 옳다면 중앙은행의 지휘봉은 국민이 잡고 국민의 결정이 반영되어야 한다. 물론 이렇게 된다면 금융정책의 효과가 약해질 것은 자명한 사실이다. 필립스곡선에서는 인플레이션이 고용을 증대시킨다고 하지만 이는 사실상 불가능하다. 예측이 잘못되면 최악의 경우 금융 위기로 이어질 수 있다.

그리하여 다음과 같은 새로운 사상이 등장했다. 금융정책은 신뢰할 수 있어야 하고, 국민의 기대를 안정화시키고, 가계에 안정성을 추구해야 한다는 것이다. 중앙은행은 엄격한 원칙을 세우고 이 원칙을 지키며 신뢰를 유지할 필요가 있었다. 변화 대신 안정을 추구하기 위해 많은 중앙은행들이 1980년대에 금융정책 원칙을 세웠다. 중앙은행은 정해진 비율로만 통화량을 증가시킨다는 원칙을 지키며 금융정책이 난관에 봉착하지 않도록 노력했다.

각국은 자기희생self commitment(게임이론에서 자기 자신을 희생해서라도 이

MONEY INSIGHT 금융 시장에 평온은 없다

- -

대 안정기에 관한 가설은 정치적으로 운이 따랐다는 사실을 전제로 한다. 1980년대 후반과 1990년대에는 1970년대에 비해 경제 쇼크가 자주 발생하지 않았다. 물론 이 시기에 경제 쇼크가 전혀 없었다는 의미는 아니다. 1980년대와 1990년대 라틴아메리카의 부채 위기, 1987년의 주식 붕괴, 1997년 아시아의 금융 위기, 1년 후 전설적인 헤지펀드 롱텀 캐피탈 매니지먼트(Long Term Capital Management)의 파산, 2000년 닷컴 버블 등 굵직한 사건들이 연달아 터졌다. 금융 시장에 평온한 시기는 없다.

타적인 행위를 한다는 의미)을 정책의 기조로 삼으며, 거침없는 스톱 앤 드 고 정책stop and go policy(국제수지가 악화되면 긴축조치를 취하고, 그 결과 경기가 호전되면 긴축조치를 철폐하여 경제성장을 도모하는 방법. 제2차 세계대전 이후 영국이 이 정책을 반복 실시했다)을 추진하는 대신, 국민이 중앙은행을 완전히 신뢰하는 정책을 추진하고 인플레이션을 억제하는 데 치중해왔다. 이러한 기대치 관리expectation management는 계획에 따른 안정성을 부여하는 데 기여해야 한다. 대 안정기 금융정책에는 루카스의 사상이 직접적으로 반영되어 있다.

그 결과물이 인플레이션율의 고삐를 당겨 쥐고 경제의 안정성을 유지하는 중앙은행의 정책이다. 그러나 금융정책은 인플레이션을 억제하는 수준에 머물러서는 안 되며 실업 퇴치에 기여해야 한다. 특히 성격이 다른 두 문제에는 두 가지 도구를 사용하는 경제 원칙이 적용되어야 한다. 금융정책으로 인플레이션을 억제시켜야 할 경우에는, '하녀 한 명이 두 명의 주인을 모실 수 없다'는 틴버겐의 법칙Tinbergen's rule을 적용해야 한다. 즉, 정책 목표의 수만큼 정책 수단이 존재해야 목표를 달성할 수 있다는 것이다.

여기에는 어떤 사상이 담겨 있을까? 1980년대 후반과 1990년대에 전 세계가 경제적 안정기를 누릴 수 있었던 데는 다양한 이유가 있겠지만, 금융정책이 결정적인 역할을 했다. 중앙은행은 인플레이션 억제에 주력해야 한다. 이 부분에 대해서는 이론의 여지가 없다. 그런데 요즘 중앙은행의 공식 보도를 들으면 금융정책이 마치 기적의 방패라도 되는 듯, 두 명이 아닌 여러 명의 주인을 모셔야 하는

듯한 인상이 든다. 금융정책이 기적의 방패가 될 수 있을까? 장막이
걷히고 새로운 위기가 찾아왔다.

05

중앙은행은 어떤 원칙을 따라야 할까?

중앙은행이 어떤 원칙을 따라야 할 것인지에 관해 다양한 이론이 있다.

첫 번째 이론은 연간 화폐 유통량을 정하고 수치를 공식 발표해야 한다는 것이다. 독일연방은행이 1974년부터 실천해온 방식이다. 이러한 관행이 정착된 배경은 화폐 발행량을 과도하게 늘리지 않는다면 중기적으로 인플레이션이 발생하지 않는다는 사고에서 비롯됐다.

두 번째 이론은 테일러 준칙Taylor's rule을 따르는 것이다. 테일러 준칙은 미국 경제학자 존 테일러 교수가 제시한 통화 정책 운용준칙으로, 적정 인플레이션율과 잠재 GDP 아래에서의 균형금리 수준을 의미한다. 미국 연방준비제도이사회, 한국은행을 비롯한 각국 중앙은행이 통화 정책을 평가하는 지표로 테일러 준칙을 활용하고 있다.

중앙은행은 테일러 준칙에 따라 한 국민경제의 가동률capacity utilization(실질 GDP와 잠재적 GDP의 관계를 백분율로 나타낸 것을 말한다)과 실제 인플레이션 경향을 조정한다. 경제의 가동률이 중앙은행에서 목표로 하는 실질 인플레이션율보다 높을수록 금리가 더 높아야 한다.

셋째, 중앙은행에서 인플레이션율을 직접 통제해야 한다는 이론이다(물가안정목표제inflation targeting라고도 한다. 중앙은행이 명시적인 중간목표 없이 일정 기간 또는 장기적으로 달성해야 할 물가목표치를 미리 제시하고 이에 맞춰 통화 정책을 수행하는 방식이다). 이때 중앙은행은 인플레이션 목표치를 발표하고 이 목표치를 달성하도록 노력해야 한다.

3부

HANNO BECK

무엇이 자본주의의 판도를 움직이는가?

: 금융 위기 시대 인플레이션이 결정하는 부의 기회

인플레이션에 관한 대부분의 연구에서
양적완화 정책은 임시방편일 뿐
장기적인 해결 방안으로 보기 어렵다고 말한다.
그런데도 현재 각국의 중앙은행은 형형색색의 종이 위에
'돈'이라는 것을 찍어내기에 바쁘다.

.

.

.

.

.

**"여기에는 다른 의도가 숨겨져 있다.
엄청난 괴물 말이다!"**

6장

다시 찾아온
금융 위기

핵심 명제

1 2000년대 초반에는 세 차례의 위기가 있었다. 세 차례 모두 각국의 중앙은행이 통화량을 대폭 증가시켜 발생한 위기였다.

2 통화량을 증가시킨다고 반드시 인플레이션이 발생하는 것은 아니다. 단기적으로는 생산과 고용을 증대시키는 효과가 있으나, 장기적으로는 물가 상승이나 자산 인플레이션(asset price inflation)을 초래할 가능성이 있다.

3 자본시장이나 기타 자산 시장에서 시세가 상승하는 현상을 일컫는 자산 인플레이션은, 장기적으로 금융 위기와 잘못된 투자, 즉 자본 낭비를 초래할 수 있다.

4 최근 세계 각국의 중앙은행은 통화량을 지속적으로 증가시키려는 정책을 추진하고 있으나 과연 이 정책이 실효성이 있을지 의문이다. 첫째, 통화량 증가 정책으로 과연 근래의 경제 위기를 해결할 수 있을지, 해결이 가능하다면 어느 정도까지 도움이 될 수 있을지 확실치 않다. 둘째, 통화량 증가 정책은 불편한 개혁을 막을 수 있다. 셋째, 통화량 증가는 또 다른 금융 위기를 초래할 수 있다.

01
금 융 위 기 의 예 고 편

INFLATION

위기의 10년

어떤 사건은 일어나는 순간부터 역사적인 날로 기억된다. 1492년 10월 12일은 콜럼버스가 신세계인 아메리카 대륙에 첫발을 내디딘 날이다. 1815년 6월 18일에는 워털루전투에서 프랑스가 처참하게 패배했으며, 1945년 5월 8일에는 독일 제국이 연합군에게 항복했다. 1989년 11월 9일은 베를린장벽이 무너진 날이자 1945년 5월 8일부터 시작된 동서독 분단이 종지부를 찍으며 독일이 통일된 날이다.

한편 우리가 눈치 채지 못했을 뿐 역사에 기록될 만큼 중요한 날이 또 하나 있었다. 업계 종사자가 아니거나 경제에 관심이 없는 사람은 매일 신문을 읽는다고 해도 이날을 알아채지 못한다. 시간이 지나고 나서야 심각성을 깨달을 수 있는 사건이기 때문이다.

2016년 6월 14일이 바로 그런 날이었다. 일간지 경제 및 금융 섹션에 독일연방공화국 사상 최초로 국채 수익률이 마이너스를 기록했다는 기사가 실렸다. 한마디로 독일에 돈을 빌려주면 손해를 본다는 뜻이었다. 이 기사는 독일 일간지《프랑크푸르터 알게마이네 차이퉁》의 32면에「독일 자본시장의 새 시대가 열리다」라는 제목으로 실리긴 했지만[1]《프랑크푸르터 알게마이네 차이퉁》기자들은 독일의 국채 수익률이 마이너스를 기록했다는 것은 워털루전투, 아메리카 대륙 발견, 전쟁, 냉전의 종식에 버금가는 사건이므로 1면에 대서특필되어야 한다는 논평을 했다. 금융 전문가들만큼은 이날과 이일의 중요성을 절감하고 있었다.

2016년 6월 14일의 사건이 어떤 의미인지 이해하려면 과거로 거슬러 올라가야 한다. 20년 전 이 무렵, 독일의 국채 수익률을 마이너

MONEY INSIGHT **자본과 시기의 상관관계**

자본 시장에는 주시해야 할 날들이 있다. 투자 가치는 우리가 생각하는 것보다 이러한 날들의 영향을 많이 받는다. 가령 당신이 지난 10년 동안 독일 증시 DAX에 투자해오며 대략 6퍼센트의 수익을 올렸다고 하자. 그런데 이 10년 동안 수익률이 좋은 날은 단 10일뿐이다. 이날들을 놓치면 수익률은 마이너스 1퍼센트로 감소한다. 만약 이 기간에 수익률이 좋은 날이 20일(30일)이라고 하면 이 기간을 놓쳤을 때 수익률은 마이너스 5퍼센트(9퍼센트)로 떨어진다.

인플레이션

스 국면으로 접어들게 한 사건이 있었다. 정확하게 언제부터 이러한 조짐이 나타났는지는 확실하지 않지만, 인플레이션율과 성장률이 전반적으로 안정세를 보였던 90년대 초반 대 안정기 무렵인 것으로 짐작된다. 대 안정기는 경제적으로 평온한 시기처럼 보이지만 실상은 그렇지 않았다. 2000년대 광풍처럼 휘몰아 닥칠 위기의 예고편이었을 뿐이다.

금융 위기는 시장에 화폐가 과잉 공급된 탓이었다. 이 개념을 정확하게 이해하려면 금융정책을 평가하는 주요 공식 중 하나를 살펴봐야. 한다. 경제에 화폐가 과잉 공급되면 무슨 일이 일어날까? 이처럼 단순한 질문에 답을 주는 공식이 바로 '피셔의 방정식Fisher Equation'이다.

화폐가 담긴 양팔저울과
피셔의 방정식

화폐량에 비해 재화량이 지나치게 부족하면 물가는 당연히 상승할 수밖에 없다. 직관적으로 이해할 수 있는 개념이다. 이를 양팔저울로 도식화시키면 더 이해하기 쉽다. 저울의 한쪽 접시에는 화폐가, 다른 한쪽 접시에는 재화가 담겨 있다. 화폐가 담긴 접시에 화폐를 너무 많이 올려놓으면 접시가 아래로 기울면서, 재화가 담긴 접시가 위로 올라간다. 쉽게 말해 물가가 상승한다.

이 아이디어는 이론적으로는 틀렸다고 할 수 없지만 조금 더 가다듬을 필요가 있다. 모든 재화에는 가격이 있다. 재화의 수량이 똑같이 10만 개라고 해도, 단가가 50센트인 경우와 단가가 500유로인 경우는 다르다. 즉, 단가가 500유로인 재화를 사려면 더 많은 돈이 필요하다. 그러니까 '재화가 담긴 접시'가 아니라, '가격이 정해져 있는 재화가 담긴 접시'라고 해야 옳다. 재화의 총액을 구하려면 재화의 개수에 재화의 가격을 곱해야 한다. 그냥 와인 10병이 아니라, 단가가 5유로인 와인이 10병이면 총 50유로라고 말해야 하는 것이다. 화폐가 담긴 접시의 화폐 수량이 증가하여 재화가 담긴 접시가 위로 올라가도 재화의 수량은 그대로일 수 있다. 하지만 물가가 상승하면 재화가 담긴 접시가 점점 무거워지면서, 한쪽으로 기울어졌던 양팔저울은 다시 평형 상태로 돌아온다. 그러니까 화폐 수량이 50유로에서 60유로로 증가하고 와인병 개수는 그대로인 경우, 물가는 5유로에서 6유로로 상승한다. 즉, 재화 총액이 총 60유로가 되면서 저울로 평형 상태를 되찾는다. 따라서 화폐 수량이 증가하면 물가가 상승, 즉 인플레이션이 발생한다.

화폐가 유통되면 주인은 바뀌기 마련이다. 이처럼 화폐의 주인이 바뀌는 속도를 화폐의 유통 속도라고 한다. 이를테면 1년 동안 1유로의 주인이 두 번 바뀔 경우의 유통 속도를 2라고 한다. 이 개념을 양팔저울로 설명해보자. 재화가 담긴 접시의 재화 가치가 50이라고 하면, 유통 속도가 2일 경우 화폐 수량이 25가 되어야 양팔저울의 균형이 유지된다.

쉽게 말해 25유로씩 두 번 지출하는 경우 저울의 양쪽 접시가 50 유로만큼의 무게를 유지한다. 유통되는 화폐 수량이 증가하여 화폐가 담긴 접시가 기울 수 있다. 이 경우에는 물가가 상승하면, 즉 재화가 담긴 접시가 더 무거워지면 양팔저울이 평형을 되찾을 수 있다. 반면 화폐의 유통 속도가 감소하면 화폐가 담긴 접시가 다시 가벼워질 것이다. 달리 표현하면 다른 쪽 접시에 담긴 재화량이 증가한다.

이 개념에 따라 계산한 결과는 양팔저울 대신 등식으로도 표현할 수 있다. 이 등식이 거시경제학에서 가장 유명한 공식 중 하나인 피셔의 교환방정식Equation of exchange(일정한 기간에 거래된 돈의 총액은 그동안 지급된 돈의 총량과 같다는 내용의 방정식)이다.

등식의 좌변(양팔저울의 왼쪽 접시)은 '화폐량×유통 속도'이고 등식의 우변은 한 국가에서 생산하는 재화량, 즉 '실질 GNP×가격 수준price level(개별 재화나 용역 가격의 높고 낮은 정도)'이다.

가령 25유로짜리 와인을 예로 들어보자. 이 공식에 따르면 좌변이 '25유로×2=50'이고 우변이 '10병×단가 5유로=50'이면 좌변과 우변의 값이 일치한다. 이렇게 방정식의 좌변과 우변이 일치하면

MONEY INSIGHT   고인플레이션 시대의 화폐 유통 속도

고인플레이션 시대에는 화폐의 유통 속도가 증가한다. 가치가 하락하는 화폐를 보유하고 싶어 하는 사람이 점점 줄어들 것이기 때문이다. 화폐의 최신 유통 속도를 계산하려면 명목 GNP를 유통되는 화폐 수량으로 나누면 된다.

양팔저울은 평형을 이루고 이 국가의 통화 시스템은 안정적이라고 할 수 있다. 그리고 방정식의 한 변에 변화가 나타나면 문제가 생겼다는 의미다. 이 방정식을 통해 화폐량과 인플레이션의 상관관계를 유추할 수 있다. 교환방정식의 계산 결과로 평가하면 지난 10년은 위기의 시대였다.

교환 방정식의 의문점

이처럼 고전적 화폐수량설에서는 통화량이 지나치게 많고 재화가 적은 경우를 간단한 공식으로 설명했다. 화폐가 담긴 양팔저울의 왼쪽 접시가 무거워지면 저울이 왼쪽으로 기울기 때문에 경제는 평형을 잃고, 유통 속도가 변하지 않고 재화의 수량이 증가하지 않으면 물가는 반드시 상승한다고 보았다. 통화량이 증가하면 물가의 상승은 불가피하다는 것이다.

그런데 통화량이 증가한다고 해도 물가가 반드시 상승하는 것은 아니다. 통화량이 증가하면 생산과 고용이 증대될 수 있기 때문이다. 재화가 담긴 오른쪽 접시가 생산량 증대로 인해 무거워지면 통화량이 증가해도 균형이 유지된다. 이는 화폐를 많이 발행한 결과 물가가 상승한 것이 아니라 생산, 고용, 복지가 증대됐다는 의미로 해석된다. 경제적으로는 최적의 상황인 셈이다.

그런데 이 문제를 두고 케인스주의자들과 밀턴 프리드먼을 위시

한 통화주의자들 사이에 의견 충돌이 일어났다. 여기서 잠시 케인스 학파의 이론을 간략하게 살펴보도록 하자. 케인스주의자들은 통화량이 증가하면 생산이 증대된다고 보았다. 통화량이 증가하면 국민들의 수중에 더 많은 돈이 쥐어진다. 그러면 국민들은 이 돈을 은행에 맡길 것이고 이 자금으로 기업에 더 많은 사업 자금을 대출해줄 수 있다. 대출이자가 인하되면 투자 활동이 촉진되면서 경기는 활기를 띤다.

대체 어느 편의 주장이 옳다고 할 수 있을까? 아마 양측 주장이 모두 옳다고 보아야 할 것이다. 한 국민경제의 생산능력이 고갈되지 않는 한 여유 생산능력이 있다. 따라서 화폐량이 증가하고 금리가 감소하면 투자가 촉진되므로 경기가 활성화될 수 있다.

그러나 이 주장에는 몇 가지 의문점이 있다. 생산자들은 왜 물가를 인상시키지 않을까? 조금이라도 잘못될 가능성이 있는 시기에는 생산자들이 투자를 꺼리는 이유가 무엇일까? 수요가 증가하면 물건이 많이 팔려서 창고가 가벼워지니까 바로 대출을 받아 모험을 걸고 새로운 사업에 투자해도 되지 않을까? 돈이 풀리면서 투자가 촉진되었으나 이 투자가 잘못된 방향으로 빠지면 무슨 일이 벌어질까? 유로 위기가 스페인의 금융 위기로 번지면서 생긴 쓰라린 경험을 기억해보자.

밀턴 프리드먼은 통화량이 증가하면 물가만 상승시킨다고 했다. 직관적으로도 쉽게 이해되고 지난 수십 년간 경험했던 인플레이션 변동 추이를 분석하면 충분히 타당성 있는 주장이다. 그런데 이 이론에서 한 가지 오류가 발견됐다. 인플레이션이 예상했던 것만큼 심각하지 않았던 것이다.

여기서 당신은 혼란스러울 수 있다. 1980년대 후반부터 미국의 통화량은 1960년대와 1970년대에 비해 급격히 증가했다. 특히 1990년대에 미국의 통화량은 폭발적인 증가세를 보였다. 독일은 물론이고 일본이나 프랑스와 같은 선진국에서도 이와 유사한 사태가 벌어졌다. 인플레이션이 예상만큼 심각하지는 않았지만 인플레이션을 잡을 수도 없었다. 대체 무엇이 문제였을까? 화폐수량설의 어느 부분에 오류가 있었던 것일까? 지난 10년간의 금융 위기를 들여다보면 좀 더 확실한 답을 얻을 수 있을지도 모르겠다. 1997년 3월 10일의 금융 위기부터 시작해보자.

02
대 규 모 현 금 소 진 사 태

INFLATION

세기 말 예고 없는 주가 폭락

1997년 3월 10일은 그저 평범한 날이었다. 바로 이날 독일 증시에
는 노이어 마르크트^{Neuer Markt}(신시장이라는 의미로 독일 정부에서 고기술·고
성장 창업기업에 자금을 제공하기 위해 설립한 시장이지만 시장 내에서 발생한 사기
와 내부자거래 및 역선택 등의 문제 발생으로 결국 폐쇄된 주식시장)라는 첨단기
술주 시장이 발족했다.[2]

  발족 멤버는 새내기 상장업체인 모빌콤^{Mobilcom}과 엔지니어링 서
비스업체 베르트란트^{Bertrandt}였다. 노이어 마르크트는 가파른 속도
로 성장하여 1997년 말 17개 업체가 상장됐다. 노이어 마르크트
의 시장 상태를 가늠하는 척도인 노이어 마르크트 지표^{der Neue-Markt-}

Index(네막스 올 셰어Nemax All Share라고도 한다)는 100퍼센트가량 상승했다.[3] 엄청난 수익률에 혹한 투자자들이 주식시장으로 대거 몰려들었다.

그로부터 3년 후인 2000년 3월 10일, 노이어 마르크트 지표는 역대 최고치를 기록했다. 229개 업체의 거래 금액이 총 2342억 5000만 유로를 기록하며 역사적인 성공을 거두었다. 그러나 단 며칠 만에 주식 시세는 급락하기 시작했다. 결국 노이어 마르크트는 아무 결실 없이 폐쇄되었고 수십억 유로에 달하는 주식은 휴지 조각이 되고 말았다. 현금 소진 기업 리스트, 법정 소송, 손해배상 소송, 망연자실한 투자자들만이 남았다.

1990년대 말 갑작스런 주가 폭등으로 백만장자가 양산된 속도만큼이나 빠르게 주가는 폭락했다. 이는 비단 독일의 일만이 아니었다. 거의 세계 전역에서 이런 일이 벌어졌다. 새천년을 맞이하고 2년도 채 되지 않아 첫 번째 금융 위기가 터졌다.

MONEY INSIGHT   현금소진율과 기업의 파산

- -

2000년대 들어 처음으로 증권거래소에 현금 소진 기업 리스트가 등장했다. 이 리스트를 보면 첨단 기술 기업들의 현금이 얼마나 빠른 속도로 소진되었는지 알 수 있다. 가령 자본금이 100만 유로인 기업에서 매달 10만 유로의 자금이 빠져나간다고 하자. 이 경우 10개월이면 자금은 완전히 소진되어 고갈된다. 쉽게 말해 이 기업은 아무것도 하지 않아도 10개월 후에는 파산하게 되어 있다는 얘기다. 현금소진율(cash burn rate)은 신생 기업의 파산 위기를 평가하는 데 사용될 수 있다.

금융 위기를 부른
마법의 주문

여기서 사태가 깔끔하게 마무리될 리가 없다. 1997년 3월 10일에 이어 2008년 9월 15일에도 대사건이 터졌다. 164년 전통을 자랑하던 리먼 브라더스^{Lehman Brothers} 투자은행이 파산하면서 전 세계가 술렁였다. 실업자 신세가 된 고연봉 직원들이 다른 직장을 찾아 나섰다. 그러는 동안 미국의 부동산 위기가 바이러스처럼 번지며 전 세계 금융시장이 감염되기 시작했다. 감염력이 워낙 강력하여 다른 지역에서도 금융 위기가 터지기 일보직전이었다.

직격탄을 맞은 국가는 그리스였다. 2009년 4월 23일 요르요스 파판드레우^{Georgios Papandreou} 전 그리스 총리는 화창한 날 한 폭의 그림처럼 아름다운 카스텔리조섬에서 그리스가 과도한 채무로 인해 파산 직전이라고 공식 선언을 했다. 유럽연합의 핵심 프로젝트인 그리스 구제 금융정책은 혼란 국면으로 빠져들었다.

화폐수량설 지지자들은 세 차례의 금융 위기에서 한 가지 공통점을 찾았다. 바로 마법의 주문, 자산 인플레이션^{Asset Price Inflation}이었다.

피셔의 교환방정식을 보면 인플레이션율을 계산할 때 주식, 채권, 금, 수집품, 파생상품^{Derivatives} 혹은 기타 투자 상품의 가격은 반영하지 않고 재화와 용역의 가격만 반영한다는 사실을 알 수 있다. 화폐 유통량을 증가시키면, 즉 양팔저울의 왼쪽 접시가 더 무거워지면, 자금이 투자되지 않기 때문에 GNP가 증가하지 않는다. 즉, 유통 속도에 변함이 없다. 이 경우에는 원래 물가가 상승해야 한다.

뜬금없이 중국이 세계시장에 뛰어들어 저가와 물량 공세로 재화의 가격을 떨어뜨리거나 국민들이 주머니를 열지 않으면 물가가 상승하지 않는다. 그렇다면 어딘가 다른 곳에 잉여 자금이 존재할 수밖에 없다.

국민들이 재화와 용역 대신 금융자산에 투자하면 금융자산 가격은 상승하지만 재화의 가격에는 변동이 없다. 통화량이 증가하면 인플레이션이 발생하지만, 재화가 아닌 금융자산이 증가하는 경우에는 얘기가 달라진다. 이것이 자본재capital goods 가격이 움직이는 메커니즘이다. 양팔저울을 평형상태로 되돌려 놓는 것이다.

첫째, 통화량이 증가했는데 재화의 가격이 상승하지 않을 수 있고 둘째, 2015년까지의 상황을 보면 알 수 있듯이 호황기가 아니라도 자본시장 경기가 활성화되고 주가가 상승할 수 있다. 자산 인플레이션은 이 두 가지 상황에 대한 이유가 될 것이다. 이 주장대로라면 경기가 좋기 때문에 주가가 상승하는 것이 아니라, 잉여 자금이 재화시장이 아닌 주식시장으로 흘러들어가기 때문에 주가가 상승하는 것이다. 자산 인플레이션이라는 개념이 대두되면서 교환방정식은 살아남을 수 있었다. 하지만 이는 통화가 과도하게 투입되면 자본시장이 과열되어 결국 주가가 폭락할 수 있다는 경고의 메시지이기도 했다.

부동산 거품이 부른
스페인 금융 위기

자산 인플레이션 이론이 무엇이고 어떤 결과를 초래하는지 보여주는 대표적인 사례가 스페인이다. 스페인은 1999년 유로존 회원국으로 입회하면서 독일, 오스트리아, 네덜란드처럼 가치가 안정적인 통화체계에 편입되었다. 국제 투자자들은 이를 긍정적인 신호로 해석했다. 더 이상 환율 위기를 걱정할 필요도 없었고, 유럽연합의 감독하에 견실한 부채정책이 수립되었으며, 서유럽 선진국과 유대관계도 강화되었기 때문이다. 투자의 엘도라도를 찾은 듯했다.

투자자들은 스페인에 돈을 대량으로 쏟아붓기 시작했다. 스페인 국민들은 기회를 놓칠 새라 투자에 열을 올렸다. '의미심장한' 투자 프로젝트 수가 밑도 끝도 없이 늘어나면서, 아무도 다니지 않는 도로, 아무도 살지 않는 집, 아무도 예약하지 않는 호텔, 승객이 없는

MONEY INSIGHT **통화량과 대출 거품**

지금까지 살펴본 대로라면 자본시장에 통화가 과도하게 공급되면 경기가 과열된다. 그러나 다른 상관관계도 살펴볼 필요가 있다. 이른바 대출 규모다. 금융시장이 호황인 경우 대출로 자금을 조달하여 투자가 이뤄진다. 물론 그 안에는 금융 위기가 발생할 가능성도 포함되어 있다. 대출 규모가 증가하면 시세 거품이 발생할 위험성이 있다. 국민경제의 대출 규모 변동 추이는 자산 인플레이션 변동 상태를 가늠하는 지표로 적합한 반면, 물가 인플레이션은 상대적으로 예측하기 어렵다. 그러나 통화량과 대출 규모 변동 추이의 상관관계를 예측할 수는 있다. 통화량이 증가하면 대출 거품이 발생할 수 있다.

공항 등 어처구니없는 건설 프로젝트에 점점 더 많은 자금이 흘러들어갔다. 해외에서 스페인으로 저금리 자본이 유입되면서 부동산 시세는 급등했다. 부동산 시세 차익을 노린 사람들로 인해 대출 수요가 증가한 결과, 부동산 시세가 폭락하면서 자산도 붕괴하고 말았다.

신경제 거품과 서브프라임 모기지 사태로 인한 미국 부동산 위기를 살펴보면 유사한 메커니즘을 찾을 수 있다. 경제에 통화가 대량으로 투입되었으나, 해당 국가의 보행자 구역(자본재, 생산 부문)이 아니라 주식, 채권, 리스크가 큰 부동산과 같은 기타 자본시장으로 흘러들어가면서 주가가 상승했던 것이다.

주가가 천정부지로 치솟다가 결국 증시가 붕괴되어, 최악의 상황에 이르면 중앙은행은 저금리 자본과의 전쟁을 선포할 수밖에 없다. 물가는 안정적이고 인플레이션도 없다면 굳이 화폐를 더 많이 발행할 필요가 없지 않은가? 그런데 왜 국가는 중앙은행에 기대는 걸까?

MONEY INSIGHT 시세 거품과 자본재 거품

주식시장에서는 시세 거품과 자본재 거품이라는 표현을 쉽게 자주 사용한다. 거품 상태 진단에 관해 상당히 많은 조사가 이뤄진다. 그러나 진단의 정확성은 다소 떨어진다(다소 제한적이다). 특히 언제 거품이 터질지 정확한 시기를 말할 수 없기 때문에 큰 도움은 되지 않는다. 물론 진단 자체는 존재한다. 때로는 투자자들이 버틸 수 있는 것보다 거품이 더 오래 지속될 수 있다. 몇 년째 주가가 계속 하락하면 투자자들은 어느 순간 인내심과 돈을 모두 잃을 것이다. 또 주가가 하락했다는 사실을 알았다고 해도 수습하기에는 이미 때가 늦었을 수도 있다.

　　　　　　　　　　　　　　　　　　　　　　　인플레이션

금융 위기를 해결하기 위한 목적으로 정책들이 추진되고 이 정책들이 문제를 해결할 수 없다는 걸 안다면 마지막으로 기댈 곳은 한 국가의 금융정책의 사령탑인 중앙은행밖에 없다는 걸 알 수 있다. 비록 약해빠진 닻이긴 하지만 말이다.

03
금 융 정 책 의   새 로 운   강 자

INFLATION

중앙은행에
짐을 떠넘겨온 정치인들

프랑크푸르트 마인 강변에는 유럽에서 가장 막강한 금융기관이 있다. 바로 유럽중앙은행The European Central Bank이다. 유럽중앙은행이 없었다면 유로는 탄생하지 못했고 유로존의 일부 회원국과 은행이 파산하지도 않았을 것이다. 정치인들은 막다른 골목에 있다는 사실도 모른 채 지난 수십 년 동안 유럽중앙은행의 윤전기를 열심히 돌려왔다.

한편 미국의 워싱턴 D.C. 에클스 빌딩에는 미국의 중앙은행인 연방준비제도이사회가 있고, 일본에는 일본은행The Bank of Japan이, 영국에는 잉글랜드은행The Bank of England이 있다. 현재 각국의 중앙은행들은 유럽중앙은행과 '똑같은 폭탄'으로 장난을 치고 있다. 이들은 세계 경제시스템에 생긴 균열을 돈으로 막으려 하고 있다. 2007년 금융 위기가 터진 후 미국, 영국, 스위스 등 거대 중앙은행의 재무제표상 자산총액은 종전의 5배로 증가했고, 금융 위기 후 2013년까지 유럽은행의 자산총액은 30퍼센트 이상 증가했다. 그러다 잠시 감소세를 보이던 자산총액은 최근에 유럽중앙은행에서 채권을 판매하면서 다시 2배 이상으로 증가했다.

주요 중앙은행들은 세계 금융시장의 막강한 승부사가 되었다. 경제를 망쳐놓은 장본인인 정치인들은 경제를 회생시킬 의지도 보이지 않고 중앙은행에 자신들의 짐을 떠넘겨왔다. 대체 정치인들은 왜 유권자들의 환심을 사기 위해 환영받지도 못할 정책을 내놓는 걸까? 화폐 윤전기를 돌릴 권한을 가지고 있으면서 말이다.

앞서 다뤘던 4개 국가에서 전형적으로 나타났던 현상이 있다. 부채 위기, 부동산 위기, 통화 위기, 수요 붕괴 등 금융 위기가 발생할 때마다 중앙은행이 개입하여 구제 정책을 수립했다. 그리고 중앙은행이 유일하게 할 수 있는 일인 화폐를 발행해왔다. 이에 대해 중앙은행은 공식발표 시 '양적완화Quantitative Easing'라는 표현을 사용한다. 이는 사실 국가의 부채를 은행권과 교환하는 것과 다름없는 행위다. 한마디로 중앙은행이 국가의 부채를 사들이는 셈이다.

중앙은행은 양적완화 정책이 금융 부문의 안정과 불황 극복을 비롯하여 20세기의 가장 큰 골칫덩어리인 디플레이션을 해결할 수 있다고 주장한다.

지난 2000년 동안 화폐의 역사는 인플레이션의 역사라고 해도 과언이 아니다. 이제 전 세계 중앙은행의 주요 고민은 물가 수준 하락이다. 디플레이션이라고도 하는 이 현상을 중앙은행과 정치인들이 우려하고 있는 이유가 있다. 디플레이션의 악순환 때문이다.

물가가 지속적으로 하락하면 소비자들은 지출을 자제한다. 두 달 후면 가격이 인하될 것인데 굳이 비싼 돈을 주고 휴대폰을 살 이유가 없지 않은가? 사회 전반에 소비 기피 현상이 확산되면 기업은 더이상 투자하려 들지 않을 것이며 경기는 점점 더 침체된다. 물론 물가는 더욱 하락한다. 디플레이션의 악순환이 시작되면 물가가 계속 하락한다.

대부분의 중앙은행은 디플레이션이 인플레이션보다 위험하다고 평가한다. 인플레이션은 돈줄을 죄면 간단하게 해결될 수 있는 문제로 여기기 때문이다. 중앙은행은 통화를 추가로 투입하지 않는다면 인플레이션이 발생하지 않을 것이라 예상한다. 그래서 화폐수량설을 적극적으로 지지할 수밖에 없다. 반면 디플레이션은 금융정책으로 해결할 수 없기 때문에 모두가 겁을 낸다.

중앙은행이 경기안정화를 위해 제시하는 정책은 단순하다. 대개 중앙은행의 금융정책은 결국 화폐수량설을 바탕으로 수립된다. 중앙은행은 물가 상승과 국민에게 디플레이션이 절대로 발생하지 않는다는 확신을 심어주기 위한 목적으로 일단 통화량을 늘린다. 디플레이션이 발생하는 것을 막을 수 있다고 주장하며 우려 심리를 잠

● 　미국의 중앙은행인 연방준비제도이사회. 미국은 연방준비법에 따라 12개 준비구(準備區)에 하나씩 연방준비은행이 설립되어 있다. 각 은행은 연방준비제도이사회와 연방공개시장위원회의 정책 결정을 실행하며 다른 나라의 중앙은행과 동일한 업무를 행한다.

재우려 한다.

　그런데 지금까지 양적완화 정책을 추진한 결과는 어떠했는가? 실패에 가깝다. 세계 각국의 중앙은행들이 앞다투어 통화량을 늘린 결과, 금리는 곤두박질쳤고 일부 국가에서는 마이너스 금리를 도입하기에 이르렀다. 물론 양적완화 정책의 성공 여부는 조금 더 기다려봐야 알 수 있다. 시장에는 돈이 넘쳐나는데 인플레이션이 발생하지 않은 이유는 자산 인플레이션으로 설명할 수 있다. 양적완화 정책을 실시한 이래 전 세계 증시 변동 추이를 보면 옳은 해석이다.

　지금쯤이면 당신이 양적완화 정책의 추진 배경을 슬슬 궁금해할 때다. 그렇다면 금융정책은 얼마나 대단한 영향력을 갖고 있으며 어떤 결과를 초래할 수 있을까?

잘못 날아간 총알,
양적 완화 정책

당시 미국 연방준비제도이사회 의장이었던 벤 버냉키Ben Bernanke는 "양적완화 정책은 이론적으로 해결되지 않는 부분이 있지만 현실에서는 통한다"며 미국의 금융정책을 변호했다. 버냉키는 임기 동안 미국 경제의 본원통화를 4조 달러나 증가시켰다. 이 수치만 보면 안심이 된다. 하지만 이론적 오류가 있는데 현실적으로 문제가 없을 수 있을까?[4]

통화 과잉공급이 어떤 결과를 초래할 수 있는지에 관해 몇 가지 이론이 있다. 금리 인하는 한편으로는 투자 활동을 활성화시키면서, 다른 한편으로는 국내 투자자들의 해외 투자를 촉진시켜 수출 경기를 활성화시킬 수 있다. 물론 통화 과잉공급은 인플레이션율을 상승시켜 디플레이션의 유령을 몰아낼 수 있다. 이러한 이유로 화폐수량설이 환영받는 것이다.

이론은 거창하지만 현실은 어떠한가? 아직까지는 양적완화 정책의 결과에 대해서 의견이 엇갈린다. 일단 금리적인 측면을 살펴보자.

양적완화 정책 실시 후 금리는 15~100bp^{basis point} (금리나 수익률을 나타내는 데 사용하는 기본단위. 1bp는 100분의 1퍼센트) 정도 떨어졌다. 반면 금리가 상승했다는 연구 결과도 있다. 한마디로 사람들의 경험적 판단의 차이가 크고 우리가 아는 것은 지극히 적다는 말이다. 금융정책의 영향력은 불안정하고 시간적으로 제한되어 있는 듯하다. 인플레이션이 초래하는 결과도 이와 유사한 양상을 보인다.

인플레이션에 관한 대부분의 연구에서 양적완화 정책은 충격을 완화시키는 방안이라고 분석하고 있다. 갑자기 금융 위기가 터졌을 때 경제 상황이 악화되는 것을 막기 위한 임시방편이 될 수 있을 뿐, 장기적인 해결 방안으로 보기는 어렵다는 것이다.

은유적으로 표현하면 현재 각국의 중앙은행은 형형색색의 종이 위에 '돈'이라고 찍어내기 바쁘다. 이런저런 정황을 따져보니 중앙은행과 정치인들이 금융 위기의 파급효과를 너무 우습게 생각하고 있는 건 아닌지 심히 의심이 간다. 비판론자들은 이것이 금융정책의 본래 목적이 아닐 것이라 짐작할 뿐이다. 여기에는 분명 다른 의도가 숨겨져 있을 것이다. 엄청난 괴물 말이다!

04
국 가 부 채 폐 기 물 리 사 이 클 링

INFLATION

중앙은행의 사업 운용 방식

유럽중앙은행의 자산 매입 프로그램인 EAPP^{Extended Asset Purchase} ^{Programme}는 괴물이라 불린다. 2017년 4월부터 600억 유로를, 그전까지는 매달 800억 유로를 먹어치웠다. 적어도 2017년 말까지는 이 추세가 지속될 것으로 보인다. 국채를 특히 좋아하는 EAPP라는 괴물이 먹어치운 양은 유가증권으로 환산하면 2조 유로가 훌쩍 넘는다.

유럽중앙은행은 이에 대해 공식적으로는 경기를 부양시키기 위한 '양적완화 정책'이라고 발표했다. 이 목표를 달성하기 위해 유럽중앙은행은 채권, 즉 유럽연합 회원국의 국가 부채를 시중은행에서 매입하도록 하고, 그 대가로 시중은행에 유럽중앙은행에서 발행한 화폐를 제공했다. 명분은 화폐발행량을 증가시킴으로써 유럽연합 회원국의 시급한 현안인 경기를 활성화시키겠다는 것이었다.

그러나 양적완화 정책은 눈 가리고 아웅 하는 행위다. 사실상 채권은 국가의 부채나 다름없기 때문이다. 국가는 자본시장에 자금을 빌려주고, 빌려준 자금에 대해 유가증권을 발행한다. 유가증권에는 상환 시점과 대출 이율이 명시되어 있다.

중앙은행이 채권을 대량으로 사들이면 결국 국가의 부채를 인수하여 관리하게 되는 셈이다. 이는 국가의 부채와 현금을 교환하는 꼼수라고 밖에 볼 수 없다. 전문가들은 이런 상황을 '국가의 부채를 처리하기 위한 통화 부양monetary alimentation'이라고 말한다. 쉽게 말해서 화폐발행량을 늘려 국가의 부채를 운용하는 속임수다. 초인플레이션 사태를 경험해봤으니, 다음에 무슨 일이 벌어질지 짐작이 가지 않는가?

MONEY INSIGHT　각국의 중앙은행에 투자가 가능할까?

- -

중앙은행은 양적완화 정책의 수혜자다. 중앙은행의 수익을 따져보라. 당신은 왜 이 대열에 동참하려 하지 않는가? 대부분의 투자자들은 중앙은행이 상장 기업이라는 사실을 모르고 있다. 당신도 중앙은행의 주식에 투자할 수 있다. 그러니까 스위스 중앙은행, 벨기에 중앙은행, 그리스 중앙은행, 일본 중앙은행 주식 투자에 도전해보자. 다만 주주의 발언권 (Mitspracherecht)이 없다는 점에 유의하도록 하자. 일본과 스위스 중앙은행은 배당금의 상한선이 정해져 있다. 반면 벨기에와 그리스의 중앙은행은 최저 배당금을 지급한다.[5]

잠시 중앙은행의 사업 운용 방식을 구체적으로 살펴보자. 중앙은행은 시중은행에 채권을 판매하고, 시중은행은 유럽연합 회원국의 돈을 빌려준 대가로 채권을 매입한다. 국가의 부채는 국가가 지불능력을 상실할 가능성 때문에 리스크가 크다. 그래서 은행은 리스크가 큰 부채 대신 은행권을 택하는 것이다. 은행권을 보유하면 국가에 추가로 대출해줄 수 있고 그 대가로 신규 채권을 받을 수 있기 때문이다. 문제될 것이 없다고 볼 수도 있다. 그러나 해당 국가에 채무 상환 능력이나 의지가 없어서 채권에 문제가 생기면, 중앙은행의 장부에는 '국가 부채 폐기'라고 쓰인다. 이 모든 과정을 '국가 부채 폐기 리사이클링'이라고 한다.

은행과 국가 입장에서는 거의 모든 것이 만족스러울 수밖에 없는 상황이다. 시중은행은 현금을 확보하고 건실한 재정 상태를 유지할

MONEY INSIGHT 인플레이션과 마이너스 금리

유럽 중앙은행에서 도입한 마이너스 금리의 파급 효과는 다음과 같다. 사실 마이너스 금리에는 인플레이션과 유사한 효과가 있다. 인플레이션율이 (마이너스) 실질 금리(real interest rate, 물가 변동에 따른 화폐의 가치 변화를 고려한 금리. 명목 금리에서 이자 소득세와 물가 상승률을 뺀 것)보다 높으면 부채는 평가절하된다. 그러나 인플레이션율이 제로이면 명목 금리(nominal interest rate, 물가 상승률이 반영되지 않은 금리. 물가 상승률을 고려하는 실질 금리와 비교되는 개념)를 마이너스로 만들어 실질 금리와 차이를 발생시킬 수 있다. 한마디로 마이너스 금리가 인플레이션의 역할을 하고 있는 셈이다. 결국 채권자는 손해를 보고 채무자는 혜택을 보게 된다. 사람들은 이 지표를 보고 금융 정책의 상태를 평가하고, 고채무 국가와 기업의 '온건한 회생' 여부를 결정한다.

수 있다. 국가는 계속 대출을 받을 수 있고, 중앙은행은 유로존의 구원자 행세를 할 수 있으며, 정치인들은 그동안 해왔듯이 무리한 개혁을 추진하여 유권자들을 희생시키는 것이다.

금융정책의 문제점을 파악하기 위해 전 국민이 노련한 금융 전문가가 될 필요는 없지만 금융정책이 제 기능을 하고 있는지는 살펴볼 필요도 있다. 중기적으로는 물가에 영향을 끼치는 직접적인 인플레이션 혹은 자산 인플레이션을 초래할 수밖에 없는 화폐수량설이 우리를 위협하고 있기 때문이다. 국민에게 부수적 피해를 주는 정책 수립이 불가피하다.

그런데 이것이 전부가 아니다. 아직 비판할 부분이 더 남아 있다. 중앙은행의 금융정책 때문에 국가가 이러한 문제의 원인 제공자가 되고, 정치인들 입장에서는 달갑지 않은 일, 이를테면 부채 상환, 지출 상한선 제한, 개혁 요구에 대한 압박이 심해진다. 비판론자들은 현재 유럽중앙은행이 국가 재정의 건실화를 추구하는 대신 대량으로 화폐를 발행하고 있다고 주장한다. 비판론자들의 주장처럼, 유럽중앙은행의 금융정책은 책임감 있는 국가 재정 정책을 대신할 수 있어야 한다.

비판론자들 사이에서는 이 방안을 두고 논쟁이 벌어지고 있다. 화폐발행량을 늘려 쉽게 자금을 확보하는 식의 금융정책은 순진한 국민들에게 막대한 손해를 입힐 수 있다. 어떠한 손해를 입게 될지 뒷부분에서 자세히 살펴보도록 하자.

지난 10년간의 금융정책 결산

2000년대는 모순과 수수께끼로 가득한 시대였다. 디플레이션을 우려하면서도 인플레이션을 우려했다. 사실 인플레이션과 디플레이션을 동시에 걱정하고 있는 상황 자체가 모순이다. 세계 경제에는 디플레이션의 유령이 떠돌고 있다.

부실하고 금융 위기에 취약한 은행 및 금융시스템, 국가의 과도한 채무, 국민들의 속을 뒤집어놓을 결정을 발표하기 직전에 놓인 정부, 창고나 기계 구매를 위한 신규 대출이 없을 것이라는 예상 등 향후 세계 경제에 대한 전망은 암울하기만 하다.

MONEY INSIGHT **금융 억압**

- -

중앙은행의 금융 정책에 대한 비판론자들은 저금리 유지 정책에는 확실한 목표가 있다고 주장한다. 이러한 금융 정책은 사실상 정부에 유리하도록 국민, 즉 예금자들의 재산을 국유화하는 행위나 다름없다는 것이다. 원래 국가가 진 빚에 대한 이자는 국가에서 지불해야 한다. 그런데 국가는 교묘한 금융 정책을 이용하여 시장 세력들 간 자유로운 경쟁으로 인해 저금리 기조가 유지되는 것처럼 만든다. 이처럼 국가는 예금자를 희생시켜 부채 탕감 의무에서 벗어난다. 이렇게 국민의 부담을 가중시켜 은밀하게 국가의 부채 규모를 축소시키는 행위를 '금융 억압'이라고 한다. 쉽게 말해 국가가 개입하지 않았더라면 다른 곳에 투자되었을 자금을 국가로 돌리는 정책이다. 금융 억압의 형태는 여러 가지이며 국가와 시기에 따라 결과도 다르다. 1972년부터 1982년까지 금융 억압으로 거둬들인 (통계에 포함되지 않은) 수익은 GNP의 평균 2퍼센트, 국가 재정 수입의 약 9퍼센트에 해당되는 액수다. 가장 높은 경우 20~30퍼센트까지 이를 수 있으며, 극단적인 경우 국가 세금 수입의 100퍼센트를 초과하는 경우도 있다.[6]

한편 세계 경제를 좌지우지하는 주요 중앙은행에서 화폐를 과잉 공급하여 자본시장 시세와 금융 자산 가치가 상승하면서 인플레이션의 유령이 떠돌고 있다. 중앙은행에서 대량으로 화폐를 공급하는 데 장기적으로 부작용이 생기지 않으리라는 것이 더 이상하지 않은가?

경제계의 금융정책과 마찬가지로 정치계에서도 해결 방안을 내놓고 있다. 정치인들은 디플레이션에 대한 우려로 더 많은 자금을 유입하고 국가 재정 지출을 늘려야 한다고 주장한다. 많을수록 좋다는 희망만으로 말이다. 지출 위주 정책에 대한 평가는 여전히 엇갈린다. 이러한 정책은 의사가 응급 상황에 진통제를 처방하듯 최악의 상황을 방지하고 파산을 막기 위한 긴급 구제 방안에 불과하다는 것이다. 화폐발행량과 부채를 늘려 디플레이션의 위기에서 벗어나겠다는 아이디어는 그야말로 야심차다.

인플레이션을 우려하는 사람은 화폐가 광기를 부리던 시대를 끝내고 국민경제의 가장 중요한 스위치박스인 노동 시장, 사회 및 조세 제도, 국가 기구state apparatus에 건실한 국가 재정과 회생 조치를 안착시켜야 한다고 부르짖는다. 이러한 요구의 바탕에는 화폐수량설과 '복지는 화폐 발행이 아니라 노동을 통해 탄생한다'는 국민경제학에서의 가장 단순한 아이디어가 깔려 있다.

현재의 모순적 상황에 비춰볼 때 투자는 쉽지 않은 일이다. 이처럼 혼란스런 시대를 어떻게 살아가야 할까? 이 질문을 하기 전에 소시민의 삶을 들여다보자.

06

화폐 수량이란 무엇인가?

화폐수량설quantity theory of money(물가 변동을 화폐 수량의 변동으로 설명하는 견해. 화폐 수량이 증가하면 물가가 오르고 화폐 수량이 감소하면 물가가 내린다는 것)에서는 항상 화폐 수량이 본래 어떤 의미인지 설명하지 않고 개념을 사용한다.

화폐 수량은 여러 관점에서 설명할 수 있기 때문에 사실 정확한 설명이 어려운 개념이다. 예를 들어 중앙은행에서 직접 조달하는 화폐 수량을 본원통화monetary base(통화량 증감의 원천이 되는 돈. 어느 시점의 화폐 발행고와 예금은행 지급 준비 예치금의 합계로 표시된다. 고성능 통화라고도 한다)라고 한다. 이 경우에는 현금 유통량과 시중은행 예금의 총합을 화폐 수량이라고 한다(즉 중앙은행의 총 보유액과 일치한다).

한편 화폐 수량을 M1에서 M3의 단계로 정의하기도 한다. 이 경우에는 반영된 예금의 유동성에 따라 화폐 수량이 결정된다. 예를 들어 M1은 비금융 부문에서 유통되는 현금과 비은행권의 1일 예금demand deposit(예금주의 요구가 있을 때 언제든지 지급할 수 있는 예금)의 총합이다.

M2에는 2~3개월 해지 기간이 있는 보통 예금과 최대 2년 기간의 정기예금이 포함된다. M3의 경우 주로 단기 은행 채권(최대 2년 만기 지급 기일)과 머니마켓펀드Money Market Funds(단기금융상품에 집중 투자해 단기금리의 등락이 펀드 수익률에 신속히 반영될 수 있도록 한 공사채형 금융상품)가 추가된다.

과거에는 통화승수라고 하는 본원통화와 화폐 수량의 상관관계가 명확했다. 가령 본원통화가 10단위 상승하고 M3가 20단위 상승하는 경우 통화승수는 2다. 그러나 통화승수는 불안정하기 때문에 본원통화는 인플레이션을 진단하는 지표로 적합하지 않다.

왜 가난한 사람들이 인플레이션으로 인해
더 많은 타격을 입을까?
가난한 사람들은 집도, 금도, 유가물도 없다.
통장에 현금이 조금 들어 있을 뿐이다.
.
.
.
.
.

"인플레이션은 바로
이 현금의 가치가 하락한다는 의미다."

7장

피해자는
언제나
소시민이다

핵심 명제

1 인플레이션 게임의 패자는 특히 저소득 계층이다. 저소득 계층에게는 인플레이션을 피해갈 기회가 더 적기 때문이다.

2 인플레이션 게임에는 승자와 패자가 있다. 채무자와 채권자 중 누가 승자가 되고 누가 패자가 될지는 인플레이션율을 예측하고 어떻게 대처하는지에 좌우된다.

3 국가는 인플레이션율 변동폭에 영향을 끼치고 자극을 줄 수 있다.

01

왜 가 난 할 수 록
더 타 격 을 입 을 까 ?

INFLATION

늑대들 틈바구니에서

요하네스 피네베르크는 자신에게 이런 일이 닥칠 것이라곤 상상도 못했다. 피네베르크는 의사에게 애원했지만 의사는 흔들리지 않았다. 의사는 피네베르크에게 여자 친구가 임신을 했다며 축하 인사를 건넸다. 이 상황에서는 달리 방법이 없다. 결혼을 해야 할까? 어쩌면 안 하는 편이 더 낫지 않을까?

"한 발짝 물러서서 생각하면 결혼은 정말 쉬운 일인 것처럼 보인다. 두 사람이 결혼해서 아이가 생기는 것은 당연한 일이니 말이다. 사람이 함께 살다 보면 서로에게 도움이 되고 발전할 수 있다. 그런데 가까

이에서 들여다보면 결혼 때문에 수천 가지 문제가 터져 나온다."

한스 팔라다Hans Fallada라는 필명으로 더 많이 알려진 소설가 루돌프 빌헬름 프리드리히 디첸Rudolf Wilhelm Friedrich Ditzen의 통찰력은 정말 탁월하다. 사실 요하네스 피네베르크는 실존 인물이 아니고 팔라다의 소설『월급쟁이, 이제 어떻게 할 것인가?Kleiner Mann, was nun?』의 주인공이다. 1932년 발표한 이 소설에서 팔라다는 경제 위기 시대에 자금난, 긴급 명령, 노동법, 사회법 가운데 시달리는 소시민의 속마음을 예리하게 집어냈다. 소시민의 삶은 언제나 팍팍했다.

냉정하고 객관적인 문체의 한스 팔라다는 신즉물주의Neue Sachlichkeit(1920년경부터 나치스 출현까지 약 10년간 독일문단을 지배했던 문예사조. 표현주의에 대한 반동으로서 일어난 것으로 자아의 주장이나 감정의 표현을 억제하고, 사실에 바탕을 두고 사실 자체로 하여금 말하게 하는 기법)를 대표하는 소설가다. 팔라다는 2부작 소설『늑대들 틈바구니에서Wolf unter Wölfen』에서도 신즉물주의를 고수하며 앞서 우리가 살펴보았던 1923년 인플레이션의 공포를 적나라하게 묘사했다. 팔라다의 작품은 대부분의 시민을 파탄지경으로 몰아간 경제 위기와 인플레이션 시대를 관찰자적 입장에서 조명하고 있다. 인플레이션과 초인플레이션, 이로 인한 경제 및 정치적 위기는 대체 소시민과 무슨 관련이 있단 말인가?

현금의 저주

역사는 승자의 편에서 기록된다. 역사의 실제 주인공인 민중은 언제나 조연 배우 신세다. 수많은 민중들이 이룩한 위대한 업적은 진정성 없이 위대하다는 평가만 받을 뿐, 승자들의 화려한 역사의 후광에 가려져 있다. 정치인들은 경제를 활성화시킨다는 명목으로 인플레이션을 조장하는 정책을 추진하고 있다. 이러한 거창한 정책이 승자와 패자를 가른다는 사실을 까맣게 잊은 채 말이다.

지금이야말로 역사의 진정한 주인공인 소시민들의 삶을 돌아볼 때다. 곧 알게 될 테지만 소시민들은 정치가 짊어져야 할 짐의 대부분을 짊어지고 있다. 인플레이션으로 인해 생긴 짐은 적게 가진 자가 더 많이 짊어지게 되어 있다. 이에 대한 경험적 · 이론적 증거도 있다. 정치인들은 소시민들이 덤터기를 쓰게 될 것을 걱정해야 한다. 왜 가난한 사람들이 인플레이션으로 더 많은 타격을 입을까?

MONEY INSIGHT 서민을 위한 주택 장려금 지원

국가도 가난한 사람들이 재산을 형성하기 불리한 구조적 단점을 보완하기 위해 애쓰고 있다. 가령 독일의 경우 이러한 노력의 일환으로 재형저축에 대해 근로자 추가 지원금을 지급하고 있다. 예를 들어 주택청약 가입 근로자는 주택장려금을 지원받을 수 있다. 재형저축 추가 지원금은 고용주가 근로자에게 추가로 지급해야 하는 돈이다. 통계에 의하면 2000만 명 이상의 근로자가 재형저축 추가 지원금을 청구했다. 이 지원금으로 은행 예금, 주택청약, 주택 대출금 상환, 펀드형 예금에 대한 투자가 가능하다.

첫 번째 주장은 너무도 자명하다. 가난한 사람들은 집도, 금도, 유가물도 없다. 지갑 속에 현금이 조금 들어 있을 뿐이다. 인플레이션은 바로 이 현금의 가치가 하락한다는 의미다. 이러한 상황은 세금에도 영향을 준다. 가난한 사람들은 수입과 자산의 대부분을 현금 형태로 지니고 있기 때문에 세금도 대개 현금으로 지불한다. 이 메커니즘 때문에 인플레이션은 가난한 사람들을 더 가난하게 만드는 것이다.

그런데 이것이 끝이 아니다. 가난한 사람들은 부유한 사람들에 비해 인플레이션으로부터 보호받을 방법이 적다. 돈 좀 있다는 사람들은 주식, 부동산, 임야, 귀금속 등 소위 인플레이션의 영향을 적게 받는 것들을 산다. 정말로 돈이 많은 사람은 자신이 소유하고 있는

MONEY INSIGHT 실업수당과 인플레이션

독일에서는 소득이 전혀 없는 국민들에게 구어로 하르츠 IV(HARZ IV)라고 불리는 실업수당 II(Arbeitslosengeld II)을 지급한다. 하르츠 IV는 전형적인 사회 복지 수당이라고 볼 수 있다. 그러나 하르츠 IV 수령자의 문제점은, 다른 가계에 비해 식료품 지출 비중이 월등히 높다는 데 있다. 소득이 적은 사람들은 진주 목걸이와 같은 귀중품보다 먹는 것에 더 많은 돈을 쓴다. 비판론자들은 이 부분에 대한 대책이 필요하다고 주장한다. 독일 노동총연맹(DGB, Deutscher Gewerkschaftsbund)에 의하면 2005년부터 2015년까지 사회 복지 수당 요율은 15.7퍼센트 상승한 반면, 식료품 물가는 24.4퍼센트 상승했다. 사실상 하르츠 IV 수령자의 실질 임금은 줄어든 셈이다.[7] 2007년 통계학자 한스 볼프강 브라힝거(Hans Wolfgang Brachinger)의 분석 결과 2003년부터 2007년까지 매달 345유로를 받은 하르츠 IV 수령자는 구매력으로 따졌을 때 26유로만큼 손해를 입었는데, 원인은 인플레이션 상승률에 맞춰 요율을 조정하지 못했기 때문이었다.[8]

모든 것을 자산관리사에게 맡긴다. 하지만 매달 20유로밖에 저축할 수 없는 사람이 어떻게 투자를 한단 말인가? 자산 관리 수수료를 지불하고 나면 남는 것이 거의 없다. 이 푼돈으로 재산을 불려야 한다는 얘기다. 가난한 사람들은 인플레이션 경쟁에서 구조적으로 불리한 입장에 있다.

소득 수준이 낮은 사람일수록 학력이 낮을 가능성이 높고, 많이 배우지 못했으니까 적게 버는 건 당연하다. 이러한 잘못된 논리가 정치화되면 구조적 불이익이 더 심화될 수밖에 없다. 많이 배우지 못한 사람들이 인플레이션의 숨겨진 메커니즘을 정말로 전혀 이해하지 못할까? 이 말이 사실이라면 이들은 인플레이션이 발생했을 때 대처 방법을 모르기 때문에 속수무책으로 당할 수밖에 없다. 언뜻 보면 논리적인 주장처럼 들린다.

그런데 '못 배워서 당한다'고 생각하는 정치인들은 인간의 영리함을 너무 우습게 본 듯하다. 인간은 돈 문제가 얽혔을 때는 그 어느 때보다 머리가 잘 돌아간다. 이에 대한 경험적 증거도 있다. 인플레이션이 발생하면 고소득자들보다 저소득자들의 주름살이 더 깊어진다.[9] 왜 그럴까? 여기서 가난한 사람들에게 문제가 되는 것은 현금이 아니라 소득이다. 국가에서 지급하는 연금이나 사회 복지 수당도 소득에 속한다. 그런데 사회 복지 수당이 인플레이션 상승률에 맞춰 조정되지 않는 경우, 인플레이션의 타격이 심하게 느껴질 수밖에 없다.

가난한 가정의 경우 식료품비, 주유비, 임대료 등 생활 물가 지출이 상대적으로 높다. 이러한 생활 물가가 상승하면 가난한 가정에 미치는 파급효과가 특히 심각하다. 반면 귀금속 물가가 상승하는 경우에는 연금 및 사회 복지 수당을 수령하는 가정은 상대적으로 타격을 조금 입는다. 미국에서도 인플레이션 상승률이 가난한 사람들에게 더 많은 영향을 끼친다는 사실이 확인되었다. 저소득 가정의 경우 가격 변동폭이 심한 휘발유 시출 비중이 높기 때문이었다.[10]

다소 조심스런 얘기지만 납세에 관해서라면 부자들보다 가난한 사람들에게 더 이익이다. 물가가 상승하면 소득도 상승하기 때문에 납세자에게 더 높은 세율이 적용된다. 그리고 대부분의 조세 시스템은 소득이 높을수록 세율이 올라가는 누진세율을 채택하고 있어서 세율에 따라 조세 부담액이 증가한다. 전문가들은 이러한 상황을 재정적 견인fiscal drag(완전 고용을 이루거나 유지하기 위해서는 총수요가 증가해야 하는데, 조세의 증가가 총수요의 증가를 막는 현상)이라 한다. 예를 들어 독일

MONEY INSIGHT 이자, 세금, 인플레이션

이자 소득 납세 대상자는 일반 근로 소득 수입자보다 인플레이션으로 인한 피해를 더 많이 입는다. 인플레이션은 비용 항목으로도 필요 경비로도 인정되지 않기 때문에 세금 공제를 받을 수 없다. 가령 인플레이션율이 1퍼센트 상승하면 이자도 1퍼센트만큼 상승한다. 그런데 이자 소득 납세 대상자는 실질 소득이 없다고 해도 소득세를 납부해야 한다. 인플레이션율이 2퍼센트 상승한 반면 이자는 1퍼센트에 머물렀다고 하자. 이 경우에도 이자 소득 납세 대상자는 세금을 납부해야 하므로 사실상 손해나 다름없다. 인플레이션이 2퍼센트 상승한다고 해도 비과세액은 증가하지 않는다. 따라서 이 사람은 실제로 더 가난해지는 셈이다.

납세 의무자의 절반 정도가 소득세 납부 대상자에 해당하지 않는다. 이렇게 따진다면 극빈계층은 누진세 적용 대상이 아니므로 이득을 보고 있는 셈이다. 극빈 계층에게서는 거둬들일 것이 없어서 누진세를 적용할 수 없는 것이다. 소득세 납부자에게 위로가 되는 얘기일지는 모르겠다.

인플레이션과 빈곤의 상관관계

지금까지 살펴보았던 견해들을 정리하면 한 문장으로 압축된다. 인플레이션의 희생자는 가난한 사람들이라는 것이다. 이 말이 옳다면 한 나라의 인플레이션율이 상승하면 빈곤율도 상승할 수 있다는 얘기다. 그러나 경험적 관점에서 인플레이션과 빈곤의 상관관계는 불확실하다. 미국의 경우 인플레이션율이 상승했는데 빈곤율이 감소했다는 연구 사례가 있기 때문이다. 인플레이션과 빈곤의 상관관계에 대해서는 아직 확실히 밝혀진 바가 없다.[11]

라틴아메리카에서도 연구 결과들이 서로 엇갈렸다. 라틴아메리카 전역을 대상으로 연구한 결과, 인플레이션은 가난한 사람들에게 직접적인 영향을 끼치지 않았다. 이러한 주장에 대한 근거는 단순했다. 가난한 사람들은 수중에 현금이 거의 없기 때문에 인플레이션의 영향을 별로 받지 않았다는 것이다.[12] 한편 라틴아메리카 7개국을 대상으로 한 연구에서는 인플레이션이 상승하면 실질 임금이 하락한다는 상관관계가 성립했다. 이처럼 연구 결과가 엇갈리기 때문에 이 지역의 실질 임금에 대한 상관관계를 정확하게 이해하지 못하는지 모른다. 그래서 사람들은 인플레이션이 소득의 구매력을 약화시킨다는 사실을 인식하지 못한다. 하지만 후자가 옳다면 인플레이션 상승이 빈곤을 초래한다.

브라질에서도 인플레이션과 빈곤의 상관관계를 입증하려는 연구가 있었다. 이 연구에 의하면 1980년대 인플레이션율이 상승한 결과 불평등이 심화된 반면, 1990년대에 들어 인플레이션율이 안정세로 돌아서자 불평등이 약화되었다.[13] 마찬가지로 인도에서도 인플레이션이 불평등을 심화시킨다는 경험론적 연구 결과가 있었다.[14] 물론 라틴아메리카 지역에 국한된 연구 결과를 유럽연합 국가에 그대로 적용할 수는 없지만[15] 놀라운 사실은 2000년부터 2009년까지 13개 유럽연합 국가에서도 인플레이션율이 상승했더니 불평등이 심화되는 현상이 나타났다는 것이다.[16]

인플레이션과 빈곤의 상관관계를 정확하게 파악하려면 오랜 기간의 연구가 필요하고 인플레이션의 장기적 영향과 단기적 영향의 차이를 구분할 줄 알아야 한다. 앞에서 언급했듯이 인플레이션율이 증가하면 고용이 증대될 수 있다. 필립스곡선에 의하면 물가가 상승하면 기업의 매출이 증가한다. 물가는 상승하지만 이에 맞춰 임금이 상승하지 않으므로 기업은 더 많은 인력을 고용할 수 있기 때문이다. 따라서 실업률도 감소한다.

물론 인플레이션 상승은 빈곤을 감소시키는 방안이 될 수 있다.

인플레이션 상승의 여파로 고용이 증대되면 임금 노동자의 수가 증가하기 때문이다. 그러나 여기서 유의해야 할 부분이 있다. 이 효과가 장기적으로 지속되지 않고 시간이 지나면서 떨어진다는 점이다. 노조가 임금 인상을 요구하면 고용은 다시 감소하기 때문이다. 이미 인플레이션의 긍정적인 효과가 사라진 것이다.

장기적 관점에서 인플레이션과 장기 성장률 사이에는 음의 상관관계가 성립한다. 일반적으로 성장률이 낮을수록 빈곤율이 높다고 볼 수 있다. 경험론적 입장으로 보면 전혀 근거 없는 주장은 아니다.[17] 이 주장대로라면 인플레이션에는 단기적으로는 빈곤을 완화시키고 장기적으로는 빈곤을 악화시키는 효과가 있다.

그런데 놓치지 말고 살펴봐야 할 부분이 또 있다. 한 걸음 더 나아가 초인플레이션과 인플레이션의 관계를 정의해보자. 초인플레이션에서 정상적인 인플레이션 수준으로 인플레이션율이 감소하면 한 국가의 빈곤율에 긍정적인 영향을 끼칠 수 있다. 초인플레이션과 같은 경제적 혼란기에는 가난한 사람들은 더더욱 허리를 펴고 살날이 없다. 경험론적 연구 결과에 의하면 인플레이션율이 심각하게 높은 수준에서 낮은 수준으로 떨어질 때, 인플레이션율이 평범한 수준으로 감소할 때보다 한 나라의 빈곤율에 더 많은 영향을 끼쳤다.[18]

시대, 상황, 기초 자료, 정치, 날씨 등 경제에 영향을 주는 변수는 매우 다양해서 경제 연구 결과가 명확한 답을 주지는 못한다. 이처럼 다양한 연구 결과와 견해가 공존하지만 한 가지 변함없는 사실이 있다. 인플레이션이라는 포커의 패자는 언제나 가난한 사람들이라는 사실이다. 하지만 그렇다고 해서 손을 놓아서는 안 된다. 패자인 채로 이 게임을 끝낼 것인가? 다가올 시대에 승자와 패자는 누가 될 것인가? 혹시 당신은 일러스트 벽지를 좋아하는가?

02
인 플 레 이 션 게 임 의
승 자 는 누 구 인 가 ?

INFLATION

빚을 부추기는 셈법

페터는 24세였을 때 처음으로 독립했다. 그에게는 꿈이 있었다. 일러스트 벽지로 방을 꾸미는 것이었다. 페터의 마음에 든 '봄날의 부헨발트'라는 벽지는 총 7면으로 되어 있는데, 1면당 90마르크였다. 24세 청년이 사기에는 부담이 큰 금액이었지만 페터는 정말로 이 벽지를 사고 싶었다. 그래서 그는 돈을 빌렸고 매달 118마르크씩 분할 상환하기로 했다. 물론 손익 계산은 해보지도 않았다. 그의 머릿속엔 이 벽지를 갖고 싶다는 생각뿐이었다.[19]

1974년 24세였던 페터에게 있었던 일이다. 지금 그는 66세이고 여전히 같은 집에서 살고 있지만 그 일러스트 벽지는 없다. 그는 빚으로 먹고산다.

그는 바로 독일에서 가장 유명한 채무상담가이자 배우인 페터 츠베가트Peter Zwegat다. 그는 매주 《빚에서 탈출하자Raus aus den Schulden》라는 TV프로그램을 진행하며 과도한 부채에 시달리는 가정 혹은 독신에게 재정 관리 상담을 해주고 있다. 상담 대상은 빚더미에 앉은 자동차 기사, 4인 가정의 가장, 쫄딱 망한 유명인사에 이르기까지 다양하다. 페터는 신청자들에게 간단한 부채 관리법을 소개하고 지출과 수입 상태를 정리해준다. 그리고 은행, 채무자, 감독관, 관청 직원들과 토론을 하며 이들이 빚에서 벗어나 건실한 재정을 꾸려나갈 수 있도록 돕는다. 페터는 "요즘은 대출 규제가 완화되어 대출을 받기 쉬워졌지요. 그래서 위험한 겁니다. 대부분의 사람들은 돈을 다룰 줄도 모르고 리스크를 제대로 평가하지도 못합니다"라고 말한다. 그의 말이 옳다.

독일은 1974년부터 대출 규제가 대폭 완화되었다. 2016년에는 약 700만 명의 독일인이 과도한 부채에 시달렸다. 낮은 대출 금리는 사람들에게 빚을 내서 일러스트 벽지를 사라고 유혹한다. 어디 일러스트 벽지뿐이겠는가! 인플레이션이 발생하면 채무자에게 이득이다. 그래서 과거에 채무자들은 인플레이션을 '아군'이라고 여겼다.

셈법도 간단하다. 1974년 페터는 700마르크를 빌려서 '봄날의 부헨발트' 7면을 사고 도배풀과 붓을 사는 데 90마르크를 추가로 지출했다. 물론 10년 후에 갚겠다고 약속을 했다. 인플레이션 때문에 1984년 이 벽지의 가격이 770마르크가 됐다고 하자. 똑같은 벽지를 무려 70마르크나 더 주고 사야 한다. 만약 그의 급여도 10년 후 10퍼센트 인상됐다면 문제가 없다.

성패를 가르는
의외의 변수들

그런데 24세의 페터에게 700마르크를 빌려줬던 사람이 10년 후 급여는 10퍼센트 인상 되지 않고 이자 없이 700마르크만 돌려받는다고 하자. 이 돈으로는 벽지와 도배용 풀을 모두 살 수 없다. 인플레이션 때문에 페터에게 빌려준 돈의 구매력이 감소했기 때문이다. 이 게임에서 패자는 채권자다. 단순하게 생각하면 인플레이션 게임의 승자는 채무자, 패자는 채권자다.

사실 이 상황은 약간 복잡하다. 청년인 페터에게 돈을 빌려준 사람이 인플레이션 때문에 구매력이 감소한다는 사실을 모를 리 없다. 그래서 이 사람은 페터에게 그 보상으로 이자를 요구할 것이다. 인플레이션율 10퍼센트를 적용하여 10년 후 70마르크를 더 받는 것이다. 이렇게 하면 인플레이션으로 인한 구매력 감소를 피할 수 있다. 한마디로 이자는 인플레이션으로 인해 발생하는 손실에 대한 보상금인 셈이다.

그러나 이 셈법에는 다음과 같은 문제가 있다. 10년 후 구매력이 얼마나 감소할지 누가 알겠는가? 당연히 알 수 없다. 우리가 스스로 예상하고 합당한 이자를 요구해야 한다. 벽지 사례에서 채권자가 예상 인플레이션율을 낮게 평가하여 이자를 50유로만 받았다고 하자. 예상과 달리 인플레이션이 너무 높을 경우 이 게임의 패자는 채권자, 승자는 페터다. 반면 채권자가 이자를 70유로 이상 받을 경우에는 페터가 지는 게임이다.

이 간단한 고찰에는 중요한 메시지가 담겨 있다. 인플레이션 게임에서 채권자와 채무자의 성패를 가르는 요인은 인플레이션 자체가 아니라 '예상치 못했던' 인플레이션이다. 채권자와 채무자가 예상 인플레이션을 낮게 평가하면 채무자가 이기고, 높게 평가하면 채권자가 이긴다. 인플레이션의 재분배 효과는 향후 인플레이션율을 얼마나 정확하게 진단하는지에 좌우된다.

예금자도 채권자와 같은 상황이다. 예금자는 이자, 배당금, 주식 거래 수익 등의 수익 보장을 담보로 자신의 돈을 제3자에게 맡긴다. 이 경우도 마찬가지다. 수익률이 예상 인플레이션을 밑도는 경우 예금자는 이 투자에서 돈을 잃게 된다. 따라서 예금자는 이런 상품에는 투자를 하지 않을 것이다. 예금자가 깜빡 속아 넘어가는 경우도 있다. 처음에는 몰랐다가 나중에 인플레이션율이 수익률보다 높은 것으로 밝혀질 때도 있기 때문이다. 예상 인플레이션율보다 실질 인플레이션율이 더 높으면 예금자는 인플레이션 게임의 패자가 된다.

인플레이션 게임에서 채권자와 채무자 중 누가 승자가 될 것인지 쉽게 예상할 수 없다. 채권자와 채무자 모두 인플레이션율에 영향을 끼칠 위치에 있지 않다면 인플레이션율의 변동 추이와 범위를 더 정확하게 예측하는 쪽이 승자다. 그렇다면 인플레이션율은 어떻게 예측할까? 예상이 가능할까? 또 얼마나 정확할까?

MONEY INSIGHT   **투기와 인플레이션**

당신이 유의해야 할 점이 있다. 지금까지 살펴본 내용을 단순하게 해석하여 인플레이션이 발생했을 때 돈 좀 벌어보겠다고 빚을 내려는 생각은 하지 말자. 언제 얼마만큼의 인플레이션이 발생할지 예측하여 투자하는 행위는 일종의 투기다. 진정으로 재산 형성을 원한다면 투기는 피해야 한다.

03
한 사 람 은
잘 못 된 게 임 을 하 고 있 다

INFLATION

예측을 의심하라

「미래를 느껴보자Feeling the Future」라는 제목의 연구 논문이 발표되었을 때 학계는 발칵 뒤집혔다. 이 연구의 목적은 미래 예측이 가능하다는 사실을 입증하는 것이었다.[20] 미국 심리학자 다릴 벰Daryl Bem은 컴퓨터 난수 발생기를 이용하여 인간이 미래를 예측할 수 있다는 사실을 증명하고자 했다. 그는 총 9회 실험 중 8회에서 인간이 미래를 예측했다고 주장했다. 하지만 후폭풍은 상당했다. 실험 방법은 물론이거니와 방법적 타당성을 입증하는 학문적 이론의 부재, 심리학적으로도 생물학적으로도 설명이 불가한 초심리학적인 프로세스 등 학계의 비판이 빗발쳤다. 어쨌든 기존의 학문적 접근 방식으로 이뤄진 연구는 아니었다.

해마다 초과학의 사실성을 검증하기 위한 학문적 연구가 이뤄지고 있으나, 이러한 예언가 집단들의 주장은 다소 비학문적이다. 2015년에 행성과 지구가 충돌할 거라는 예언이나 태양 폭풍이 지구를 초토화시킬 것이라는 예언 등이 대표적이다. 당시에는 그럴싸하게 들렸는지 모르겠지만 돌아보면 단순한 해프닝에 불과했다(우리는 이 부분을 간과하고 살아왔는지도 모른다).

구체적으로 미래에 관한 일을 예측하기란 특히 어렵다. 전문적으로 자본시장을 관찰하는 경제 예측가들도 이 사실을 안다. 따지고 보면 경제 예측이 지구의 종말, 명사들의 결혼식, 외계 생명체의 출

MONEY INSIGHT 수가 지배하는 세상

경제 예측은 투자의 처음이자 마지막이다. 노련한 전문 투자자들은 방대한 데이터풀을 평가하고 체계적인 상관관계를 찾는다. 이들은 이러한 방식을 토대로 불과 몇 초 만에 임의로 선택한 기업들의 상태를 평가하고 분석할 수 있다. 자본시장 종사자들은 인지적 결정 오류에 빠질 가능성이 높은 데 반해, 이 모델의 분석 방식을 적용하면 인지적 결정 오류에 빠질 가능성이 낮다. 이러한 투자 전략을 정량적 방법이라고 한다. 반면 비판론자들은 정량적 방법은 융통성이 없고 도식적이고 인간의 직관과 연상 능력을 신뢰하지 않는다는 점을 문제로 제기한다. 데이터를 기반으로 하는 분석 방식은 검은색 방풍용 전면 유리를 장착하고 운전하기 때문에 수시로 백미러를 봐야 하는 운전자와 같은 상태라는 것이다. 정량적 방법은 실제 도로 상태가 백미러에 비치는 상태와 같을 때만 통한다. 예를 들어 예상과 달리 자료 곡선의 변화율이 가파르면 차체가 손상되는 경우도 있다. 투자 전문가 고트프리트 헬러의 말처럼 "운전할 때 앞을 보지 않고 백미러를 자주 보면 오히려 사고가 날 수 있다. 주식 투자도 마찬가지"다.

현 등의 예언보다 수준 높은 일도 아니다. 다만 방법에 차이가 있을 뿐이다. 예언가들은 수정 구슬이나 타로 카드와 같은 잡동사니를 사용하는 반면, 경제 예측가들은 시계열 해석^{time series analysis}, 회귀 분석^{regression analysis}, 방대한 양의 데이터를 수학적 방법으로 분석하는 여타의 정량적 프로세스를 이용하여 최대한 '학문적 정확성'을 기하며 예측한다. 그러나 수정 구슬로 미래를 들여다보는 것만 못할 때도 많다.

미래를 가장 정확하게 예측할 수 있는 사람은 누굴까? 미래에 일어날 사건에 직접적인 영향을 끼칠 수 있는 사람이다. 다음 주에 당장 놀러갈 계획이 있는 사람이 여행 계획을 잘 세울 수 있는 법이다. 국가와 인플레이션의 관계가 그렇다.

국가는 인플레이션 게임의 승자일까?

채권자의 예상보다 인플레이션율이 높으면 채무자에게 이득이다. 인플레이션으로 인해 화폐 가치가 떨어지므로 부채에 대한 부담이 줄어들기 때문이다. 제아무리 대단한 학자, 예언자, 자본시장 전문가라고 할지라도 인플레이션율을 정확하게 예측할 수 있는 사람은 없다. 그렇다면 어떻게 해야 하는가? 회의론자들은 비열한 속임수가 있다고 생각한다. 일부러 인플레이션을 조장하는 것이다. 오로지 국가만 이 일을 벌일 수 있다.

아이디어는 단순하다. 일단 국가는 최대한 빚을 많이 지고 본다. 그다음에 빚더미에서 벗어날 방법을 찾는다. 그러니까 인플레이션을 조장해서 부채에 대한 부담을 줄이는 것이다. 양식이 있는 사람이라면 먼저 지출을 줄이고 수입을 늘릴 방안을 찾다가 최악의 경우에 파산 신청을 할 것이다. 국가도 같은 방법을 쓸 수 있다. 먼저 지출을 줄이고 세금을 인상한다. 그러다가 최악의 상황에 몰리면 국가 부도 사태를 맞이하게 된다. 두 경우 모두 유권자인 국민에게는 좋을 것이 없다. 물론 이러한 정책은 환영받을 만한 선택은 아니다.

그런데 국가에는 한 가지 카드가 더 있다. 바로 인플레이션이다. 앞서 페터의 사례에서 보았던 단순한 전략이다. 국가는 적당히 빚을 지고 인플레이션을 조장한다. 국가에 돈을 빌려준 국제 자금 시장과 국민은 예상치 못했던 고인플레이션에 깜짝 놀란다. 그리고 경제는 예상 시나리오대로 돌아간다. 국가의 부채가 평가절하되면서 실질 부채 부담이 감소하는 것이다.

정말 국가는 인플레이션 게임의 승자일까? 미국 경제에 관한 연구 결과를 살펴보면 미국 경제는 상당히 안정적이다. 1946년에서 1974년까지 인플레이션으로 인한 부채 감소 효과는 20퍼센트에 불과했다. 80퍼센트는 미국 경제 발전에 속도가 붙으면서 정부의 부채 성향이 세전 기준 흑자를 기록하고 부채가 감소했기 때문이었다. 하지만 대안정기였던 1974년 이후부터 인플레이션은 미국 정부의 부채 해결사 역할을 하지 못했다.[21]

1960년부터 2005년까지 미국, 일본, 독일, 영국, 이탈리아, 캐나다 경제에 관한 연구에서도 이와 유사한 결과가 나왔다. 예산 적자의 주된 원인은 기초 재정 수지 적자였다(국가의 부채에 대해 이자를 부과하지 않아서 발생한 적자). 반면 인플레이션의 부채 감소 효과는 10퍼센트에 불과했고, 90퍼센트는 GNP 증가로 인한 것이었다.[22]

이 연구 결과대로 인플레이션이 국가의 부채를 해결하는 역할을 하지 않는다는 의미일까? 섣불리 낙관적으로 판단해서는 안 된다. 연구 대상 기간에 이 국가들은 국민으로부터 거둬들이는 세금은 줄였으나, 앞서 살펴보았던 금융 억압으로 재정을 충당하고 있었다. 이미 설명했지만 국가는 납세자의 주머니를 은근슬쩍 털어가고 있었다. 금융 억압으로 국민으로부터 착취한 금액은 조세 수입의 20~30퍼센트에 달했으며 극단적인 경우에는 100퍼센트를 초과했다. 이렇게 좋은 무기가 있는데 국가들이 굳이 인플레이션을 일으킬 필요가 있었겠는가?

그러나 지금처럼 자본시장이 세계화되고 자본 이동성이 높은 시대에는 금융 억압으로 재정을 충당하기 어렵다. 그래서 인플레이션 조장 정책으로 돌아온 것이다. 정치인들에게 인플레이션으로 국가의 부채를 상환하겠다는 아이디어는 예나 지금이나 매력적일 수밖에 없다. 구체적 이유는 다음과 같다.

첫째, 인플레이션은 소리 없이 일어난다. 인플레이션만큼 아무도 눈치채지 못하는 사이 화폐의 가치와 부채를 신속하고 효율적으로 떨어뜨릴 수 있는 방법이 없다. 둘째, 인플레이션은 의회의 결의안이나 장관의 공식 선언 없이 익명으로 진행되는 행사다. 책임자가 없는 것이나 다름없기 때문에 정부는 쉽게 책임을 회피할 수 있다. 게다가 공식 인플레이션 수치는 조작도 가능하다. 이 문제에 관해서 라면 전문가인 아르헨티나 경제 장관에게 물어보길 바란다.

국가가 인플레이션율을 직접 결정할 수 있을까?

인플레이션을 국채 해결사로 보는 이유가 또 있다. 제2차 세계대전 후 국채는 국가적 사안에 가까웠다. 각국은 특히 자국민으로부터 돈을 빌렸다. 이는 정치라는 명목으로 가능한 일이었다. 국가는 자국 민에게 돈을 빌려서, 즉 내국채internal debts를 발행하는 동시에 세금을 인상하여 부채를 상환할 수 있다. 쉽게 말해 국가는 국민에게 돈을 빌리고 세금을 인상시켜서 세수를 늘리는 방법으로 부채를 상환하는 셈이다. 신사적이지는 않지만 실제로 이 방법으로 국채 문제는 쉽게 해결된다. 이는 일본의 국채 비율이 300퍼센트에 달하는데 국가 부도 사태가 발생하지 않는 것만 보아도 확인할 수 있다. 더군다나 일본은 다른 국가에 비해 국민에게 지고 있는 빚이 특히 많다.

그러나 한 국가가 다른 국가에 빚을 지기 시작하면 이 방법으로는 국채를 해결할 수 없다. 이 국가는 자국의 경제 소득을 포기하고 해외로 보내야 한다. 다른 국가에 빚을 지면 상품이나 서비스로만 상환이 가능하다. 따라서 국민은 상품이나 서비스 소득을 포기해야 한다. 그러나 이 방법을 원치 않으면 남은 방법은 하나뿐이다. 인플레이션으로 자국 통화를 평가절하시키는 것이다. 해외 부채를 처리할 때도 인플레이션만큼 효과적인 방법은 없는 셈이다.

결국 인플레이션만큼 국가의 채무를 해결하기에 매력적인 방법은 없다. 앞 장에서 우리는 국가에서 이러한 메커니즘을 간파하고 앞장서서 인플레이션을 조장해온 역사를 자세히 살펴보았다. 이처럼 오랜 교훈을 정치인들이 잊을 리 없다.

여기에서 반론이 제기될 만한 부분이 있다. 그렇다면 국가가 인플레이션율을 직접 결정할 수 있을까? 이러한 폐단을 막기 위해 중앙은행의 독립성을 보장해야 한다는 주장이 등장한 것이다. 1923년 초인플레이션 때문에 쓴맛을 한번 보지 않았는가! 그런데 또다시 인플레이션을 조작하라는 유혹이 손짓을 하고 있다.

원칙적으로는 중앙은행의 독립성이 보장되는 것이 옳다. 그러나 현실적으로 중앙은행은 정부의 간섭에서 완전히 자유로울 수 없다. 이 부분에 대해서는 앞에서도 이미 언급했다. 1922년 독일 라이히스방크가 화폐 발행권에 대한 정부의 개입을 거부할 수 없다고 공언하자, 사람들은 "이 경우에는 결국 불미스런 정치적 개입으로 국가 재정 파탄을 피할 수 없을 것"이라고 생각했다. 과연 중앙은행이 끝까지 정치적 현실에 맞서 싸울 수 있을지 의문이다.

유럽중앙은행의 독립성은 법으로 보장되어 있다. 그러나 과거의 경험을 비춰보건대 중앙은행은 정치적 현실을 무시할 수 없는 상황이므로 이 법은 실질적으로 효과가 없다. 이러한 까닭에 유럽중앙은행은 유럽연합 부채국의 부채를 경감하는 정책을 추진할 수밖에 없었을 것이다. 유럽중앙은행이 끝까지 중앙은행의 독립성을 고집했더라면 유로는 붕괴되었을 것이다. 이러한 사정 때문에 국가 부채가 증가하고 인플레이션을 올리는 데 중앙은행은 동조할 수밖에 없었을 것이다. 그동안 각국의 중앙은행은 이 덫에 걸려 유권자의 표를 의식하는 단발성 정책을 추진할 수밖에 없었다. 국가가 중앙은행의 결정에 자유롭게 개입을 할 수 있는 상황이라면 이 덫에서 벗어나기 더욱 어려울 것이다. 과거에 각국이 추진해왔던 통화량 증가 정책도 정부가 통화 정책에 개입하고 있다는 의혹을 불식시키지는 못했다. 이제 이러한 의혹의 전말을 파헤쳐야 할 때가 왔다.

07

왜 통화량이 증가해도 인플레이션이 발생하지 않을까?

중앙은행에서 본원통화를 증가시켰다고 해도 그 돈은 아직 시장에 투입된 것이 아니다. 시중은행은 추가로 투입된 본원통화를 대출이라는 형태로 시장에 전달해야 한다. 그러나 시중은행에서 추가 자금을 사용하지 않고 중앙은행이 움켜쥐고 있으면 아무 일도 일어나지 않는다.

실제로 시중은행들은 소위 초과 지급준비금excess reserve(실제 보유한 지급준비금에서 필요로 하는 지급준비금을 뺀 금액)의 형태로 추가 자금을 보유하고 있다. 이것은 전 세계의 통화량이 증가했는데 아직까지 인플레이션이 발생하지 않은 이유에 대한 설명이 될 수 있다. 미국 세인트루이스 연방준비은행Federal Reserve Bank(1913년에 미국의 연방 준비법에 따라 미국 전역의 12개 준비구에 하나씩 설립한 은행. 각 은행은 연방 준비 제도 이사회와 연방 공개 시장 위원회의 정책 결정을 실행하며 다른 나라의 중앙은행과 동일한 업무를 행한다)의 연구 결과에 의하면 유독 일본, 미국, 영국, 유럽의 경우, 추가로 투입된 자금이 시중은행의 대출을 늘리는 데 사용되지 않고 각국 중앙은행의 초과 지급 준비금으로 남아 있었다.

따라서 유럽중앙은행은 시중은행의 예금에 마이너스 금리를 적용시켰다. 시중은행이 중앙은행에 추가 자금을 예치해두는 경우 일정 금액을 지불하도록 말이다. 결국 시중은행의 고객이 이 예치금을 부담하게 된다는 말이 아닌가!

4부

HANNO BECK

어떻게 인플레이션의 흐름에 올라탈 것인가?

: 인플레이션으로 수익률을 높이는 투자법

각국 중앙은행의 금융정책은
전 세계를 저금리 자금에서 시작하여
제로 금리로 판치게 만든 장본인이다.
전문가들이 제시하는 가설과 해석은 다양하다.
그러나 결정적인 질문은 하나다.

.
.
.
.
.

"제로 금리 시대에 접어들면
어떤 일이 벌어질 것인가?"

8장

제로 금리,
제로 수익

핵심 명제

1 이자는 윤리적 심판을 자주 받아온 대상이다. 그러나 이자는 시장 경제 체제에서 필수불가결한 요소이기도 하다.

2 수십 년 전부터 전 세계 금리는 하락하는 추세다. 금리 하락은 저축 증가, 투자세 감소, 대형 중앙은행의 금융정책에서 비롯된다.

3 저금리 기조 장기화 현상에는 엄청난 위험이 숨겨져 있다. 자칫 잘못하면 개인 파산으로 이어질 수 있다. 따라서 투자자들은 리스크가 큰 상품에 투자해야 하고 노후 대비를 위해 어느 정도의 리스크는 감수해야 한다.

4 생명보험, 연금보험, 직장 노령 연금, 민영 건강보험 등 자본을 기반으로 하는 보험 시스템은 저금리 현상으로 인해 몸살을 앓고 있다.

5 은행의 사업 모델은 저금리로 인해 어려움을 겪고 있으며 최악의 경우 은행 파산으로 이어질 수 있다.

01
제 로 금 리 시 대 의 도 래

INFLATION

이자와 윤리의 그늘

애초부터 이자를 좋아하는 사람은 없을 것이다. 기독교와 유대교에서는 이자 거래를 금지했다. 마르크스주의자와 사회주의자도 이자 제도를 폐지하고자 했다. 카를 마르크스Karl Marx는 대출금을 상환할 때 원금 외에 추가로 돈을 더 주어야만 하는 이자 제도를 불합리하다고 여겼다.[1] 아리스토텔레스Aristoteles는 이자는 '돈이 돈을 낳는 것'이기 때문에 자연법칙에 위배된다고 했다. 중세시대 신학자이자 스콜라 철학자 토마스 아퀴나스Thomas Aquinas는 서양의 위대한 철학자들 중에서도 이자를 가장 혐오했으며, 아리스토텔레스의 사상을 바탕으로 이자를 금지하는 교회법을 제정했다. 이를 바탕으로 독일의

● 원금 외에 추가로 돈을 더 주는 이자제도는 불합리하다고 주장한 마르크스(좌). 돈이 돈을 낳는 이자 제도는 자연법칙에 어긋난다고 본 아리스토텔레스(가운데). 이자를 금지하는 교회법을 제정할 정도로 이자를 혐오한 토마스 아퀴나스(우).

종교 개혁자 마르틴 루터Martin Luther는 이자를 받는 사람들을 도둑, 강도, 살인자나 다름없다고 비판했다.

나치주의자들의 선전 문구에는 '이자에 의한 돈의 예속성' 타파가 단골 레퍼토리로 등장했다. 그러나 이들은 국민들이 당에 계속 기부금을 내고 경제에 불똥이 튀지 않도록 '공급하는' 산업 자본과 '강탈하는' 금융자본을 구분했으며, 특히 유대인의 고리대금업을 타깃으로 삼았다. 이 두 관계를 지금은 생산적인 실물자본과 금융자본이라고 표현하는데, 사람은 금융자본을 포기해도 생존할 수 있다. 여기서 주목할 만한 부분은 좌파 성향의 정치인이나 우파 성향의 정치인 모두 이자에 관해 같은 입장을 취하고 있다는 점이다. 이 부분에 대해서 인류는 학습 능력을 갖추고 있지 못한 듯하다.

오스트리아의 금융이론가 오이겐 폰 뵘-바베르크Eugen von Böhm-

Bawerk(오스트리아의 경제학자로 한계효용 이론의 창시자 칼 맹거의 대표적 후계자, 이자의 발생 원인을 설명하기 위하여 '시차설'이라는 이자 학설을 주장)는 이자와 함께 부과되는 '윤리적인 그늘'을 거론했다.

이자는 오랫동안 논쟁의 대상이 되어왔던 주제다. 이자를 받는 행위가 비윤리적이라는 오명에서 벗어나지 못한 이유는 무엇일까? 이자 없는 세상이 가능할까? 이자가 사라진다면 어떤 일이 벌어질까? 어떻게 하면 이자 없는 세상을 만들 수 있을까? 그 사이 우리는 세계 역사상 단 한 번뿐인 실험의 증인이 되었다. 이 실험을 했던 이들의 원래 목표가 제로 금리 세상을 만드는 것이 아니었는지는 모르겠지만 말이다.

왜 지난 수십 년간
금리는 급격히 떨어졌을까?

일반인들은 2007년이 되어서야 저금리 기조가 전 세계적 현상임을 본격적으로 깨닫기 시작했다. 그러나 금융업계 내부에서는 훨씬 이전부터 이 현상을 다뤄왔다. 지난 20년간 대부분의 선진국에서는 단기 대출뿐만 아니라 장기 대출 금리가 4~6퍼센트에 머물렀다. 일부 국가의 금리는 0퍼센트로 떨어졌고 심지어 마이너스대로 돌입했다. 지난 30년간 이례적으로 실질 금리가 감소하는 현상이 전 세계에서 관찰되었다. 실질 금리 예측에서도 저금리 기조가 장기화되리라는 걸 간파하지 못했다.

역사를 돌아보면 전쟁 부채, 금융 억압, 고인플레이션이 맹위를 떨칠 때 실질 금리가 낮았다. 그러나 1990년대 이후에는 이러한 관찰이 더 이상 적용되지 않았다. 오랫동안 독일에서는 신용도가 높은 채무자, 소위 1등급 채무자로부터 얻은 장기 대부 수익(국채, 담보 증권, 지방 은행 채권)은 6~9퍼센트였다. 단기 자금에 대한 시중 금리 money market rate는 보통 1~2퍼센트포인트 미만이었다.

1996년 이후 10년간 채권 이자는 5퍼센트 문턱 아래로 떨어졌고, 급기야 2010년에는 3퍼센트 미만을 기록했다.[2] 2014년 이후 독일 국채 수익률은 0퍼센트 주변을 맴돌았다. 그러다가 2016년 국채 증권의 절반 이상이 마이너스 수익률을 기록했다. 쉽게 말해 독일 국채에 100유로를 투자하면 몇 년 후 받을 수 있는 금액이 100유로 미만이라는 것이다.

단기 대부 금융시장의 사정은 더 심각하다. 수년 전부터 이미 금리는 1퍼센트 미만이었다. 2012년에는 금리가 0이었고, 2014년에는 마이너스 금리를 기록했다. 단기 자금 투자를 하면 수익은커녕 손해라는 얘기다. 차라리 베개 밑에 돈을 숨겨놓는 편이 낫다.

지난 수십 년간 금리가 급격히 떨어진 이유는 무엇일까? 이에 대해 전문가들은 다양한 가설을 제시했다. 그 첫 번째 이유로 벤 버냉키 전 연방준비제도이사회 의장은 '글로벌 저축 과잉global savings glut'을 꼽았다. 버냉키는 세계 자본시장에서 중국이 자본 투자 규모를 축소하고 있고, 인구 고령화로 인해 대부분의 선진국 경제가 노후

● 연방준비제도이사회 벤 버
냉키 의장은 저축 과잉 현상의 이유
에 대해 중국의 투자 규모 축소와
노후 준비를 꼽았다.

대비를 위한 저축 모드로 돌아섰기 때문이라고 분석했다. 그 결과
자본에 대한 수요는 감소하고 금리는 떨어졌다는 것이다.

전문가들은 저금리 현상이 발생한 두 번째 원인이 '구조적 장기
침체secular stagnation'에 있다고 보았다. 세계 경제의 생산성과 혁신력
이 줄어들면서 세계 경제가 마비되어 투자가 감소했기 때문에 투자
자본 수요가 감소했고 금리도 동반 하락했다는 것이다.

아울러 신경제 위기, 2007년 부동산 위기, 유로 위기 등 2000년
대에 발생한 금융 위기도 금리 하락에 일조했다. 이후 많은 기업과
은행들이 리스크는 피하는 대신, 부채와 투자를 줄이고 안정성 있는
투자로 사업 방향을 전환했다. 이러한 분위기 역시 자본에 대한 수
요를 감소시키고 금리를 하락시키는 데 한몫했다.

근래 각국 중앙은행의 금융정책은 전 세계를 저금리 자금에서 시
작하여 제로 금리로 판치게 만든 장본인이다. 이러한 정책이 추진되

지 않았다면 결코 일어날 수 없는 일이다.

전문가들이 제시하는 가설과 해석이 다양한 만큼 주안점도 다를 수밖에 없다. 그러나 결정적인 질문은 하나다. 제로 금리 시대에 접어들면 어떤 일이 벌어질 것인가? 경제 리스크가 더 심해지리라는 전망은 확실하다.

MONEY INSIGHT **과잉 수수료**

계좌 관리 수수료를 비교하는데도 요령이 있다. 은행들은 타행 계좌 현금 인출 수수료, 신용카드 현금 서비스 수수료, 계좌 이용 내역 인쇄 수수료 등 각종 명목으로 수수료를 챙기고 있다. 그러나 은행들의 수수료 챙기기에도 제동이 걸렸다. 예를 들어 독일 제1의 민간 은행인 코메르츠방크(Commerzbank)는 계좌 이용 내역에 대해 추가 수수료 명목으로 고객 1인당 15유로를 일괄 적용하여 청구해왔으나, 연방대법원(Bundesgerichtshof)의 위법 판결로 해당 금액은 추징되었다.[3] 프랑크푸르트 지방법원(Das Landgericht Frankfurt am Main)도 은행이 고객에게 계좌 이용 내역을 송부하지 않는 경우에는 수수료 청구를 금한다는 판결을 내렸다.[4]

02

삐걱거리는 연금 제도

INFLATION

저금리 고위험

배우이자 가수 로베르토 블랑코Roberto Blanco, 테니스 선수 클라우디아 코데-클리쉬Claudia Kohde-Klisch, 배우 잉그리트 슈테거Ingrid Steeger, TV쇼 진행자 군터 가브리엘Gunter Gabriel, 가수 마티아스 라임Matthias Reim.

이들의 공통점은 무엇일까? 이들은 모두 한때 부와 명성을 쌓았으나 결국 빚더미에 올라 파산했다. 파산 사유는 실업, 이혼, 질병, 잘못된 자문, 매니저의 배신, 오만함 등 다양했다. 이는 비단 유명 인사들만의 일이 아니라 우리가 처해 있는 현실이기도 하다.[5]

실제로 많은 사람들이 경제적으로 벼랑 끝에 몰려 있다. 어떻게 지원을 받아야 할지 몰라서 많은 사람들이 무턱대고 대출을 받고 있다. 그나마 예전에는 대출의 문턱이 높았다. 채무자들은 비싼 대출이자가 무서워 대출 받기를 주저했다.

그런 시대는 이미 지났다. 저금리 시대에 대출은 사람들에게 더 매력적으로 다가올 것이다. 지금 소비하고 싶은 유혹은 점점 더 커질 것이다. 대출이자도 없는 것이나 다름없으니 일단 대출을 받아서 고가의 평면 모니터를 사고 보자는 심리인 것이다. 문제는 대출을 받지 않아야 할 형편의 사람들에게까지 저금리로 유혹하며 대출을 받게 하는 최악의 상황이 되었다는 것이다. 저금리로 인해 수많은 사람들이 개인 파산 상태에 내몰리고 은행은 대출금을 돌려받지 못하면서 개인 채무 위기로 번질 위기에 처해 있다.

이것으로 끝이 아니다. 은행에 저축을 해도 이자는 쥐꼬리만큼 붙는다. 예금자들은 이런 악조건을 어떻게 헤쳐나가야 할까? 적은 수

MONEY INSIGHT   **유명인사들의 파산**

실제로 고소득 유명 인사들이 빈민 구제소 신세로 전락할 가능성이 높다. 돈은 많은데 시간이 없다 보니, 자산 상담을 진지하게 받아보지도 않고 믿음이 가지 않는 상담가의 말을 쉽게 믿어버린다. 수입이 불안정한 것도 문제다. 유명 인사들은 인기가 사라지는 순간 수입이 끊길 수 있다. 이런 상황이 되면 지출을 줄여야 하는데 대부분의 사람들이 실패한다. 계약선수협회의 통계에 의하면 분데스리가의 축구팀 아인트라흐트 브라운슈바이크(Eintracht Braunschweig) 수뇌부의 절반이 1985년부터 현재까지 사회 부조를 받으며 살고 있다. 당시 축구 스타로 추앙받던 선수들 중 4분의 1 이상의 통장 잔고가 마이너스 상태라고 한다.[6]

입으로 노후까지 허리띠를 졸라매며 사는 것에 만족하던지, 리스크가 높더라도 더 많은 수익을 올릴 수 있는 상품에 투자할 것인지, 둘 중 하나를 선택하는 수밖에 없다. 리스크가 높은 쪽을 선택했다면 모아놓은 돈을 잃을 각오도 돼 있어야 한다. 저금리 정책은 모든 저축 세대의 주머니를 마이너스로 만들 수 있다.

더 이상 도망갈 곳도 없다. 제로 금리 정책zero rate policy이 투자 형태와 투자로 인한 리스크의 좌표계를 이동시키면서 새로운 승자와 패자가 탄생했다. 기존의 예금 및 연금 제도가 삐걱거리기 시작했다.

이로 인해 민간 가계, 즉 예금자들의 저축 행위는 장기적으로 변화할 것이다. 예금자들은 리스크가 더 큰 또 다른 형태의 투자 상품에 몰리거나 아예 저축을 하지 않을 것이다. 현재의 수익 수준 이상으로 발전하지 못하고 점점 더 불안해질 것이다. 아울러 가계의 복지 수준도 떨어질 것이다. 정확한 현황을 파악해야 할 때가 왔다. 먼저 생명보험부터 살펴보도록 하자.

저금리로 몸살을 앓는 생명보험

오랫동안 생명보험 업계는 고객들에게 어느 정도의 이자 수익을 보장했다. 과거에는 생명보험 업계에서 고객에게 보장하는 이자 수익이 대개 3~4퍼센트 수준이었다. 이자 수준이 6퍼센트 이상만 되어도 업계가 고객에게 약속한 금액만큼의 혜택을 제공하는 데 문제가 없었다.

그러나 2000년대에 들어 사정이 달라졌다. 금리가 하락하면서 더 이상 한때 고객에게 약속했던 이자 수익을 올릴 수 없게 되었다. 그러자 대부분의 생명보험 업계는 고객에게 고금리를 보장하기 위해 머리를 썼다. 이들은 보유하고 있던 유가증권을 전환하거나 재평가했다. 이렇게 유가증권에는 고객에게 지불 가능한 수익이 생겼다. 그러나 오래 생각하지 않아도 이러한 얄팍한 수법의 문제점을 파악할 수 있다. 생명보험 업계에서 신규 고객에게 보장하는 금리는 꾸준히 하락해왔다. 그 결과 현재 생명보험 업계의 사정은 30년 전만큼 밝지 않다.

신규 고객에게 보장할 수 있는 금리만이 문제가 아니다. 생명보험 업계에는 과거에 가입한 고객이 여전히 많다. 이들은 고금리 보장을 약속 받았으나 더 이상 이자 수익이 생기지 않는 상황이다. 금융감독원은 생명보험 업계에 기존의 보장 금리를 재무제표에 반영시킬 것을 요청했다. 쉽게 말해 기존 고객의 이자 수익에 해당하는 금액을 예치금으로 남겨둘 것을 요청했다. 이러한 이자 추가 준비금으로 인해 생명보험 업계 중 3분의 1이 재정난에 빠졌다.

그동안 고객에게 많은 것을 보장해왔던 생명보험 업계는 겨우 그 약속을 지키고 있는 실정이다. 게다가 생명보험 업계의 수입원인 신규 고객은 늘어날 전망이 보이지 않는다. 저금리 현상이 장기화될수록 생명보험 업계가 받을 자금 압박과 저금리로 인한 피해는 심해질 것이다. 우리가 신중하게 대처하지 않는다면 일부 업계는 위기에

빠질 것이다. 많은 생명보험 가입 고객들이 보험을 해지한다면 엄청
난 정치적 소요 사태로 번질 수 있다. 정치인들은 이러한 전망을 심
각하게 받아들여야 한다.

그러나 기존의 생명보험 업계만이 운용난을 겪고 있는 것이 아니
다. 직장 노후 대비를 책임지는 노령 연금 및 사회 보험 공단도 같은
길을 걷고 있다. 이러한 운용 위기로 인해 일반 예금자와 향후 연금
수령 대상자는 불안한 상태다. 지금부터 자세한 사정을 알아보도록
하자.

03
직 장 연 금 의 종 말

INFLATION

노후 위기 시대

전후 독일 산업계는 근로자들에게 노후 대비 자금을 보장해왔다. 독일 직장인들은 연금만 있으면 노후를 든든하게 보장받을 수 있으리라는 기대감으로 직장 연금에 가입했고 동기를 부여받았다. 직원의 연금은 기업의 재무제표에도 반드시 반영시켜야 했다. 기업들은 연금에 대한 충당금, 그러니까 일종의 법정 준비금을 마련해두어야 했다. 이는 20년 내지 30년 후에 직원에게 연금을 지급하겠다는 약속을 보증하는 의미였다.

　이 제도는 단순한 사고에서 출발했다. 금리가 높을수록 기업은 추후 직원에게 지급해야 할 연금에 해당하는 충당금을 적게 예치하면

된다는 것이다. 기업 입장에서는 금리가 높으면 자본을 적게 투입해
도 이자 수익이 많이 발생하기 때문에 직원에게 지급해야 하는 연
금을 어렵지 않게 충당할 수 있었다.

그런데 직장 연금도 저금리 현상으로 타격을 입게 된 것이다. 금
리가 낮아지면 기업은 더 많은 충당금을 예치해야 하고, 직원에게
약속했던 금액보다 더 많은 돈이 필요해진다. 수익과 자기 자본 비
율이 모두 떨어진다.

민영 건강보험도 같은 문제를 겪고 있다. 고령자일수록 의료비가
비싸고 민영 건강보험료의 대부분은 사망 직전까지의 의료비를 보
장해야 한다. 현재 의료비 전액을 보장받는 건강보험 가입자가 900
만 명에 달한다. 보험료는 이러한 사정을 반영하여 한 사람의 평생

MONEY INSIGHT 한순간의 추락

아주 간단한 예를 들어 설명해보겠다. 45세의 사업주가 있다. 그는 직원들에게 소액이지
만 평생 매달 500유로의 퇴직 연금을 지급하겠다고 약속했다. 퇴직 후 그가 20년을 더 살
았다고 치자. 그는 연금 개시 시점부터 12만 유로(20년x매달 500유로)의 자본이 필요하다.
이를테면 사업주의 55번째 생일, 즉 연금 개시 시점 10년 전에 이 기업은 12만 유로에 대
한 충당금 6만 7000유로를 보유하고 있어야 한다. 이 6만 7000유로는 10년이 지난 시
점을 기준으로 할 때 12만 유로에 대해 붙은 이자다. 그러나 금리가 6퍼센트에서 3퍼센트
로 하락하면 이 사업주는 6만 7000유로보다 3분의 1만큼 더 많은 액수인 8만 9000유로
의 충당금이 있어야 한다. 심지어 금리가 0퍼센트라면 12만 유로 전액을 충당금으로 보유
하고 있어야 한다. 장기적 관점에서 이자에는 레버리지 효과(leverage, 기업이나 개인 사업
자가 차입금 등 타인의 자본을 지렛대처럼 이용하여 자기 자본의 이익률을 높이는 일, 지렛대 효과라고
도 한다)가 있기 때문이다.

을 기준으로 산정된다. 따라서 나이가 젊은 가입자들의 보험료가 높다. 이때 보험료의 대부분은 노후 대비 충당금의 리스크를 방지하기 위해 예치된다.

그런데 저금리 때문에 이러한 노후 대비 충당금에 붙는 이자가 점점 줄어들고 있다. 보험 가입자들이 부담해야 하는 충당금이 점점 증가할 수밖에 없다. 따라서 소득이 높은 사람일수록 보험료가 더 많이 청구된다.

이러한 사정을 감안하여 2017년 초반 대대적인 보험료 조정이 이뤄졌다. 의료비와 평균 수명이 증가한 이유도 있지만 금리 하락으로 인한 대책을 마련하기 위한 방책이었다. 이 시기의 보험료 인상 내역을 살펴보면 인상분의 절반에 저금리로 인한 손실액이 반영되어 있다.

기타 예금 및 연금 제도도 건강보험과 동일한 방식으로 운용된다. 주택청약부금을 예로 들어보자. 운용 원리는 간단하다. 가입자가 주택청약부금으로 목표 금액의 50퍼센트 내지 60퍼센트를 저축하면 이 금액에 이자가 붙는다. 예를 들어 저축액에 2퍼센트의 이자가 붙는 식이다. 가입자가 계속 저축하다 보면 적립 잔고가 생긴다(여기에는 국가의 지원금이 포함되어 있다). 그리고 가입자는 주택청약부금만큼 최대 4퍼센트 금리로 대출을 신청한 다음, 적립된 금액과 대출액을 합산하여 주택을 마련한다.

이 제도는 수십 년 동안 잘 돌아갔다. 대출자에게는 매력적인 대출 조건이었고 주택 조합은 2퍼센트의 확실한 매매 차익과 수수료를 벌 수 있어서 쌍방이 이득이었다. 그러나 저금리 현상이 지속되면서 이 사업 모델은 사실상 무너지고 말았다. 지금은 주택 마련 자금을 1~1.5퍼센트 금리로 쉽게 대출받을 수 있기 때문에 주택청약부금 금리가 상대적으로 비싸진 탓이다.

게다가 미묘한 문제가 또 있다. 주택청약부금 가입자들은 이자 수익을 기대하고 부지런히 저축해왔다. 그런데 주택 조합이 2퍼센트 이상 수익을 올리지 못하면 고객에게 2퍼센트 수익을 지급하기 어려워진다. 결국 주택 조합은 고객들에게 해약을 통보했고 이와 관련하여 몇 차례 소송이 진행되었다. 연방대법원은 2017년 2월 21일 주택청약 계약 10년 후 해약 고지를 허용했다.[7]

이쯤이면 저금리로 인한 손실에 대해 다 알았다고 생각하는가? 아직 조금 더 남았다. 예전에는 3 대 6 대 3 원칙이라고 불렸던 분야다.

은행을 지탱해온
3 대 6 대 3 법칙

독일의 은행 시스템은 세 기둥이 지탱하고 있다. 슈파르카세Sparkasse(관영은행으로 중소기업과 창업기업을 주요 고객으로 하며 신용대출을 해주기 때문에 독일 중소기업이 발전하는 데 핵심적인 기반이 되고 있다), 폴크스방크 Volksbank(직역하면 국민 은행이라는 의미로, 협동조합은행)와 라이프아이젠방크Raiffeisenbank(농업 부문 장려를 위해 세운 농업 협동조합에서 유래한 은행), 민영 시중은행이다.

이 은행들의 사업 모델은 거의 모든 은행과 마찬가지로 '3 대 6 대 3 원칙'을 따른다. 일반적으로 시민들은 단기 저축을 선호한다. 따라서 수시입출금 예금, 정기 예금, 보통 예금과 같은 기존의 은행 상품에 돈을 맡긴다. 독일 사람들은 오랫동안 돈을 묶어둘 필요가 없고 수시로 입출금이 가능하다는 점 때문에 이런 금융상품을 선호하는 경향이 있다.

과거에는 이러한 금융상품에 저축을 하면 고객은 은행으로부터 3퍼센트 이자를 받았다. 은행은 예금자에게 돈을 빌리고, 빌린 돈에 대해 3퍼센트 이자를 지급했다. 은행은 이 돈으로 무엇을 할까? 아주 간단했다. 은행은 돈이 필요한 가정에 이자를 받고 장기 대출을 해주었다. 자동차 구입 시에는 평균 3~5년 만기, 주택 건축 시에는 10년 이상 만기의 고정금리 대출 상품이 있었다. 은행은 대출이자로 대개 6퍼센트를 요구했다.

쉽게 말해 은행은 고객이 단기 예금으로 맡긴 돈으로 장기 대출을 운용하여 이자 수익을 올려왔다. 이 시스템을 속칭 3 대 6 대 3 원칙이라고 했다. 은행은 고객에게 3퍼센트 이자로 돈을 빌리고, 6퍼센트 이자로 다른 고객들에게 돈을 빌려준 다음, 여기에서 생긴 차익으로 수익을 올렸다. 은행은 이 3퍼센트 수익으로 편하게 놀고먹으며 사업을 했다.

금리 인상이 미치는 여파

그러나 과거에 대한 향수를 불러일으키는 3 대 6 대 3 사업 모델이 흔들리기 시작했다. 원인은 고객이 은행이 맡긴 돈으로 대출 사업을 하여 얻을 수 있는 이자 수익이 줄어들었기 때문이다. 이자 수익이 줄어들수록 은행 사정은 어려워진다. 3퍼센트로 빌려서 6퍼센트 이자로 빌려줄 때가, 0퍼센트로 빌려서 1퍼센트 이자로 빌려줄 때보다 수익률이 높은 건 당연한 일 아닌가!

은행 역시 저금리 현상으로 인해 몸살을 앓고 있다. 은행들은 단기적으로는 이 상황을 버틸 수 있을 것이다. 그러나 이 사태가 장기화된다면 지점 폐쇄, 직원 정리 해고, 수수료 인상 등 타개책을 마련해야 한다. 모든 것이 괴롭고 불확실하다. 모두가 원하듯 금리가 인상되어야 이 덫에서 빠져나올 수 있다.

그런데 금리 인상이 말처럼 쉬운 일이 아니다. 금리가 인상되어도 여전히 문제는 있다. 첫째, 금리가 인상되면 채권 시세가 하락한다. 그 이유를 간단히 설명해보도록 하겠다. 채권은 사실상 대출이나 다름없다. 소유주에게 합의된 기간 내에 일정 금액을 고정금리로 지급하겠다는 내용이 적힌 차용증을 고객인 국민에게 판매하는 것이다.

예를 들어 모든 다른 투자 상품에서 2퍼센트 금리를 제공한다면 채권만큼 매력적인 투자 대상도 없다. 그렇다면 투자자들은 채권에 더 많은 돈을 투자를 하려고 할 것이다. 반면 다른 투자 상품의 일반 금리 수준이 6퍼센트라면, 고작 4퍼센트 수익의 국채는 투자 대상으로서의 매력이 떨어질 수밖에 없다. 이 경우에는 가격 할인(변화하는 시장 상황으로 인하여 딜러들이 가격을 인하하는 것을 말한다. 예를 들면 시장이 자율이 상승할 때 채권 가격을 낮추어 부르는 것이 이에 해당한다)을 할 때만 투자자들이 관심을 보인다. 여기서 가격 할인이란 4퍼센트 채권의 가치, 즉 시세가 하락하는 것을 의미한다.

그런데 금리가 너무 빨리 상승하면 채권 시세는 떨어진다. 그리고 은행에서 이러한 채권에 너무 많이 투자하면 채권 시세, 즉 투자 가치는 급격히 떨어진다. 이 경우 은행이 심지어 지불 불능Insolvency(빚을 갚지 못하거나 채무를 이행할 수 없는 상태) 사태에 빠지지는 않더라도 재무제표상으로는 은행 위기 상태다.

둘째, 금리가 인상되면 3 대 6 대 3 원칙이 흔들린다. 지금까지 살

MONEY INSIGHT 금리와 시세의 상관관계

금리와 시세의 상관관계에 대해 예를 들어 설명해보겠다. 소유주에게 명목가치 100유로 기준 10퍼센트 금리를 무기한 제공하는 영구채(perpetual bond, 만기가 정해져 있지 않은 자본 증권)가 있다고 하자. 이때 이자는 10유로다. 그런데 다른 금융상품의 금리가 20퍼센트로 오르면 아무도 금리가 10퍼센트밖에 되지 않는 국채를 사려고 하지 않을 것이다. 그래서 20퍼센트로 금리를 인상해준다. 그다음에는 무슨 일이 일어나겠는가? 아주 간단하다. 50유로 채권을 사고 이 50유로에 대해 10유로 이자를 받았다고 하자. 그렇다면 50유로 자본에 대해 금리는 20퍼센트인 것이나 다름없다. 채권 시세가 100유로에서 50유로로 떨어지는 동시에 실제 이자는 10퍼센트에서 20퍼센트로 증가한다. 채권 운용 기간과 이자 지급액을 반영해야 하기 때문에 실제로는 계산이 훨씬 더 복잡하지만, 원칙적으로는 이러한 상관관계가 성립된다.

인플레이션

펴보았듯이 은행은 단기 예금 고객으로 3퍼센트 금리를 지급하고 돈을 빌린 다음, 이 돈을 다른 고객에게 6퍼센트 이자를 받고 장기로 빌려주었다. 금리가 빠르게 상승할 경우 은행은 단기 예금에 대한 이자를 6퍼센트로 인상시켜야 하지만, 6퍼센트 장기 대출 금리에는 장기 계약을 한 것이므로 변동이 없다.

따라서 이 상황은 은행의 사업 수익에 부정적인 영향을 끼칠 수밖에 없다. 금리가 인상되면 단기 예금 고객에게는 6퍼센트 금리를 적용하고, 6퍼센트 고정금리의 장기 대출 고객에게는 계약대로 6퍼센트 금리만 받아야 하기 때문이다. 이 시나리오를 정리하면 6 대 6 대 0이다. 결국 은행이 챙길 수 있는 수익은 제로인 셈이다. 놀고먹으면서 벌 수 있는 돈도 없고, 은행 수익은 물론이고 은행 이사진의 보너스도 제로다.

제로 금리 정책 분석 결과를 보고 나니 눈이 번쩍 뜨이지 않는가? 일반 국민의 예금 및 연금 시스템은 제로 금리인 상태로 운용되고 있다. 유럽중앙은행은 시장에 투입하는 자금에 대해서는 미온적인 자세를 취하고 채권을 판매하는 금융정책은 앞뒤 가리지 않고 정신없이 추진해왔다. 잘못된 경기 부양책으로 인해 오랫동안 명맥을 유지해온 예금 및 연금 제도가 흔들리고 있다. 게다가 제로 금리 정책까지 리스크를 심화시키고 있다. 그 결과 가계와 투자자들은 수익이 불안정하고 리스크가 높은 상품에 투자할 수밖에 없는 상황이다.

이것이 현재 우리가 처한 상황이다. 그렇다면 우리는 이러한 시대를 어떻게 살아가야 하는가?

08

리스크는 어떻게 산출하는가?

안정성은 리스크를 피한다는 의미다. 그렇다면 리스크는 어떻게 산출할까? 리스크를 평가하는 척도는 표준편차standard deviation(자료의 값이 평균으로부터 얼마나 떨어져 있는지, 즉 흩어져 있는지를 나타내는 값)로, 변동성volatility(일정기간 주식, 채권, 또는 상품의 가격이 변동하는 정도)이라고도 불린다.

쉽게 말해 장기 투자에서 얻은 평균 수익의 연간 변동폭을 말한다. 해당 투자 상품의 표준편차가 클수록 리스크가 크다. 표준편차 외에 두 가지 척도가 더 있다. 맥시멈 드로다운Maximum Drawdown(특정 기간에 개별 펀드가 최고 순자산가치NAV 대비 최대 몇 퍼센트까지 손실이 발생했는지 측정하는 지표)과 회복 기간Recovery Period이다. 맥시멈 드로다운은 투자 기간의 관점에서 최대 손실이 어느 정도인지 나타내는 수치인 반면, 회복 기간은 과거에 투자 손실을 회복하는 데 기간이 얼마나 걸렸는지 알려주는 수치다. 여기서 당신은 신중해야 할 필요가 있다. 과거의 데이터를 귀납적으로 추론한 결과를 미래의 투자에 적용한다고 해서 안정성이 보장되는 것은 아니라는 점 때문이다.

리스크는 수년 동안 발생한 인플레이션으로 인해 구매력이 감소한다는 의미로도 해석할 수 있다. 이는 온건한 인플레이션의 영향력을 결코 만만하게 봐서는 안 되는 이유이기도 하다.

인플레이션은 구조적 위험으로 인해 발생한다.
한마디로 인플레이션은
모두에게, 누구에게나 해당하는 일이다.

.
.
.
.
.

"빗겨간다는 건 불가능하다.
이 상황을 어떻게 헤쳐나가야 할까?"

9장

금융 위기 시대의 투자

핵심 명제

1. 인플레이션과 자산 인플레이션은 구조적 위험으로 인해 발생하므로 피할 길이 없다. 투자에 모든 적을 무너뜨릴 수 있는 완벽한 만능 무기는 없다.
2. 투자에서 가장 중요한 판단 기준은 안정성, 수익, 유동성이다. 이 세 기준은 서로 목적의 갈등 관계에 있다.
3. 주식, 채권, 부동산은 모든 투자 전략의 핵심이다. 개인적 요인에 따라 이 세 가지를 조합하는 방식이 달라진다.
4. 포트폴리오에는 해외 증권과 같은 부차적 투자 항목을 추가할 수 있다. 다만 포트폴리오 전체 구성에서 작은 비중만 할당하도록 한다.

01
금 융 위 기 시 대 의
수 익 률 높 이 기

INFLATION

500만 권의 책

구글 검색창에 '인플레이션'을 치면 검색 결과가 1억 건이 넘는다. 간단한 조언을 찾는 사람에게는 너무 큰 숫자다. 범위를 좀 좁혀서 검색창에 '인플레이션'과 '보호'라는 단어를 동시에 치면 검색 결과가 약 42만 1000건으로 줄어든다. 물론 우리가 원하는 답을 찾기에는 너무 방대한 양이다. '인플레이션'을 학문적 접근으로 검색해보려면 구글의 '엔그램 뷰어Ngram Viewer'라는 특수 기능 툴을 사용하면 편리하다. 이 툴을 사용하면 구글로 접근이 가능한 전 세계 500만 권의 장서에 수록된 단어 검색 결과를 볼 수 있다.

1800년대까지만 해도 영문 도서에는 인플레이션과 디플레이션이라는 단어가 거의 등장하지 않았다. 1870년부터 인플레이션이라는 단어가 전문서에서 본격적으로 사용됐기 때문이다. 1930년대부터 1970년대까지 인플레이션이라는 단어의 사용 횟수는 점점 증가하다가 1980년대 초반 정점을 찍었다. 이후 영문으로 된 문헌에서 인플레이션이 사용되는 횟수는 감소했다. 반면 디플레이션이라는 단어는 1920년대 이후 점점 더 많이 등장하다가, 1930년대 말을 정점으로 사용 횟수가 급격히 감소했다.

독일 문헌의 검색 결과는 약간 다르다. 1900년대부터 인플레이션이라는 단어가 점점 자주 등장하다가 1930년대까지 사용 횟수가 폭발적으로 증가했다. 1930년대부터는 다시 사용 횟수가 줄어들었다가, 1940년대 이후에 사용 횟수가 지속적인 상승세를 보이더니 1970년대 말에 정점을 찍었다. 반면 독일 문헌에서 디플레이션이라는 단어의 사용 횟수는 집계하기 어렵다. 1920년대부터 1940년대까지 사용 횟수의 변동이 심해서 일정한 패턴을 찾을 수가 없다. 이후 디플레이션이란 단어는 꾸준히 사용되어왔다. 그러다가 2000년대에 접어들어 디플레이션이 등장하는 횟수는 살짝 증가했다.

검색 결과를 정리하면 최근 수십 년 동안 인플레이션은 경제 분야의 핵심 주제가 아니었다는 사실을 확인할 수 있다. 오히려 디플레이션이 더 중요한 열쇠를 쥐고 있었다고 보아야 할 것이다.

이제 상황이 바뀌었다. 여전히 인플레이션에 관한 조언을 찾으려 검색하면 검색 결과가 상당히 많이 나오지만 「금융시스템의 피해를 극복하는 법」 「인플레이션, 중앙은행, 금융 억압으로부터 보호받는 법」「인플레이션 혹은 디플레이션」처럼 자극적인 제목의 문서들이 많다. 그렇다. 이제 우리는 모든 시나리오를 동원하여 스스로를 보호할 줄 알아야 한다.

먼저, 인플레이션의 피해를 당하지 않으려면 유가물에 눈을 돌려야 한다. 주택, 주식, 귀중품 등 우리 손에 쥘 수 있는 모든 것에는 이용가치와 사용가치가 있다. 이런 것들에 투자하여 수익을 올리면 인플레이션 전쟁의 승자가 되는 것일까? 정말 그럴까?

물론 그렇다. 하지만 여기에는 한 가지 문제가 있다. 유가물도 인플레이션에서 벗어날 수 없기 때문이다. 물가가 상승하여 화폐 가치가 떨어지면 모두 유가물을 사려 할 것이므로 유가물의 가격도 상승할 수밖에 없다. 이것이 바로 앞서 살펴보았던 자산 인플레이션이다. 자산 인플레이션이 발생하면 더 헤어나오기 힘들다. 인플레이션과 자산 인플레이션이라는 두 가지 리스크를 극복해야 하기 때문이다. 인플레이션을 피하려고 유가물에 투자한 결과 유가물 시세가 폭등하여 자산 인플레이션만 부추긴 셈이다. 혹 떼려다 혹 붙인 격이라고 할까. 우리는 이런 상황을 어떻게 극복해나가야 할까?

인플레이션을 둘러싼
네 가지 시나리오

이제 다양한 시나리오를 생각해보자. 그런데 다음의 네 가지 시나리오 중 세 경우는 구조적 위험으로 인해 발생한 문제이므로 애초부터 피할 수 없다.

첫 번째 시나리오다. 사람들은 인플레이션을 피하려고 도피를 한다. 이를테면 자산 가격이 상승하기 전 혹은 상승하고 있는 동안 유가물을 매수하는 방법이다. 자산 가격 거품이 꺼지고 난 다음에 유가물을 매도하면 투자한 자금의 대부분을 잃고 만다. 한마디로 도피 전략은 실패한 것이다. 인플레이션이 발생하기 전에 유가물을 매도하면 도피 전략은 성공한 것인데, 대개 자산 인플레이션은 우연히 발생하기 때문에 매도 시점을 판단하기 어렵다.

두 번째 시나리오로 넘어가보자. 사람들은 자산 가격이 상승하기 전에 유가물을 매수하고, 인플레이션으로 인해 자산 가격이 붕괴되기 전에 유가물을 매도하는 전략을 쓴다. 즉, 자산 거품이 꺼졌을 때가 아니라 정점에 올랐을 때를 매도 시점으로 정한다. 첫 번째 시나리오보다 더 나은 전략 아닌가?

꼭 그런 것만은 아니다. 당신이 이 시나리오를 따르면 자산 인플레이션은 피할 수 있지만, 여전히 인플레이션에서는 벗어날 수 없다. 자산 인플레이션이 발생한 상태에서는 새로운 유가물에 다시 투자를 할 수 없다. 이미 모든 유가물이 자산 인플레이션에 빠져 있는 상태이기 때문이다. 금융 자산 가격이 오를 대로 올라 다른 투자 대상을 찾을 수밖에 없다. 이제 남은 건 소비재뿐이다.

소비재에 눈을 돌려도 당신은 '우연히' 인플레이션을 만나게 된다. 자산을 처분한 수익을 소비재에 지출할 경우 지출 시점은 소비재 가격이 상승할 때다. 이것이 세 번째 시나리오다. 소비재 투자 수익은 유가물 투자 수익에 비해 인플레이션율이 높을수록 인플레이션으로 인한 투자 수익 손실이 크다.

마지막 네 번째 시나리오가 있다. 건전한 사고를 바탕으로 한 금융 자산 투자가 막을 내리기 전, 즉 투기 거품이 생기기 전까지 금융 자산에 투자를 한다. 그리고 거품이 터지기 전에 금융 자산을 처분한다. 인플레이션으로 인해 소비재 가격이 과도하게 상승하여 거품이 생기기 전까지 금융 자산 처분 수익을 소비재에 투자한다. 이 시나리오대로 하면 자산 인플레이션과 물가 인플레이션을 모두 피할 수 있다. 시세 수익도 챙기고 그 돈으로 물가가 오르기 전에 소비재를 사들일 수 있는 방법이다.

MONEY INSIGHT 매수 시점과 매도 시점

우리는 이 시나리오에서 단순히 사람들이 매수 시점이나 매도 시점이 언제인지 모른다고 가정했다. 이 말이 사실이라면 왜 모든 사람들이 매수 시점과 매도 시점을 따지지 않는 것일까? 답은 간단하다. 그렇게 할 수 있는 사람은 거의 없기 때문이다. 대부분의 전문가들이 주식 시세의 급등 혹은 급락 시점을 정확하게 예측하지 못한다. 당신 스스로 주식 시세를 예측하는 편이 나을지도 모른다. 주식시장에서 오랫동안 통용되어 온 금언이 있다. "도로 위 전차와 달리 주식시장은 하차 신호가 울리지 않는다."

02

인플레이션의 구조적 위험

INFLATION

물가 인플레이션과
자산 인플레이션

사람들은 유가물에 투자하면 인플레이션을 피할 수 있다고 생각한다. 이처럼 낙관적인 태도를 보이는 데는 이유가 있다. 첫째, 유가물에 투자하면 일단 확실한 수익을 챙기고 끝내면 그만이니까 자산 인플레이션도 피할 수 있다고 생각한다(다시 한번 강조한다. 주식시장에는 하차 신호가 울리지 않는다).

둘째, 유가물에 투자해서 얻을 수 있는 수익이 인플레이션보다 높기 때문에, 투자에서 얻은 수익이 상품 시장에서 원래의 구매력 이상으로 보상해주기 때문이다. 과거에는 독일과 미국 주식시장에서는 장기적으로는 이러한 투자 방식이 잘 통했다. 그러나 일본만 하더라도 이 방식이 이제 통하지 않는다.

이러한 투자 방식을 '골디락스 시나리오Goldilocks(경제가 높은 성장률을 기록하면서도 물가 상승은 거의 없는 이상적인 상태, 금융시장이 너무 뜨겁지도 차갑지도 않은 상태를 일컫는다)'라고 하는데, 실제로 보장받을 수 있는 것은 없다. 유가물 투자에서 얻을 수 있는 수익이 적고 인플레이션 상승률이 높을수록, 당신이 얻은 수익을 소비재에 투자했을 때 구조적 위험의 원인인 물가 인플레이션과 자산 인플레이션이 덮쳐올 가능성이 높다. 구조적인 위험은 마구잡이로 유가물을 사들인다고 해결될 수 있는 단순한 문제가 아니다. 이 문제를 해결하려면 똑똑하고 신중한 전략을 세워야 한다. 전략을 어떻게 짜면 될까? 그 방법은 다음 장에서 자세히 소개하도록 하겠다.

노후 대책과 같은 장기적인 문제는 더 복잡하다. 인플레이션으로 물가가 상승하여 자산 거품이 터지기 전에 유가물을 현금화한다고 하자. 그다음에 유가물 처분 수익을 어떻게 처리해야 할까? 유가물에 대해 인플레이션이 발생하면 현재 보유하고 있는 유가물을 처분하여 다른 유가물에 투자해봤자 별 의미가 없다. 인플레이션을 피하는 것이 아니라 리스크의 대상이 바뀔 뿐이다.

물가 인플레이션과 자산 인플레이션은 구조적 위험으로 인해 발생하는 것이므로 누구도 피해갈 수 없다. 따라서 유가물에 투자하여 인플레이션을 피하고 보겠다는 아이디어는 단순하다 못해 순진하다. 똑똑하거나 운이 좋은 사람들만이 이 위험을 살짝 피해갈 수 있을지 모른다. 하지만 대부분의 사람들은 구조적 위험을 피해갈 수 없다. 그 구조 내에 속해 있는 모든 사람들에게 영향을 끼친다고 하여 인플레이션을 구조적 위험이라고 하는 것이다.

금융 위기 또한 구조적 위험이다. 그 구조 속에서 살아가는 구성원은 금융 위기를 피하기 어렵기 때문이다. 금융 위기 혹은 경제 위기가 광기처럼 덮칠 때마다 국가는 파산을 하고, 은행은 붕괴하고, 통화 가치가 급락하거나 전쟁이 터진다.

그렇다고 절망할 필요는 없다. 구조적인 문제에 대해 같은 질문을 반복하며 고민할 필요는 없다. 금융 위기는 지극히 정상적인 현상이며 자본주의의 일부다. 뜨거운 여름날 갑자기 천둥 번개가 치듯이 말이다. 한바탕 천둥 번개가 치고 나면 공기는 맑아지고 뜨거운 열기는 가라앉는다. 변덕스런 날씨처럼 금융 위기도 경제에 도움이 된다. 경제학자들은 이를 '창조적 파괴(오스트리아의 경제학자 조지프 슘페터 Joseph Schumpeter가 경제 발전을 설명하기 위해 제시한 개념으로, 기술 혁신을 통하여 낡은 것을 버리고 새로운 것을 창조하여 변혁을 일으키는 과정을 말한다)'라 한다. 경제 위기와 금융 위기는 가치, 사업 모델, 꿈을 파괴하지만 새로운 시작을 할 수 있는 기회와 공간을 마련해준다.

그렇다면 피해가는 것이 거의 불가능한 구조적 위험인 금융 위기를 어떻게 대비하고 다루어야 할까? 위기를 다루는 법을 배우려면 마법의 삼각형을 알아야 한다.

마법의 삼각형

당신이 중요도, 장점, 유용성에 따라 다양한 투자 형태를 정리해보고 싶다면 투자에서 가장 중요한 세 가지 기준을 알고 있어야 한다. 바로 수익성, 안정성, 유동성으로 이뤄진 '마법의 삼각형'이다.[8] 이 세 가지 구성 요소를 각각 살펴보도록 하자.

첫 번째 구성 요소인 안정성은 열심히 일하고 저축하여 모은 재산을 유지하거나(대개 인플레이션이 발생하기 전의 관점에서) 일정한 한계치 아래로 내려가지 않도록 하는 것을 목표로 한다. 큰 위험은 피해야 한다는 것이다. 안정성은 투자의 가장 중요한 원칙 중 하나로 여겨진다. 물론 안정성을 원한다면 높은 수익을 포기해야 한다. 안정성을 추구하는 투자일수록 투자 수익도 낮기 때문이다. 더 많은 수익을 원한다면 리스크를 감수해야 한다.

안정성의 걸림돌은 투자의 두 번째 기준인 수익성과 갈등관계에 있다는 점이다. 투자 수익은 투입된 자본에 대한 이익금을 말한다. 예를 들어 주식을 100유로에 매수하여 150유로에 매도하면 50유로의 수익이 남는다. 이것을 '자본을 100유로 투입하여 50퍼센트 수익을 올렸다'고 표현한다.

그렇다면 수익은 어떻게 얻는가? 수익의 유형은 이자, 배당금, 임대료, 국가 보조금, 시세 차익 혹은 매도 차익 등으로 다양하다. 수익률을 잡아먹는 제1요인은 아마 세금일 것이다. (유감스럽게도) 당신이 수익을 계산하기도 전에 세금이 공제되어 있기 때문이다.

투자의 세 번째 기준은 유동성이다. 여기서 유동성이란 투자 자본의 가용성, 쉽게 말해 투자 상품을 얼마나 빨리 현금화할 수 있는지를 의미한다. 독일 증시 DAX 상장 기업의 주식은 1시간 내에 매도가 가능하기 때문에 유동성이 높다. 반면 (우리의 희망 사항인) 거실 벽에 걸려 있는 렘브란트 그림은 임자가 나타날 때까지 수개월이 걸릴 수도 있다. 심지어 당신이 20센트의 헐값에 거래할 용의가 있다고 해도 말이다. 따라서 렘브란트 그림을 소장하는 것은 유동성이 낮은 투자다.

여기서 또 다른 목적 간 갈등이 일어난다. 유동성이 높은 투자일수록 리스크가 적다. 투자물을 시세에 맞춰 빨리 처분할 수 있기 때문이다. 그러나 리스크가 낮은 만큼 수익률도 낮다. 따라서 유동성이 낮은 투자인 경우, 투자자들은 대개 매도 가능성이 낮은 것에 대한 보상금을 프리미엄으로 받는다. 투자 시 유의해야 할 안정성, 수익성, 유동성 이 세 가지 기준을 꼼꼼히 따져봤다면 실질적으로 투자에 뛰어들어도 좋다. 이제 간단한 투자 팁을 살펴보도록 하자.

03

시 멘 트 로 된 금,
부 동 산

INFLATION

투자로서의 부동산

사람들이 인플레이션을 피할 수 있는 방법으로 가장 먼저 떠올리는
것이 부동산 투자다. 그래서 부동산은 '시멘트로 된 금'이라 불린다.
투자자의 3분의 1 이상이 가장 좋아하는 투자 대상이 부동산이며,
그다음으로 정기 예금과 예금 통장이 뒤따른다.[9]

앞에서 이미 설명했듯이 유가물로서 부동산은 인플레이션의 영향
을 받지 않는다. 그러나 시기를 잘못 타서 자산 거품이 꺼지면 금쪽
같은 돈을 투자해봤자 수익을 올릴 수 없다. 이때의 부동산은 투자
대상으로 적합하지 않다. 차라리 돌멩이에 투자하는 편이 나을 정도
다. 그렇다면 부동산 투자 시 유의해야 할 사항은 무엇인가?

부동산 업계에는 오랫동안 농담 반 진담 반으로 통용되는 원칙이 있다. 부동산 투자에 성공하기 위한 세 가지 기준은 첫째도 입지 조건, 둘째도 입지 조건, 셋째도 입지 조건이라는 것이다. 핵심만 콕 집어 말하면 베를린과 뮌헨처럼 입지 조건이 좋은 대도시에는 투자할 가치가 있지만, 바이에른 숲속은 투자해봤자 돈만 날리기 십상이라는 소리다.

그런데 부동산 투자에는 근본적인 문제가 있다. 모든 부동산은 유일물이므로 평가하기 어렵다는 사실이다. 일단 부동산 투자자를 세 부류로 나누어 이 문제를 살펴보자. 부동산 투자자는 크게 거물급 투자자, 자가 주택 건축주이자 소유주나 자택 구매자와 같은 개인 투자자, 소액 자금을 굴려서 마련한 자금으로 부동산을 매입하는 투자자로 나뉜다.

거물급 투자자들은 대개 자체적으로 투자팀을 운영하고 있다. 그래서 일반 투자자들은 엄두도 못 내는 거액의 자본을 굴릴 수 있다. 개인의 능력으로 어떻게 대형 사무실 단지를 매입하겠는가? 개인이 이런 곳에 투자를 했다가는 부동산 시장이 동요하면 쫄딱 망할 가능성이 높다.

일반적으로 본인이 사용할 목적으로 부동산에 투자하는 것은 수익률 측면에서는 훌륭한 투자가 아니다. 물론 대출 기간 동안 집주인에게 허용되는 대출금액이 많아서 재산 형성에는 도움이 된다. 또 은행에서는 부동산 가치가 일정하게 유지된다고 가정하기 때문에 주택 자금을 쉽게 대출해준다. 대출을 받으면 총 수익이 개선될 수 있다. 이것이 소위 레버리지다. 80퍼센트 혹은 심지어 100퍼센트 대출을 받아 주택을 마련하는 사람들은 이런 상황에 유의하자. 경기가 악화되면 주거래 은행이 대출 연장을 거부하거나, 최악의 경우 강제 매각 처분을 하여 주택 매입자는 완전히 빈털터리가 될 수 있다. 이런 경우에는 대출이 오히려 족쇄가 될 수 있다.

만약 당신이 자본 투자 목적의 주택 매입자라면 앞으로 발생할 수 있는 리스크를 꼼꼼히 따져봐야 한다. 세입자 보호 강화, 임대료 상한가 규정, 임대료 인상 금지 규정과 같은 법률 규정 혹은 재건축 규정 등은 임대료를 떨어뜨릴 수 있는 요인이다. 게다가 진상 세입자라도 들어오면 임대 수익은 고사하고 세입자가 나가기도 전에 파산하기 십상이다.

이것은 자본 투자 목적으로 부동산을 취득한 후 발생 가능한 수많은 위험 가운데 하나다. 물론 매도자는 당신에게 임대 수입만으로 충분히 먹고살 수 있다고 말하겠지만, 이는 임대 수입이 발생하는

MONEY INSIGHT 레버리지

부동산 가격이 10만 유로이고 5퍼센트 수익이 발생했다고 하자. 당신이 부동산을 전액 자기 자본으로 마련했다면 수익률은 5퍼센트, 즉 5000유로다. 그러나 10만 유로 중 5만 유로가 2퍼센트 금리로 대출받은 금액이라고 하자. 이 경우에는 1000유로가 이자 지출로 나간다. 당신의 자기 자본은 여전히 5만 유로다. 그러나 총수익은 투입 자본 5000유로에서 이자 1000유로를 차감한 4000유로다. 이때 수익률은 5퍼센트가 아닌 8퍼센트다. 이것을 레버리지, 혹은 지렛대 효과라고 한다. 레버리지로 얻을 수 있는 차익이 감소할 수 있다는 점에 유의하자.

경우에만 해당하는 일이다. 임대료가 인하되거나, 세입자가 임대료를 지불하지 않거나, 다음 세입자를 구하지 못하는 경우, 이 모든 비용을 임대인이 부담해야 한다. 이런 변수가 생겼을 때 얼마나 버틸 수 있을 것인지도 생각해놓아야 한다.

그러므로 임대 수익을 보장해준다는 말에 절대 현혹되지 마라. 세입자가 끊길 위험이 없고, 임대 수입이 일정하다는 등 온갖 감언이설로 당신을 유혹하는 사람들을 조심하라. 임대 수익 보장이라는 내용이 주택 매매 가격에 이미 포함되어 있거나, 보장이라는 말 자체가 의미 없는 경우도 많다.

그리고 주택 마련 자금이 충분하지 않은 상태에서 주택 혹은 자산으로서 주택을 매입하려는 사람들이 있다. 이러한 저소득 계층을 대상으로 하는 상품이 개방형 부동산 펀드다. 여러 예금들의 자본을 모아서 부동산에 공동으로 투자를 하는 방식이다. 이럴 경우 단독으로 부동산을 처분할 권한이 없다는 점에 유의하자. 풀어 설명하면 개인 투자자들이 소액을 투자하면 운용 회사에서 이 자금으로 세계 각국의 부동산을 사고, 개인 투자자들이 이 부동산에 대한 일정한 지분을 소유하는 것이다. 이 경우에도 비용을 고려해야 한다.

이번에는 부동산과 유가증권과의 상관관계를 살펴보도록 하자.

부동산과 유가증권의
상관관계

개방형 부동산 펀드에 대한 평가는 애매하다. 여기에 속하는 상품 중 괜찮은 상품은 금융 위기 전에는 연 수익률이 4퍼센트에 가까웠다. 그러나 최근 연 수익률을 살펴보면 2퍼센트 정도밖에 되지 않는다. 운이 없어서 금융 위기 후 유동성 문제에 빠진 펀드를 구매한 사람은 투자액 절반 이상을 날리기도 했다. 안타깝게도 개방형 부동산 펀드에는 마법의 공식을 적용할 수 없다.

업계에 아직도 수익도 내지 못하고 떠도는 펀드가 있다면 아마 폐쇄형 부동산 펀드일 것이다. 일단 이러한 상품들은 절세 효과가 있다는 착각을 불러일으킨다. 하지만 말 그대로 착각일 뿐 실제로 절세 효과는 없다. 폐쇄형 부동산 펀드는 기업의 자본 참여로 운용되고 요즘보다는 예전에 수익률이 더 좋았다. 사람들은 자신의 다른

MONEY INSIGHT 톤세제

많지는 않지만 폐쇄형 펀드 중 실제로 절세 효과가 있는 상품이 있다. 바로 폐쇄형 선박 펀드(유동성 악화에 있는 해운업체의 선박을 매입하여 운용하는 펀드)다. 절세 효과를 볼 수 있는 이유는 톤세제(tonnage tax system, 해운업체가 납부하는 법인세를 해운소득과 비해운 소득으로 구분, 운항한 선박의 톤수를 기준으로 산출한 추정이익에 대해 법인세를 부과하는 제도) 덕분이다. 톤세제는 실제로 발생한 수익이 아니라 선박의 크기에 대해 세금을 부과하는 제도다. 선박 펀드는 절세 효과를 볼 수 있지만 투자 시 신중하게 결정하길 바란다. 지난 몇 년 동안 파산한 선박 펀드가 많다.

수입과 기업의 자본 참여로 인해 발생하는 손실액을 평가할 수 있었고, 이를 통해 세금 부담을 줄일 수 있었다.

당신은 이것이 설득력이 있는 주장이라고 생각할지 모르겠지만 이는 너무 단순한 논리다. 펀드에 투자를 해서 절세 효과를 보려면 일단 수익을 내야 한다. 물론 이 수익에 대한 이자는 나중에 계산된다. 한마디로 투자 수익이 없으면 절세 효과도 없는 셈이다. 세금 공제로 인한 손실액이 문제가 아니라 수익이 없어서 생길 손실액이 더 큰 문제다.

폐쇄형 펀드로 수익을 올리면 더 많은 세금을 내든지, 손해를 보고 절세 혜택을 받든지 둘 중 하나다. 이로 보나 저로 보나 손해 아닌가! 당신이 절세 효과를 보는 방법은 과세율이 낮을 때 이익을 내는 것뿐이다. 폐쇄형 부동산 펀드의 실상이 이렇다. 게다가 세무 담당자를 잘 구슬릴 수 있는 마법의 공식도 없지 않은가!

간혹 초고액 자금을 폐쇄형 펀드 상품에 투자하는 사람이 있는데 투자 성과는 처참하다. 상품에 대한 전망이 소개 책자에 실리기도

MONEY INSIGHT 폐쇄형 펀드의 위험

폐쇄형 펀드에는 또 다른 위험 요소가 있다. 처음에는 절세 혜택이 보장된다. 물론 수익을 올렸을 때 말이다. 그러나 일이 잘못되어 수익이 전혀 생기지 않으면 세무서에서 연락이 온다. 세무서에서 가장 좋아하는 일, 공제액을 환수해가는 것이다. 부동산에 투자할 때는 나비 수집을 할 때처럼 언제든 날릴 수 있다는 점에 유의해야 한다. 일단 날리고 나면 세금 공제 혜택 같은 건 없다.

인플레이션

전에 수많은 특수 목적 법인$^{SPD, \text{Special Purpose Equity}}$이 지불 불능 상태에 빠졌다(특수한 목적을 수행하기 위해 일시적으로 만들어지는 일종의 페이퍼컴퍼니로서 대출채권, 리스채권, 외상매출채권 등의 자산을 집합^{Pooling}하여 이를 증권 형태로 매각하는 자산유동화에 있어서는 서류상 회사 형태의 유동화 전문 회사를 말한다.).

앞에서도 강조했듯이 투자를 하려면 안정성, 수익성, 유동성 이 세 가지 기준을 면밀히 따져보고 결정해야 한다. 부동산 투자 시 이 기준들을 어떻게 적용해야 할까? 첫째, 안정성의 측면을 살펴보자. 과거 자료와 평균으로 볼 때 부동산은 주식이나 다른 유가증권에 비해 안정성이 높다. 그러나 이것은 평균 수치일 뿐이다. 부동산이 언제나 유일물이라는 사실은 부동산에 잘못 투자하면 전 재산을 날릴 수 있다는 의미로 해석할 수 있다. 모든 것이 콘크리트 속에 안전하게 보존될 수 있는 건 아니다. 통계적 안정성을 추구한다면 수익을 포기해야 한다. 물론 주식에 비해 부동산은 수익률 예측이 쉽다.

세 번째 기준인 유동성과 관련하여 유의할 사항이 있다. 부동산은

MONEY INSIGHT　역모기지론

부동산의 유동성 문제를 해결할 수 있는 방법이 있다. 역모기지론(reverse mortage, 보유 주택을 은행에 맡기고 이를 담보로 생활비를 조달하는 제도)을 이용하면 된다. 쉽게 말해 자기 소유 주택을 은행에 담보로 맡기고 일정 금액 혹은 연금 형태로 현금을 대출받는 것이다. 만일 (요양원으로 들어가기 위해) 이사를 하거나 사망하는 경우 이 부동산은 은행 소유가 되거나 법정 상속자에게 유산으로 상속된다.

하룻밤에 사고팔 수 있는 대상이 아니다. 매도자가 제시하는 금액으로 거래를 원하는 매수자를 찾기 어려울 뿐만 아니라 더 비싼 가격에 거래될 수도 있다. 최악의 경우, 지금 당신이 살고 있는 지역의 실업률이 높아져서 집값이 떨어질 수도 있다. 이런 경우라면 빨리 집을 팔고 이사를 해야 두 다리 쭉 뻗고 잘 수 있다. 또한 나이가 들어 여윳돈이 필요한 경우에도 부동산의 유동성은 문제가 될 수 있다. 주식이라면 일부를 처분할 수 있지만 부동산은 불가능하다. 병원비를 내기 위해 지하층만 따로 떼어 처분할 수는 없기 때문이다.

04
투 자 대 상 으 로 서 의
주 식 과 금

INFLATION

기업의 수익을 누리는 수단

미국 오라클사 CEO 래리 앨리슨Larry Ellison, 아마존 닷컴 창업자 제 프 베조스Jeff Bezos, 투자의 귀재 워런 버핏Warren Buffett, 의류 복합기업 인디텍스 공동 설립자 아만시오 오르테가Amancio Ortega, 마이크로소프 트 창업자 빌 게이츠Bill Gates.

이들의 공통점은 무엇일까? 일단 이들의 통장 잔고는 수백억 대 에 달한다. 빌 게이츠 874억 달러, 아만시오 오르테가 668억, 워런 버핏 607억 달러, 제프 베조스 566억 달러, 래리 앨리슨 453억 달 러다. 세계의 5대 갑부, 백만장자라는 것이 이들의 공통점이다.

또 다른 공통점이 있다. 다섯 사람은 모두 회사를 창업하여 막대한 부를 얻었다. 빌 게이츠는 마이크로소프트를, 아만시오 오르테가는 의류업체인 인디텍스를, 워런 버핏은 버크셔 해서웨이 지주회사를, 제프 베조스는 전자상거래 기업 아마존 닷컴을, 래리 앨리슨은 소프트웨어 업체 오라클을 창업했다.[10]

기업가 정신이 부자를 만든다. 백번 천 번 옳은 말이다. 누구나 창업으로 돈을 벌 수 있는 건 아니지만 누구나 기업이 낸 수익의 혜택을 누릴 수는 있다. 주식이라는 수단을 통해서 말이다. 주식은 기업에 대한 참여를 거래화한 것이다. 모든 주주는 주식을 소유하고 있다는 면에서 회사의 공동 소유주인 셈이다.

이러한 관점으로 주식을 보면 낙관적인 태도를 가질 수 있다. 사람들이 제품을 살 때 지불한 돈으로 기업은 먹고산다. 주식의 수익에는 기업의 활동이 반영된다. 사람들이 기업의 제품을 사고 서비스를 요구하는 한 주식은 존재할 것이다. 경제가 성장하는 한 기업 또한 성장할 것이며 기업은 주주들과 함께 돈을 벌게 될 것이다.

MONEY INSIGHT 주식시장은 영화관이다

인도 출신 펀드매니저 모니쉬 파브라이(Monish Pabrai, 파브라이 인베스트먼트 펀드의 공동 운영자로 워런 버핏과 점심 경매에 6억 원으로 낙찰된 인물)는 주식시장을 이렇게 설명했다. "여러분이 10유로를 주고 영화 티켓을 샀다고 생각해봅시다. 영화관 좌석이 만석입니다. 그런데 갑자기 불이 났습니다. 최소한 연기는 나고 있는 상황이었습니다. 모든 사람들이 밖으로 뛰쳐나가려고 하겠지요. 그런데 이 영화관에는 엄격한 룰이 있습니다. 다른 사람이 내 자리를 대신 차지해야지만 떠날 수 있다는 것입니다. 그런 상황에서 영화 티켓 값은 뚝 떨어지겠죠. 이 영화관이 바로 주식시장입니다."

주식은 물가 인플레이션을 피할 수 있지만, 자산 인플레이션의 위험에 노출되어 있다. 과열된 주식시장에 투자할 마음을 먹었다면 손해를 봤다고 놀라면 안 된다. 손해를 봤다는 것은 장기적 관점에서는 앞으로 최고의 투자 수익을 낼 수 있다는 신호이기 때문이다. 주식 투자에 실패했다는 사람들이 저지르는 가장 큰 실수는 투자 기간을 단기로 잡았다는 것이다. 아주 좋은 가격으로 주식을 거래할 수 있다고 해서 사고 되팔기를 계속하면 안 된다. 잘못된 거래 방식 때문에 쓸데없는 비용이 지출되어 잠재적인 수익을 깎아먹는다.

주식투자의
세 가지 기준

투자의 세 가지 기준을 바탕으로 주식 투자를 해부해보자. 첫째, 리스크를 따져보자. 주식은 부동산이나 채권에 비해 시세 변동 리스크가 현저히 크다. 주식은 금융 위기에 매우 민감한데다 주식시장에는 정기적으로 위기가 발생하기 때문이다. 일반적으로 주식시장의 위기는 3~8년 주기로 발생한다. 이미 알고 있는 사실이지만 이러한 위기는 우리의 힘으로 막을 수 없다.

당신이 주식 투자의 리스크를 줄이고 싶다면 장기적으로 사고하는 습관을 길러야 한다. 투자 기간을 길게 10년으로 잡으면 리스크는 80퍼센트 감소하고, 20년으로 잡으면 연 수익의 변동폭이 약 90

● 표준 종목 주가란 바스프, 유니레버, 도이체방크 등 국내외 주식시장의 지표로 삼는 대기업의 주가를 말하고, 참고 종목 주가는 사람들 사이에 인지도가 떨어지는 중소기업의 주가를 말한다.

퍼센트 감소한다. 투자 기간이 길수록 리스크가 적은 셈이다.[11]

　주식 투자의 리스크는 투자 시 점검해야 할 두 번째 기준인 수익률과 밀접한 상관관계에 있다. 이와 관련하여 통계 수치를 살펴보면, 지난 수십 년간 주식은 평균 8퍼센트가 넘는 수익률을 기록했다. 하지만 향후 수십 년 동안은 경제 성장 둔화로 인해 이보다 2 내지 3퍼센트포인트 가량 더 낮은 수익률을 보일 것으로 예상된다. 그럼에도 이 정도의 수익률은 다른 투자 대상에 비해 아주 매력적인 수치다.

　투자의 세 번째 기준인 유동성은 당신이 투자하는 주식 종목에 따라 좌우된다. 유동성을 판단할 때는 표준 종목 주가와 참고 종목 주가를 구분해서 따져봐야 한다. 표준 종목 주가란 국내외 주식시장의 지표로 삼는 대기업의 주가를 말한다. 이를테면 세계 최대 종합 화학 회사 바스프BASF, 독일의 종합 금융회사 도이체방크Deutshce Bank, 유지 제품이 주력 생산품인 다국적 기업 유니레버Unilever, 세계적 디지털 산업기업 제너럴 일렉트릭General Electric 등이다. 이러한 기업들의 주가는 유동성이 매우 높다. 실제로 초 단위로 매매가 이뤄지며 공정한 시세로 거래된다.

반면 참고 종목 주가는 중소기업의 주가를 말한다. 사람들 사이에서 인지도가 좀 떨어지고, 니치 고객을 중심으로 활동하거나, 작은 국가나 소형 증시에 상장된 중소기업들이 대부분이다. 이러한 주식은 원할 때 항상 매도가 가능한 것은 아니다. 오히려 매수자를 찾아야 한다. 따라서 당신이 원하는 가격에 팔리지 않을 수 있다(거실에 걸린 렘브란트 그림에서 유동성에 대해 다뤘던 것이 기억나는가?).

표준 종목 주가와 참고 종목 주가는 핵심 자산군과 위성 자산군으로 투자 전략을 짜볼 수 있다. 일단 핵심Core 자산군에는 리스크가 낮은 표준 종목을 넣어 큰 그림을 그린다. 그리고 위성Satellite 자산군에는 참고 종목을 양념처럼 넣는다. 참고 종목은 유동성이 낮고 리스크가 큰 대신 추가 수익을 낼 수 있다는 장점이 있기 때문이다. 그래서 참고 종목을 '위성'이라 한다.

금

원소 기호는 Au로, 라틴어 아우룸aurum의 약자이자 원소번호 79번의 전이 금속, 주기율표에서는 11족 6주기에 속하는 구리족 원소, 바로 구리와 함께 흔하지 않은 유색 금속 중 하나인 금이다. 금은 예로부터 유가물의 대용품으로 여겨졌다.

금은 수천 년 전부터 지불수단이자 가치 보존 수단으로 사용되어 왔으며, 수차례의 화폐개혁과 금융 위기를 겪고도 끈질기게 살아남 았다. 대부분의 사람들은 금을 안전한 투자 대상이라고 여기며 금 투자에 대해 긍정적으로 생각한다. 그런데 실제로 금 혹은 금 인증 서에 대한 투자 비율은 7퍼센트밖에 안 된다.[12]

하지만 금 역시 인플레이션을 직접 막아주지는 못한다. 인플레이 션이 발생하여 사람들이 금 투기를 하기 시작하면 자산 인플레이션 이 발생하기 때문이다. 금에 투자하면 투자액을 금으로 환산하기까 지 시간이 좀 걸린다. 물론 수십 년 정도의 오랜 시간은 아니다. 이런 까닭에 금 투자에서는 이자와 배당금을 지불하지 않는 덕분에 이자 의 배당금 문제로 밥그릇 싸움을 할 일이 없다.

MONEY INSIGHT **금 소유 금지의 역사**

국가에 채무 위기가 발생하면 국가는 개인의 금 소유를 금지하곤 했다. 예를 들어 미국은 1933년부터 1974년까지 개인의 금 소유를 금지했다. 모든 국민은 국가에서 정한 금액, 1온스당 20.67달러의 가격으로 국가에 금을 팔아야 했다. 이를 거부하는 사람은 금고형 혹은 최고 1만 달러의 벌금형을 받았다. 국가는 은닉된 금을 찾기 위해 가택 수색은 물론 이고, 은행 금고에 맡겨진 금에도 손을 댔다. 이렇게 발견된 금에 대해서 국가는 한 푼의 보상금도 지급하지 않고 몰수했다. 독일에서는 초인플레이션이 발생했던 1920년대 초반 귀금속 강제 수집 및 환수 조치가 시행됐다. 이러한 금 소유 금지 조치는 1955년 5월 5일 에 풀렸다. 20세기에는 특히 소련, 프랑스, 중국, 폴란드, 인도, 영국 등의 국가에서 금 소유가 금지되었다.

게다가 시세 변동의 측면에서 볼 때 금은 리스크가 높은 투자 대상이다. 따라서 금에 투자하려면 장기간 느긋하게 기다릴 줄 알아야 한다. 금 시세는 주식 시세처럼 10년, 20년, 30년, 40년 등 변동폭이 크다. 기간에 따라 변동률이 15퍼센트에서 18퍼센트 사이를 왔다 갔다 하기도 한다. 반면에 금과 달리 주식은 연 초과 수익이 1~3 퍼센트 사이다.

금 시세는 공업 수요, 보석 산업 수요, 달러 시세, 금융 위기, 중앙은행의 금 보유고를 이용한 투기 등 여러 가지 요인들의 영향을 받는다. 이 중에서도 특히 중앙은행의 금 보유고는 시장을 동요시키는 요인이어서 항상 중앙은행에서 금을 매입하거나 매각한다는 소문이 떠돌고 있고 이런 소문에 사람들은 신경을 곤두세운다.

화폐개혁, 화폐 가치 평가절하, 화폐 질서 몰락 등의 문제는 언제든 발생할 수 있다. 사실 이런 사태가 터졌을 때 베개 밑에 감춰둔 금이 있다면 이때의 금은 말 그대로 최후의 보루다. 실제로 사람들

MONEY INSIGHT **금 투자법**

금을 꽁꽁 숨겨두는 방법의 대안으로 적합한 투자가 있다. 첫째, 금광 산업 주식을 사는 것이다. 금광 산업 주식 시세는 금 시세에 좌우된다. 이때는 순수하게 금에 투자하는 것과는 달리 매년 배당금 형식으로 수익을 받는다. 둘째, 금에 투자하는 펀드를 사는 것이다. 금에 투자하는 펀드는 순수하게 금에 투자하는 것보다 수익률이 더 높을 수 있다. 그러나 화폐 혹은 금융 시스템에 심각한 위기가 발생하면 베개 밑에 금을 숨겨놓는 것만 못하다. 이런 금들은 금 보관소에 있기 때문에 국가에서 언제든 손을 댈 수 있다. 모든 일에는 장단점이 있는 법이다.

은 베개 밑에 숨겨두기도 하고 강도에게 도난당할 것을 대비해 은행에 맡기기도 한다. 그러나 이것도 안전한 방법은 아니다. 재산세나 전쟁 부담금 명목으로 언제든 국가에서 이 금에 손을 댈 수 있기 때문이다. 은행에 맡기지 않고 금덩어리로 보관하고 있으면 국가에서 손을 댈 수 없다. 대신 강도에게 도난당할 위험은 더 높아진다. 최후의 시나리오를 만들어놓고 금덩어리를 숨겨놓을 것인지 판단하는 것은 당신의 몫이다. 재난 상황에서 금은 더할 나위 없이 유용한 재산이지만 투자 수단으로서는 덜 매력적이다.

투자의 세 가지 기준을 잣대로 금 투자의 매력성을 따져보자. 먼저 금은 리스크가 높기 때문에 안정성 측면에서는 그다지 매력적이지 않다. 두 번째 기준인 수익성 측면에서는 거래 비용이나 보관 비용을 통해 올릴 수 있는 초과 수익을 기대할 수 있다는 것이 장점이다. 세 번째 기준인 유동성은 높은 편이어서 이익을 노려볼 만하다. 금 이외에 은과 같은 귀금속에 투자하고 싶은 경우에도 이와 같은 방법을 적용하여 투자의 수익성과 위험성을 판단해볼 수 있다.

05
이 자 상 품

INFLATION

채권

주식과 달리 이자 상품은 원금 회수 및 고정 수익, 즉 이자가 보장된다. 시장에서 거래 가능한 형태로 만들어놓은 대출의 한 종류인 채권과 금융시장 상품, 저당 증권, 이외 유사 투자 상품이 이자 상품으로 분류된다. 이러한 상품들에는 일정한 금액을 투자하면 원금에 고정 이자를 추가로 돌려받을 수 있기 때문이다. 앞 장에서 살펴봤듯이 이자도 인플레이션의 구성 요소를 포함하고 있다. 다만 이때 주의할 점은 채권은 수익성이 있고 이자를 받을 수 있으리라는 기대감이 있을 때만 인플레이션으로부터 보호받을 수 있는 투자 수단이라는 점이다.

이자 상품에서는 확실한 원금 및 이자 수익 보장을 강조하기 때문에 투자자들은 이자 상품이 매우 안전하다는 착각을 한다. 그러나 유감스럽게도 모든 이자 상품에는 손실 위험이 있다. 특히 투자 원금과 고정 이자를 보장한다는 채권의 경우, 파산채권이 되면 채권 소유자들은 이자는커녕 원금까지 몽땅 날릴 수 있다.

어떤 채권에 얼마만큼의 돈을 빌려주었느냐에 따라 손실 위험도 다르다. 예를 들어 과거 그리스에 이자 수익 보장을 약속받고 돈을 빌려준 사람이라면, 즉 그리스 국채를 산 사람이라면, 그리스 정부에서 공식적으로 자발적인 채무 삭감을 발표한 이후 더 이상 많은 것을 기대할 수 없게 되었다. 기업이 소위 회사채를 발행하여 돈을 빌리는 경우도 마찬가지다. 건실한 기업일수록 손실 위험은 낮지만 수익률 역시 낮다.

투자의 세 가지 기준으로 채권을 살펴보자. 첫 번째 기준인 리스크의 관점에서 평가하면 채권이 주식보다 안전한 투자 대상이라고 볼 수 없다. 1800년부터 2015년까지 200년 이상의 기간 동안 미국 시장의 채권 시세는 1년, 5년, 10년, 30년 정도의 기간을 두고 주기적으로 변동하는 양상을 보였다. 이에 따르면 미국 주식은 평균적으로 최소 10년 주기로 변동하는 양상을 보이고 인플레이션의 영향 가운데 있었는데, 미국 채권과 금융시장 상품에 비해 더 안정적이었다. 미국 국채는 5년 기간 동안(5년 운용 기간일 경우) 실제로 리스크가 매우 컸다. 1976년부터 1981년, 1914년부터 1919년까지 연 10퍼센트 손실을 기록했다.[13]

두 번째 기준인 수익률로 보면, 채권은 일반적으로는 주식보다 수익률이 낮다. 물론 사례별로 다르다. 금리가 대폭으로 급하락하면 채권 투자자들은 엄청난 시세 차익을 챙길 수 있다.

세 번째 기준인 유동성 측면에서 보면 채권은 주식과 비슷하다. 큰 국가나 유명 대기업과 같은 대형 채무자의 채권은 쉽고 빠르게 매도할 수 있는 반면 작은 국가나 기업은 매도가 더 힘들 수 있다. 외래종에 집중 투자하면 매도가 훨씬 더 힘들어진다.

더 큰 수익을 노린다면

주식, 부동산, 채권은 투자의 3대 성좌다. 이 3개 분야에서는 진지한 투자자가 아니라도 그냥저냥 투자를 할 수 있다. 그런데 모든 투자자들은 특별하고 이색적인 투자 대상을 찾는다. 소수만 알고 있고 한 방에 큰돈을 벌 수 있는 대상 말이다.

추가 수익을 올릴 수 있는 종목이라고 해서 기회를 놓치지 않으려고 부랴부랴 투자를 하려고 하면, 이미 정상적인 수익률로 떨어져 있다. 지금부터 소개하는 투자 종목들은 니치 영역을 다루기 때문에 한정된 자금만 운용될 수 있다. 갑자기 대량의 자금이 유입되면 이 시장은 제대로 돌아가지 않는다. 이런 사전 지식으로 무장하고 어떤 것들이 있는지 살펴보자.

헤지펀드

헤지펀드Hedge Fund(소수의 투자자로부터 자금을 모집하여 운영하는 일종의 사모펀드로, 시장 상황에 개의치 않고 절대수익을 추구한다)는 고수익을 노리지만 투자위험도 높아서 일반 개인 투자자들에게는 아직 낯선 영역이다. 국제외환시장이나 국제증권시장을 무대로 투자하여 단기이익을 노리는 만큼 다양한 전략으로 고객에게 돈을 벌게 해주는 특별한 자산 관리라고도 할 수 있다. 일반인들은 헤지펀드에 직접 투자할 수 없고, 펀드나 공인 증서를 통해서만 투자할 수 있다. 사람들은 시세가 빠르게 상승할 수 있다는 점에 혹해서 헤지펀드 상품을 구매한다. 소위 알파 상품은 헤지펀드의 영향을 덜 받는다. 알파 상품에 관심이 있는 사람은 투자 대상으로 살펴보는 것도 좋다. 다만 상품 자체가 비싸고 불투명한 부분이 있기 때문에 큰 금액을 투자하기에는 적합하지 않다.

MONEY INSIGHT **주식시장에서 이길 확률**

주식시장에 맞서 약간이라도 이길 수 있다고 믿는가? 통계적으로 볼 때 그럴 기회는 없다. 하지만 당신이 구조적으로 전체 시장보다 나은 상태에 있다고 생각한다면 투자 이론상으로는 별로 바람직하지 못하지만 제안을 해보겠다. 당신이 잃어도 괜찮을 만한 투자 금액이 어느 정도인지 계산하고 따로 떼어놓으라. 그리고 이 돈을 몽땅 날릴 각오로 과감하게 주식에 투자해보라. 당신은 이 돈을 다 날린다고 해도 알거지가 되진 않을 것이고 짜릿함도 즐길 수 있다. 학습 효과가 있을 수도 있다. 운이 좋아서 수익이 발생하면 비상금이 생긴 것이니 얼마나 좋은가!

인플레이션

사모펀드

사모펀드Private Equity Fund(고수익 기업 투자펀드라고도 한다. 투자신탁업법에서는 100인 이하의 투자자, 증권투자회사법에서는 49인 이하의 투자자를 대상으로 모집하는 펀드를 말한다. 사모 펀드의 운용은 비공개로 투자자들을 모집하여 자산가치가 저평가된 기업에 자본참여를 하여 기업 가치를 높인 다음 기업 주식을 되파는 전략을 취한다) 투자자들은 기업을 사들이고, 회생시키고, 알맹이만 골라내거나, 분할하여, 포장한 다음, 대개 주식시장에서 다시 매각한다. 사모펀드는 원래 기업의 자본 참여로 이뤄지며, 그만큼의 기회와 리스크가 있다. 헤지펀드와 마찬가지로 일반인은 사모펀드에 직접 투자할 수 없다. 일반인은 사모펀드를 운용하는 기업의 주식 혹은 계열사에 투자를 하는 방식으로 참여할 수 있다. 짜릿하긴 하지만 모든 욕구를 채워줄 수는 없는 투자 방식이다.

원자재

원자재도 흥미로운 투자 대상이 될 수 있다. 다른 투자 대상과는 영향을 받는 요인이 다르기 때문에, 주식시장이 붕괴해도 원자재 시장은 안정세를 유지할 수 있다. 투자 포트폴리오에 원자재가 있으면 훨씬 더 안정적이다.

금과 은을 제외하면 원자재는 직접 구매가 거의 불가능하다. 실제로 수천 톤의 곡물이나 원유를 집에 보관할 수 있는 사람이 어디에 있겠는가? 투자자들은 주식에서 거래되는 선물先物(장래의 일정한 시기에 현품을 넘겨준다는 조건으로 매매 계약을 하는 거래 종목)이나 인증서Exchange

Traded Commodities(상장 지수 상품) 등 우회적인 방법으로 원자재에 투자한다. 선물 거래는 정기적으로 연장해야 한다. 이를 롤오버^{roll over}(채권이나 계약 등에 대해 당사자 간의 합의에 의해 만기를 연장하는 것을 의미하거나 선물계약과 연계하여 차익거래 등의 포지션을 청산하지 않고 다음 만기일로 이월하는 것)한다고 표현한다. 이 때문에 비용 및 롤오버 손실이 발생한다.[14] 지난 10년 간 손실률은 연 평균 8퍼센트에 달했는데, 이것이 원자재 투자에 한계가 있는 이유다.

재난 채권

보험사들은 자연재해 시 발생할 금액을 미리 예측하고, 투자자들이 빌려준 돈을 운용한다. 자연재해가 발생하면 투자자들은 투자금 전액 혹은 일부를 잃을 수 있다. 이러한 리스크를 떠안고 투자자들은 투자를 하며 투자 금액의 최대 10퍼센트까지 보상받을 수 있다. 손실률은 평균 2~3퍼센트 정도다. 재난 발생 여부 혹은 날씨에 대해 내기를 거는 것과 같은 원리다.

자기계발

사람들이 가장 좋아하고 즐겨하는 투자 종목 중 하나가 자기계발을 위한 교육이다. 교육에 돈을 투자하면 계속 발전할 수 있다. 교육에 투자하여 얻는 수익은 굉장히 커서 인플레이션의 영향도 피할 수 있다. 게다가 자산 인플레이션으로 인한 리스크도 적다. 자신의 분야에서 능력을 발휘하면 좋은 직장을 얻고 높은 급여를 받을 가능성도 높아진다. 물가가 오르면 임금도 오르고, 그만큼 수익도 오른다. 수익을 차지하더라도 교육을 통해 삶의 지평을 넓힘으로써 더 흥미진진하고 박진감 넘치는 삶을 살 수 있다.

창업

앞서 살펴보았던 빌 게이츠, 워런 버핏과 같은 인물들을 보라. 너무 먼 이야기 같은가? 수백 억대의 자산가까지 가지 않더라도 작은 아이디어 하나로 성공한 많은 기업들을 생각해보라. 당신은 왜 창업을 한다는 생각을 하지 못하는가? 창업을 하면 리스크는 크지만 큰 수익을 낼 수 있다. 건실한 기업은 금융 위기 가운데서도 살아남았다.

남을 위한 소비

이는 지금까지 다뤄온 수익과는 다른 관점의 수익이다. 바로 감정적인 관점에서의 수익이다. 행복에 관한 연구에 의하면 남을 위해 지출하고 좋은 목적으로 돈을 소비하는 행위로 사람은 행복해질 수 있다고 한다. 친구를 위해, 지역 동물 보호 단체를 위해, 혹은 다른 좋은 목적으로 사용할 돈을 조금만 떼어놓자. 당신의 삶의 질이 더 윤택해질 것이다. 이는 학문적으로도 입증된 결과다. 남을 위해 소비하는 행위로 당신의 든든한 노후가 보장되지 않을지 몰라도 이처럼 아름다운 수익이 어디에 있겠는가. 선행을 베풀며 행복감에 젖어보고 싶지 않은가?[15]

지금까지 간략히 살펴본 지식만으로 투자 전략을 완벽히 정복할 수는 없다. 이제 마지막 주제로 넘어가보자. 투자란 단순히 투자 상품을 사는 것으로 끝나는 것이 아니다. 머리를 쓰고 전략을 세워야 한다. 투자 전략은 상품 구성을 어떻게 하느냐가 관건이다. 이제 투자 전략을 집중 공략해보자.

주식과 인플레이션의 상관관계

주식의 가치는 돈으로 환산되어 평가된다. 이런 측면에서 주식은 인플레이션의 위험 가운데 있다. 그러나 주식에는 구조적으로 인플레이션의 보호 장치가 삽입되어 있다. 유가물이 한 기업의 가치에서 많은 부분을 차지하고 있기 때문이다. 그러나 주식과 인플레이션 사이의 상관관계를 이해할 때 이보다 더 중요한 부분이 있다.

인플레이션이 발생하면 모든 상품의 물가가 상승하기 때문에 기업의 매출도 함께 증가한다. 수익률이 안정적인 상태에서는 기업 이윤도 함께 증가한다. 그래서 물가가 상승하면 기업의 명목가치가 상승한다. 단기적으로 주식은 인플레이션으로부터 보호를 받지 못하는 셈이다.

인플레이션으로 인해 금리가 상승하면 상승된 금리가 주가를 압박한다. 인플레이션이 빠른 속도로 진행되면 처음에는 기업의 이윤이 감소하고 주가가 하락한다. 임금, 원자재, 에너지 비용이 상승하면 먼저 산업 기업이 영향을 받기 때문이다. 그리고 그 영향은 고스란히 고객에게 전달된다. 그러나 에너지 및 원자재 기업은 일반적인 기업의 상황과는 다르다. 처음에는 인플레이션 효과로 이 분야의 기업 대부분의 이윤이 증가한다.

과거 주식시장의 동향에 비춰보면 인플레이션은 장기적으로 구매력 감소를 상쇄시키는 역할을 했다. 실제로 1980년대와 1990년대 브라질의 초인플레이션이나 1960년대 말과 1980년대 초 사이 영국의 인플레이션은 구매력 감소를 억제하는 효과가 있었던 것으로 확인됐다.

INFLATION

경제 위기가 언제 터질지 모르는 일촉즉발의 상황이다.
수십 년까지는 아니더라도 수 년 내에
위기가 발생할 것으로 보인다.

.

.

.

.

.

"이렇게 불안한 상황에서는
어떻게 투자 전략을 세워야 할까?"

10장

인플레이션의 시대 포트폴리오 구성 전략

핵심 명제

1 투자 성공의 관건은 개별적인 수치가 아니라 투자 구성, 즉 투자 전략이다.
2 모두에게 보편적으로 통용되는 투자 포트폴리오는 없다. 투자자, 생활 여건, 시장 상황에 따라 다른 전략이 필요하다.
3 좋은 포트폴리오는 축구팀처럼 공격수, 수비수, 미드필더의 손발이 잘 맞아야 한다.
4 포트폴리오 구성에서 핵심이 되는 두 개념은 분산과 상관관계다.
5 투자를 하다 보면 투자자들을 심리적 함정에 빠뜨릴 수 있는 요인들이 많다.

01
포 트 폴 리 오 작 성 법

INFLATION

적을 알아야 이긴다

약 2000년 전 중국에서 쓰인 책이 있다. 이 책의 첫 문장은 다음과
같다.

병법은 국가의 핵심이다. 병법에 국가의 생사가 걸려 있고, 병법에 의
해 국가의 안정과 몰락이 좌우된다. 병법을 익히는 일은 어떠한 상황
에서도 소홀히 해서는 안 된다.

총 13장 68절로 구성되어 있는 이 책에는 전쟁 준비와 전쟁 방법
에 관한 거의 모든 것이 담겨 있다. 이를테면 "적을 알고 나를 알면

수백 차례 전쟁이 터져도 두려워할 필요가 없다"와 같은 명쾌한 아이디어와 조언이 제시되어 있다. 이 책이 바로 중국 오나라 출신의 장군이자 병법가요 철학자인 손자의 『손자병법孫子兵法』이다. 중국의 마오쩌둥과 나폴레옹도 이 책 속 전략을 활용했고, 지금도 경제계 거물과 수장들이 이 전략을 금과옥조로 삼고 있다.

물론 『손자병법』만이 전략에 관한 영감을 주는 책은 아니다. '전략'이라는 단어가 등장하지 않는 경영 세미나나 경제·경영 관련 기사는 없을 정도로 전략은 학술 어휘와 이론에서 자주 거론된다. 정치인, 경영인, 축구 트레이너를 막론하고 모든 일에는 적당한 때에 적당한 행동을 하는 기술이 필요하다. 이론적으로 옳은 말이다. 경기나 전쟁터에 출전하기 전에 먼저 계획을 세워야 하는 것은 당연지사다. 물론 전략은 우연을 가장해 계획적으로 사건을 일으키는 것

MONEY INSIGHT **가치 투자의 창시자**

미국의 벤저민 그레이엄(Benjamin Graham, 증권 분석의 창시자이자 아버지라 불리며 가치 투자 이론을 만들었다)의 저서 『증권 시장 분석(Security Analysis)』과 『현명한 투자자(The Intelligent Investor)』는 가치 투자의 필독서로 여겨진다. 그레이엄은 주식 투자는 단기적인 시세 변동을 관찰하여 수익을 올리는 행위가 아니라, 한 기업에 대한 투자의 개념으로 이해해야 한다고 했다. 그는 기업의 재무제표와 시장을 분석하는 행위는 투자로 볼 수 있지만, 단순히 도표와 단기적인 흐름을 분석하고 예측하는 행위는 투자가 아니라고 보았다. 세계에서 가장 유명한 가치 투자자이자 버크셔 해서웨이 지주회사로 세계 최고의 부자가 된 워런 버핏이 그레이엄의 제자다. 스스로 장기 투자자라고 말하는 워런 버핏은 "내가 가장 선호하는 투자 기간은 '영원히'다"라는 말을 남기기도 했다.

이라고 비아냥거리는 사람들이 있기는 하지만 말이다. 어쨌든 치열한 금융 투자도 경기에 대비하는 것만큼 치밀한 전략이 필요하다.[16]

최고의 팀을 구성하라

축구팀이 성공하려면 골을 넣는 공격수뿐만 아니라 든든한 미드필더, 상대방의 골을 막는 강력한 수비수가 있어야 한다. 트레이너는 포지션에 딱 맞는 선수를 선발하여 팀을 구성하고 상대팀의 전략에 대비해야 한다.

투자도 똑같다. 전략이 없는 투자는 빈 깡통이나 다름없다. 투자 성공 사례를 조사한 결과 90퍼센트 이상이 포트폴리오 구성이 성공의 열쇠였다. 투자의 성공 여부는 개별적인 수치가 아니라 주식, 채권, 부동산 등 다양한 투자 종목을 어떻게 구성하느냐에 좌우된다. 이를 자산 배분Asset Allocation이라고 하며, 축구로 치면 팀 구성에 해당한다.

축구 필드에는 가장 먼저 골키퍼와 수비수를 배치한다. 훌륭한 골키퍼와 탄탄한 수비수가 있어야 경기가 안정적으로 진행되고 위험을 막을 수 있다. 투자 전략에서는 리스크가 적은 투자 상품으로 구성하는 것이 수비인 셈이다. 능력에 따라 리스크가 적은 채권, 단기 투자, 금융상품, 때로는 자신의 부동산에 투자 여부를 결정하면 된다. 수비를 하면 수익은 많지 않지만 안정성이 보장된다. 앞서 살펴보았듯이 당신이 자국 통화의 미래를 매우 비관적으로 평가해서 금화에 투자한다면 안정성을 추구하는 것이다.

미드필드는 어떻게 구성해야 할까? 미드필더는 후방에서는 수비를 하고 전방에서는 공격을 한다. 공격과 수비를 병행해야 하므로 상당히 고된 역할이지만 장기적인 성과를 올려준다.

당신의 미드필드에도 소위 수비 종목이 필요하다. 쉽게 말해 시장에서 좋은 위치를 점유하고 있고, 수익률이 높고, 수익 변동 추이가 안정적인 대기업의 주식이다. 이러한 사업 모델은 대개 단조롭고 반짝 수익도 없으나, 건전한 시세 변동을 보이고 안정적인 비즈니스가 진행된다는 장점이 있다. 식료품, 기계 설비, 무역이나 소비 등 재무상태가 탄탄한 업계의 표준 종목 주식이다.

MONEY INSIGHT 버핏 이후의 투자

- -

복잡하게 생각하지 말고 버핏이 운영하는 버크셔 해서웨이 주식에 투자하면 쉽게 돈을 벌 수 있지 않을까? 버핏이 주식으로 갑부가 됐으니까 그의 주식에 투자하면 성공 대열에 참여하는 셈이니 말이다. 그런데 한 가지 문제점이 있다. 버크셔 해서웨이 주식은 세계에서 가장 비싸다. 2014년 현재 1주 당 20만 달러를 호가했다. 대안으로 이보다 더 저렴한 버크셔 해서웨이 B등급 주식에 투자할 수 있다. 다만 버크셔 해서웨이 A등급 주식보다 아래 등급이므로 버크셔 해서웨이 A등급의 주주보다 발언권이 적게 주어진다. 버크셔 해서웨이 주식의 파생 상품에 투자하는 방법도 있다. 다만 이 경우에는 추가 수수료가 부과된다는 사실을 알아두자. 버핏은 1930년생이고, 그의 사업 파트너는 그보다 여섯 살 더 많다. 두 사람이 경영 전선에서 얼마나 더 오래 버틸 수 있을까? 가치 투자 전략의 대안이 될 만한 펀드가 있을까?

인플레이션

그러나 안정적인 품질 가치는 평가에는 유리한 조건이 아니다. 품질에 해당하는 가격이 있기 때문이다. 그래서 가치 평가를 하는 것이다. 가치 투자라는 아이디어는 증시에서 진정한 가치를 인정받지 못한 기업이 있다는 데서 유래했다. 이런 기업들의 주식 가치는 장부 가격과 주가수익률PER, Price Earing Rate이고, 시장 평균을 현저히 밑돈다. 이처럼 저평가된 주식에 투자하면 대부분 평균치 이상의 높은 수익을 올릴 수 있다.

만약 당신의 팀에 공격수가 한 명 더 있다면 그는 더 공격적으로 움직여 멋진 골을 터뜨려줘야 한다. 그는 리스크를 감수하고서라도 더 많은 수익을 내야 한다. 공격적으로 투자하려면 다음과 같은 질문을 던져봐야 한다.

1. 참고 종목, 즉 중소기업의 중저가 주식은 대기업 위주의 표준 종목 주식보다 유동성이 떨어지는 만큼 리스크가 크다. 하지만 고수익을 보장하는 진주는 항상 참고 종목에서 찾을 수 있다. 워낙 눈에 띄지 않는 기업들이라서 모든 시장 참여자들이 관심을 보이는 종목은 아니다. 역으로 생각하면 숨겨진 기회를 찾기에 딱 좋은 영역인 것이다.

2. 신흥공업국 주식은 선진국 주식보다 리스크가 크지만 고수익을 보장한다. 신흥공업국은 선진국 대열에 진입한 국가보다 성장 잠재력이 더 높다. 물론 투자에 실패하면 그만큼 타격이 더 크다는 의미기도 하다.

3. 현재의 기준 매출이 비교적 적거나 자본이 적더라도 높은 성장 잠 재력이 기대되는 대기업의 성장 가치Growth Value를 보자. 성장 가치 는 이른바 '소망 가치'이자 성장 잠재력에 대해 내기를 걸어보는 것 을 말한다. 첨단기술이나 생명공학 업계의 주식이 대개 이런 유형에 속한다.

4. 고수익 채권 혹은 정크 본드High Yield or Junk Bonds는 재무제표를 보면 딱히 눈에 띄는 것이 없는 기업들의 채권이다. 실패 위험이 크기 때 문에 고금리를 보장한다. 고수익 채권이라는 이름이 붙여진 것도 이 런 까닭에서다. 고수익 채권은 수익 변동폭이 심해서 포트폴리오에 는 리스크를 여러 펀드에 분산시킨 혼합형으로 구성하여 투자해야 한다.

MONEY INSIGHT 신흥공업국에 투자하라

신흥공업국에는 보편적으로 적용되는 특성이 없다. 국가마다 개성이 매우 강하기 때문에 국가별로 투자 상황을 잘 살펴봐야 한다. 세계 인구의 80퍼센트가 신흥공업국에 살고 있으며, 세계 100대 국민경제 중 25개국이 급속한 성장세를 보이는 신흥공업국에 속한다(신흥공업국 중 유럽 지역 국가는 없다). 자동차 두 대 중 한 대가 신흥공업국에서 팔린다. 한마디로 세계 경제의 중심축이 신흥공업국으로 이동하고 있다. 2020년이면 전 세계 GNP에서 신흥공업국이 차지하는 비중은 선진국과 동일한 수준에 이를 것이다. 신흥공업국에서 투자 기회를 찾고자 한다면 이들 국가에서 호황을 누리고 있는 세계적 기업에 투자하는 것도 좋다. 예를 들어 코카콜라, 맥도날드, 인텔, 마이크로소프트, 바이엘(Bayer, 독일의 제약 및 화학회사), 파이저(Pfizer, 미국의 대형 제약회사), 네슬레, 유니레버 등이 있다.

물론 이것이 전부가 아니다. 경기를 하려면 경쟁자와 싸울 준비도 해야 한다. 집 안에서보다 집 밖에서 수비를 강화해야 하고, 선두와 꼴등의 전략을 달리 선택해야 한다. 투자에서는 주식시장의 환경, 즉 시세 등락을 결정하는 계절적, 금전적, 심리적, 기술적 요인이 경쟁자다. 축구에서와 마찬가지로 경쟁자에 따라 팀과 포지션 구성을 달리해야 한다. 모든 시기에 수익을 낼 수 있는 보편적인 투자 유형은 없다. 경쟁자가 리그의 선두에 속하는 선수라면, 증시에는 거품이 많다.

예를 들어 세기가 바뀌는 전환기에 주식 시세는 끊임없이 요동친다. 이런 상황에서는 수비수가 필요하다. 반면 리그의 꼴찌와 경기를 할 때 주가는 바닥을 치고 있을 것이므로, 공격을 강화해 공격적인 플레이를 해야 한다.

02
포 트 폴 리 오 분 산 하 기

INFLATION

분산화의 원칙

모든 시장 및 재정 상황에 보편적으로 통용되는 포트폴리오는 없다. 물론 포트폴리오 작성 시 유의해야 할 한두 가지 원칙이 있기는 하다. 먼저 투자 기간이 길수록 주식 비중이 클 수 있다는 점이다. 혼합형 포트폴리오에서는 5년 투자 기간일 경우 주식 50퍼센트, 고정금리 상품 50퍼센트, 10년 투자 기간일 경우 주식 75퍼센트, 고정금리 상품 25퍼센트, 15년일 경우 주식 90퍼센트, 고정금리 상품 10퍼센트 비율로 투자하는 것이 좋다는 경험 법칙이 있다.

연령과 관련된 경험 법칙도 있다. 예를 들어 (안전한) 고정금리 상품에 대한 최소 투자 비율이 있다. 20세 학생은 실질가치와 순자산 가치의 약 80퍼센트, 75세의 연금생활자는 약 75퍼센트를 고정금리 상품에 투자하는 것이 좋다.

어떤 감독도 공격수나 골키퍼만으로 팀을 구성하지는 않는다. 각 포지션에 적합한 선수들을 골고루 넣어야 한다. 투자에서도 마찬가지다. 누구도 주식 한 종목에 전 재산을 투자하지는 않는다. 경마에서도 한 마리에 모든 것을 걸지 않는다. 아예 기대를 걸지 않는 사람이거나 자포자기한 사람이 아닌 다음에야 그렇게 무모한 내기를 하지 않는다. 이러한 사고 원칙을 분산화라고 한다. 균형을 이루도록 투자 구성을 짜는 기술, 분산화에 대해 살펴보자.

분산화는 어떻게 하면 좋을까? 가장 현실적인 답은 다양한 국가와 업계의 주식과 채권, 여러 운용 기간에서 취급하는 채권, 귀금속, 부동산, 일부 외래종 등 종목을 분산해서 투자하면 된다는 것이다. 이것은 현재 당신이 당장 실천할 수 있는 가장 간단한 방안이다. 분산화 방법을 좀 더 자세히 알고 싶다면 상관관계를 이해해야 한다.

수학적 관점에서 볼 때 상관관계는 두 변수 혹은 사건 간 측정 가능한 상호 관계를 말한다. 즉, '사건 A가 발생했을 때 사건 B도 발생할 확률이 높다'처럼 수치로 나타낸 것이다. 가령 초콜릿 소비와 아침마다 몸무게를 쟀을 때의 충격 정도를 두 사건이라고 하자. '초콜릿을 많이 먹을수록(사건 A) 몸무게를 쟀을 때 충격을 받을 확률이 높다(사건 B)'는 두 사건 사이에 상관관계가 성립한다.

그렇다면 주식시장에서 상관관계는 어떤 형태로 표현되는가? 아주 간단하다. A주식의 시세가 하락했을 때 B주식의 시세도 하락했다면 둘 사이에는 상관관계가 성립한다. 이제 투자, 특히 분산화 전략에서 상관관계가 어떤 역할을 하는지 감이 좀 잡힐 것이다. 만약 당신이 서로 강한 상관관계에 있는 두 종목에 투자를 했다면 이것은 무늬만 분산 투자다. 사실상 한 바구니에 달걀을 전부 담아놓은 것이나 다름없다.

가령 당신이 우산 제조업체 주식에 투자했다고 하자. 해가 쨍쨍 내리쬐는 날에는 당연히 주가가 하락할 것이다. 이런 경우에 대비해 당신은 다른 종목에 투자하려고 할 것이다. 당신은 고무장화 제조업체와 자외선 차단제 제조업체 중 어느 곳을 선택하겠는가?

대부분의 사람들은 십중팔구 고무장화 제조업체에 투자한다. 그런데 이것은 분산화가 아니다. 해가 쨍쨍 내리쬐는 날에는 우산 제조업체 주가와 고무장화 제조업체 주가가 동시에 하락한다. 한 바구

MONEY INSIGHT 분산화 대신 롤러코스터

월스트리트에서 활동하는 독일인 펀드매니저 하이코 티메(Heiko Thieme)의 일화를 들어보자. 분산 투자를 해야 하는 이유를 알 수 있다. 티메는 1995년 금융 전문지 《뮤추얼 펀드(Mutual Funds)》에서 올해 최악의 펀드매니저로 선정됐다. 그런데 2년 후인 1997년에는 올해 최고의 펀드매니저로 선정됐다. 티메는 자신의 재산 중 많은 부분을 한 기업의 주식에만 투자했다고 한다. 분산 투자와는 거리가 멀었다. 아마 이런 사정이 있었던 듯하다. 1995년 티메가 올인해서 투자했던 기업의 주식은 상황이 좋지 않았다. 그래서 집중 투자 전략을 썼던 티메는 그해 많은 재산을 날렸다. 그런데 1997년 이 기업의 주가가 다시 오르면서 티메의 주머니는 다시 두둑해졌다. 만일 당신이 롤러코스터를 탈 때의 스릴을 만끽하고 싶다면 분산화를 포기해도 좋다.

인플레이션

니에 달걀을 담았을 경우, 화창한 날에는 달걀이 전부 깨지고 만다.

이 상황에 딱 맞는 분산화 전략은 음의 상관관계에 있는 분야로 눈을 돌려 자외선 차단제 제조업체에 투자하는 것이다. 날이 화창하면 우산 제조업체 주가는 떨어지지만 자외선 차단제 제조업체 주가는 오르기 때문에 손실을 메울 수 있다. 반대로 비가 올 때도 마찬가지다. 우산 제조업체 주가는 오르지만 자외선 차단제 제조업체 주가는 떨어지기 때문에 손해 보지 않는 장사다. 이처럼 우산 제조업체와 자외선 차단제 사이의 경우를 음의 상관관계가 성립한다고 하며 이러한 상관관계에서는 분산화 전략이 효과를 발휘한다.

포트폴리오 분산화 원칙은 아주 간단하다. 상관관계가 전혀 없거나 음의 상관관계에 있는 두 종목의 주식을 사는 것이다. 이런 이유 때문에 전문 투자자들은 소위 니치 종목과 혼합하는 전략을 짠다. 이때 니치 종목과 주식이나 채권과 같은 핵심 투자 종목 간 상관관계를 낮게 구성한다. 예를 들어 재난 채권의 수익률은 날씨 변화와 관련이 있지만 날씨는 주식시장에서는 상관관계를 거의 나타내지

MONEY INSIGHT 분산화의 다양한 얼굴

주식 포트폴리오는 여러 가지 다양한 기준에 따라 분산화할 수 있다. 이를테면 국가, 지역, 대륙별 혹은 업종별로 나누는 것이다. 가령 업종별로 분산화할 때 한 업체의 비중이 포트폴리오에서 25퍼센트 이상을 차지하지 않도록 한다는 등의 상한선을 정해놓으면 좋다. 기업의 두드러진 특징이나 배당금 수익, 주가 수익 비율 등 금융 시장 분석 수치를 기준으로 삼아도 좋다. 상관 계수를 산출하여 수학적 산출 모델에 따라 분산화하는 방법도 있다.

않는 변수다. 물론 100퍼센트는 아니다.

니치 종목과의 혼합 투자 시 장점은 포트폴리오를 분산화시킴으로써 리스크를 줄이고 안정성을 추구할 수 있다는 데 있다. 여기서 유의해야 할 사항이 있다. 상관관계는 과거 데이터를 분석하여 산출한 결과라는 점이다. 쉽게 말해 상관관계는 바뀔 수 있다. 예를 들어 사람들은 장기적으로 주식과 채권은 음의 상관관계에 있다고 말한다. 쉽게 말해 주식(채권) 시세가 오르면 채권(주식) 시세가 떨어진다. 그런데 상관관계가 바뀌어 주식과 채권의 시세가 같은 방향으로 움직이는 시기나 사건도 있다. 과거의 상관관계가 향후 상관관계와 반드시 일치한다는 보장은 없다. 어제는 성립했던 상관관계가 내일은 성립하지 않을 수 있다.

바퀴벌레 포트폴리오

포트폴리오 작성법에 모범 답안이 있을까? 포트폴리오 작성법에는 정답이 없다. 투자 종목 혼합 비율과 구성은 당신이 리스크를 즐기는 정도, 미래에 대한 기대, 재정 상태, 연령 등에 따라 달라진다. 축구팀 감독이 상대팀에 맞춰 팀 구성 전략을 짜듯이, 당신은 모든 상황을 고려하여 포트폴리오를 작성해야 한다.

이번에는 정말로 단순한 투자 전략을 소개해보려고 한다. 이 전략은 재미있기도 하고 학문적으로도 입증된 전략이다. 이름하여 '바퀴벌레' 포트폴리오로, 전직 프랑스 금융그룹 소시에테 제네랄^{Societe} Generale의 투자 전략가였던 딜런 그라이스$^{Dylan \, Grice}$가 제안했다. 그런데 왜 하필 바퀴벌레일까? 아주 단순한 이유에서다. 바퀴벌레는 3억 5000만 년 전부터 지구상에 존재해왔으며 그야말로 끈질긴 생명력을 갖고 있다. 빙하기와 운석 충돌로 지구상의 생명체가 거의 멸종한 상태에서도 바퀴벌레만은 살아남았다. 바퀴벌레란 놈들은 심지어 방사능에 노출되었을 때도 인간보다 15배나 더 오래 산다. 바퀴벌레 포트폴리오는 '가늘고 길게 사는' 바퀴벌레처럼 구성해야 한다는 발상에서 이름을 붙인 것이다.

그렇다면 바퀴벌레만큼이나 생명력이 질긴 포트폴리오는 어떻게 구성할까? 주식 4분의 1, 금 4분의 1, 국채 4분의 1, 은행계좌 현금 4분의 1로 구성하면 된다. 이 네 투자 종목 사이에는 상관관계가 거의 성립하지 않는다. 예를 들어 디플레이션 등 불황기에는 국채에 투자하여 수익을 올려야 한다. 이런 시기에 주식이나 금 시세는 하락할 가능성이 높기 때문이다. 반대로 인플레이션 시기에 주식과 금

MONEY INSIGHT   **생애 주기 펀드**

저축에 일일이 신경을 쓰고 싶지 않은 사람을 위해 개발된 상품이 있다. 바로 생애 주기 펀드다. 이 펀드는 운용 기간이 정해져 있으며 연령별로 투자 전략이 바뀐다. 당신이 생애 주기 펀드를 샀다고 하자. 처음에 이 펀드는 리스크가 높은 상품 위주로 운용되다가 시간이 지나면서 점점 안정성 있는 상품으로 바뀐다. 펀드 운용 업체는 나이가 들수록 살날이 줄어든다는 점에 착안하여 수익보다는 안정성 위주로 투자를 하는 것이다.

은 명목적 구성 요소(채권과 현금)의 실질가치 손실을 메워줄 수 있다. 다만 제로 금리 시기에는 바퀴벌레 포트폴리오를 구성하기 위한 초기 상태가 불리하다. 채권 금리가 제로나 다름없기 때문에 주가 폭등이나 폭락의 완충제 역할밖에 하지 못한다.

이러한 투자 방식을 'n분의 1 방법론'이라고 한다. 이 방법론을 적용하면 복잡한 문제를 쉽게 풀 수 있다. 여기서 n분의 1이란, 가지고 있는 돈을 투자 가능한 모든 유형의 상품에 동일한 비율로 나눠 투자한다는 의미다.

사실 내가 가진 돈을 어떤 자산 유형에 얼마만큼 분배시킬 것인지는 상당히 복잡한 문제다. 이런 문제를 단순히 해결할 수 있다. 여기에서 '가지고 있는 돈을 모든 자산 유형에 같은 비율로 분산 투자하라'는 경험 법칙을 도출할 수 있다. 그런데 놀랍게도 단순한 포트폴리오 모델과 금융시장 이론가들이 공들여 만든 수학적 모델의 성과에는 큰 차이가 없었다. 이런 결과가 나온 이유는, 단순한 모델은 분

MONEY INSIGHT **n분의 1 방법론**

- -

저축에 n분의 1 방법론을 바탕으로 하는 바퀴벌레 포트폴리오를 다르게 구성할 수도 있다. 주식 3분의 1, 채권 3분의 1, 니치 종목 3분의 1로 구성하는 것이다. 당신은 이 3분의 1을 인덱스 상품, 예를 들어 상장 지수 펀드(ETF: Exchange Traded Funds)들로 구성할 수 있다. ETF는 주식시장에서 거래되는 펀드로 이 펀드는 3가지 투자 유형 미만으로 구성하는 것이 좋으며 가격도 저렴하고 분산도 잘되어 있다. 그리고 남은 부분은 당신이 원하는 투자 유형 상품으로 구성하면 된다. 단순하고, 저렴하고, 투명하게!

산화 비용이 더 적게 드는 등 운용 비용이 저렴하고 적용하기 편리했기 때문일 수도 있다.

바퀴벌레 포트폴리오 작성법은 정말 단순하다. 이는 지금까지 우리가 투자의 방식에 대해 너무 복잡하게 생각해왔다는 뜻이기도 하다. 너무 복잡하게 생각하면 오히려 함정에 빠지기 마련이다.

마지막으로, 투자할 때 어떤 상황에서 심리적으로 쉽게 무너지는지 살펴보자. 심리적 함정에 빠져 실수한 사례들을 읽다 보면 속상하긴 하지만 재미도 있다. 투자 심리 속으로 들어가보자.

03
투 자 의 심 리 적 함 정

INFLATION

심리적 취약점 극복하기

인간은 실수를 한다. 이론의 여지가 없는 사실이다. 하지만 실수가 항상 나쁜 것만은 아니다. 실수에서 교훈을 얻을 수 있기 때문이다. 여기에서는 실제 현장에서 경험했던 심리적 함정을 몇 가지 소개하려고 한다. 우리는 나약한 투자 심리들을 익히 경험해왔기 때문에 당신에게 완벽성을 요구하는 게 불가능하다는 걸 누구보다도 더 잘 안다.[17] 전설의 투자자 앙드레 코스톨라니는 "주식시장은 10퍼센트만 팩트의 영향을 받고, 나머지 90퍼센트는 심리가 지배한다"라고 했다. 투자 시 실수하기 쉬운 여섯 가지 심리에 대해 살펴보도록 하자.

1. 따라 하기

인간은 군중 심리에 쉽게 이끌린다. 이웃이 쓰레기를 아무데나 갖다 버리면 당신은 어떻게 하겠는가? 내일 아침 쓰레기 수거차가 오든 말든 상관하지 않고, 당신도 똑같이 쓰레기를 밖에 내다 버릴 것이다.

우리는 다른 사람이 하는 행동을 따라 하는 경향이 있다. 사람이 다수의 의견에 반대할 때와 고통을 느낄 때 활성화되는 뇌 영역이 유사하다는 연구 결과도 있다. 우리는 다수의 의견을 거스르는 걸 어려워한 나머지 주변의 행동에 쉽게 감염된다. 한 세기가 바뀔 때 일어났던 사건들이 그 증거다. 우리는 의미 있는 행동인지 아닌지도 모르면서 집단으로 행동했다.

이러한 심리의 함정에 빠지지 않으려면 나와 반대되는 주장과 의견에도 마음을 열어야 한다. 사민당 지지자는 보수 성향의 잡지《바

MONEY INSIGHT   예측 불가능한 시장에서의 투자

불건전한 재정 정책으로 인해 전 세계 경제에 먹구름이 잔뜩 낀 상태다. 정확한 시점은 예측할 수 없으나 금융 및 경제 위기가 언제 터질지 모르는 일촉즉발의 상황이다. 수십 년까지는 아니더라도 수년 내에 위기가 발생할 것으로 보인다. 위기의 발전 추이에 대해서는 확실하게 예측할 수 없다. 모든 것은 세계 경제의 수장과 금융기관의 처분에 달려 있다. 디플레이션이나 인플레이션이 둘 다 발생할 가능성이 있다. 이렇게 불안한 상황에서는 분산 투자가 답이다. 경기장에 최대한 많은 선수를 투입하라. 채권과 현금보다는 주식, 금, 부동산과 같은 유가물에 투자하는 것이 유리하다. 실질 가치와 명목가치의 비율은 연령과 리스크 성향에 따라 직접 결정해야 한다.

이에른 쿠리어^{Bayernkurier}》를 읽어봐야 하고, 보수 성향의 기민당 지지자라면 리스크도 경험해봐야 한다.

2. 우연

우리는 우연이면 껌뻑 죽는 경향이 있다. 우연히 주식 시세가 오르기라도 하면 일단 미사여구로 포장을 하기 바쁘다. 알고 보면 시세 변동이 정말로 우연한 사건이었는데도 말이다. DAX 지수가 0.1퍼센트라도 오르면 기자, 분석가, 주식 예언가들이 모두 달려들어 분석을 한다고 난리법석이다. 자세히 들어보면 정확한 답은 제시하지 못하면서 말이다. 이럴 때도 대개 우연한 사건일 경우가 많은데도 그들은 증시에서 일어나는 수많은 사건들에 대한 분석이 미사여구였다는 걸 인정하려 하지 않는다. 바이엘 주식이 0.2퍼센트 올랐다고 하자. 브로커의 분석 능력이 정말 탁월해서 주가가 올랐다고

MONEY INSIGHT 이론 없는 분석의 위험

기술적 분석가들은 이론적 기반도 없이 선별된 수치와 주가 곡선의 변동 추이만 보고 향후 시장 동향을 예측한다. 예를 들어 특정한 수치에 도달하면 주가가 붕괴한다는 식이다. 물론 기술적 분석의 방법론을 두고 논란이 많다. 당신이 확실하게 알아둘 것이 있다. 주식에는 기억력이 없다. 지금까지 경험에 비춰보건대 주식은 어떤 시점에 주가가 붕괴됐는지 기억하고 있지 않다. 철학적이고 비교(祕敎)적 질문을 던져보겠다. 정말 새가 날아가는 모습, 짐승의 내장, 주가의 변동 곡선을 보고 시장의 운명을 점칠 수 있을까? 이런 방법을 동원하여 당신의 전 재산을 걸고 싶은가? 워런 버핏은 기술적 분석에 대해 "주식시장에 필요한 것이 과거가 전부라면 도서관 사서들이 세상에서 가장 부자일 것이다"라며 일침을 가했다.

인플레이션

볼 수 있을까?

'도박사의 오류^{Gambler's Fallacy}(도박에서 줄곧 잃기만 하던 사람이 이번에는 꼭 딸 거라고 생각하는 오류)'는 우연에 대한 인간의 맹신을 보여주는 대표적인 예다. 카지노에서 룰렛을 다섯 번 돌렸는데 계속 빨간색만 나오다가, 마지막에 검은색이 나오면 어떻게 하겠는가? 고민할 필요가 없다. 시행 횟수가 많을수록 검은색과 빨간색이 나올 확률은 똑같다. 룰렛 판에는 검은색 칸과 빨간색 칸은 똑같은 비율로 있기 때문에, 검은색과 빨간색이 나올 확률은 50 대 50으로 똑같다(대략 그렇다. 0이 나오는 경우는 무시하자).

이 상황을 투자에 적용해보자. 3일 연속 주가가 하락했다면 4일째에 주가가 상승하리라는 보장은 없다. 100유로를 지불하고 산 주식이 얼마가 될지는 아무도 예측할 수 없다는 얘기다.

3. 쓸데없는 집착

100유로를 지불하고 산 주식의 주가가 20유로로 하락했다고 하자. 이럴 때 우리는 100유로에서 20유로로 떨어졌으니까 언젠가는 다시 100유로로 상승할 날이 올 것이라는 희망을 갖고 기다린다. 그래서 이 100유로가 마음속에 닻처럼 박혀서 절대 이 주식을 팔려 하지 않는다.

4. 처분 효과

연구 결과에 의하면 투자자들은 손해를 본 주식은 보유하고 수익을 낸 주식은 파는 경향이 있다. 반대로 행동하는 것이 현명하지 않을까? 학자들은 이를 '처분 효과Disposition Effect'라고 한다. 사람들은 손해 보는 걸 싫어하기 때문에 손해를 피할 수만 있다면 고리스크를 기꺼이 감수한다는 것이다. 아니면 손해 본 주식이 평균 시세로 돌아오기를 기다린다. 주가가 떨어지면 언젠가는 다시 오르지 않겠느냐고? 반드시 그런 것은 아니다. 연구 결과에 의하면 처분 효과로 얻을 수 있는 수익률은 4.4퍼센트였다.

5. 객관성을 잃은 희망

오랫동안 통용되어온 경제학 원칙이 있다. '잃은 것은 잃은 것이다Sunk is sunk'. 우리는 이미 잃은 상태인데 또 투자를 하는 경향이 있다. 이를 '추가 매입'이라고 한다. 주가가 떨어져서 이미 잃었는데 상담가들은 더 사야 한다고 부추긴다. 주가가 떨어졌을 때 사둬야 손실을 메울 수 있다는 것이다. 이 주장에는 주가가 다시 오르리라

MONEY INSIGHT 심리에 따른 주식용어

- -

주가를 비롯하여 모든 것이 요동치는 시즌이 있다. 주식시장에는 시즌별로 다양한 유형이 있는데 유형별로 독특한 이름이 붙는다.[18] 금융기관 투자자들에게는 연말 랠리 시즌에는 매매가 집중적으로 쏟아지며 월 마감 수요가 증가하고, 연초와 여름 휴가철 무렵에는 월 중간 수요가 떨어지는데 이에 따른 심리적인 요인이 작용한다. 예를 들어 다음과 같은 명칭이 생기는 것이다. '주말 효과(금요일마다 수익률이 높고 월요일마다 낮다)' '월말 효과(월말에는 수익률이 높고 월 중간에는 수익률이 낮다)' '휴가 전 효과(휴가 전에는 수익률이 일반적으로 저조하다)' '셀인 메이 효과(Sell-in-May, 여름에는 수익률이 일반적으로 저조하다)' 등이다.

는 희망이 담겨 있다. 너무 단순하지 않은가? 이런 상황에서는 정신을 바짝 차리고 다른 질문을 던져봐야 한다. 잃을 대로 잃은 상태에서 주식을 또 사야 할까? 당신 머릿속에서 사지 말아야겠다고 결론이 나오면 과감하게 남은 주식도 처분하라.

6. 과도한 낙관주의

자동차 운전자의 80퍼센트가 자신이 평균 이상 수준의 운전자라고 생각한다고 한다. 이는 통계적으로 불가능한 일이다. 심리학자들은 이런 현상을 '과도한 낙관주의'라고 한다. 사람들은 자신이 다른 사람보다 더 괜찮고, 똑똑하고, 재주가 많으며, 좋은 일은 자신에게, 나쁜 일은 남에게 일어난다고 생각하는 경향이 있다는 것이다. 주식시장에서도 마찬가지다. 우리는 지나치게 낙관적인 경향이 있어서 거액을 무모하게 투자하곤 한다.

디스카운트 브로커Discount Broker(증권거래에 있어서 증권사의 위탁수수료에 비해 훨씬 저렴한 수수료를 받고 거래를 성사시켜주는 업체)에서 집계한 수치

MONEY INSIGHT 4G

주식 투자 시 심리적 함정에 빠져들고 싶지 않다면 4G를 기억하자. 앙드레 코스톨라니는 "몰트케의 전쟁 전략처럼 주식시장에도 네 가지 G가 필요하다. 4G는 바로 돈(Geld), 생각(Gedanke), 인내심(Geduld), 운(Glück)이다. 장기 투자를 하려면 항상 돈, 생각, 인내심이 필요하고, 운은 나중의 일이다. 겁이 많은 사람들에게는 이 세 가지가 부족하다"라고 말하며 단순하고도 명쾌하게 투자 심리를 지적했다.

는 다음과 같다. 주식을 매입하고 보유하는 투자자는 세금 공제 기준으로 연 평균 18.5퍼센트 수익을 얻는다. 그런데 거래량이 많은 투자자는 수익률이 평균 11.4퍼센트라고 한다(이 연구는 1990년대 초반 통계이므로 수익률이 더 높게 나왔다는 점을 참고하길 바란다).[19] 통계에 의하면 세금 공제 기준 가계 수익은, 새로운 주식을 매입하고 보유하고 있던 주식을 매도하는 횟수가 많을수록 더 줄어든다고 한다.

10

시대를 초월하는 투자 원칙은 무엇일까?

시대와 장소에 상관없이 적용되는 투자 원칙이 있다. 투자자라면 반드시 숙
지해야 할 사항이다.

1. 카드 한 장에 모든 것을 걸지 마라. 한 가지 종목에 전 재산을 투자하면
   안 된다. 투자가 잘못되면 전 재산을 한 방에 날릴 수 있다. 경마에서도
   여러 종류의 말에 내기를 걸 듯이 다양한 종목에 투자해야 실패해도
   타격이 적다.

2. 더 많은 수익을 올리려면 리스크와 유동성을 포기해야 한다. 수익률을

올리는 비결은 특성별 투자, 즉 포트폴리오를 어떻게 구성하느냐에 달려 있다.

3. 투자에 신경 쓸 시간이 적은 사람은 유동성이 높고 리스크가 적은 종목에 투자해야 한다. 진득하게 앉아서 기다릴 여유가 있는 사람만 리스크가 높은 종목에 투자하자.

4. 과거의 시장 상황을 아는 것은 중요하다. 하지만 과거를 안다고 미래를 정확하게 예측할 수는 없다.

5. 최악의 투자 상담가는 두려움, 탐욕, 질투, 시기, 성급함, 이웃이다. 투자를 할 때는 이런 것들을 멀리하라.

INFLATION

국가는 너무 오랫동안 금융정책에 손대왔다.
중앙은행은 정치인들에게 질질 끌려다니며
화폐 체계를 뒤흔들고 있다.
정치인들은 끊임없이 화폐를 조작하라는 유혹을 받는다.
.
.
.
.
.

"앞으로 화폐는 어떻게 될 것인가?
돈의 미래는 어떤 모습일까?"

11장

돈의 미래

01
꿈꾸지 못한 미래

INFLATION

인류의 성숙

랄프 오펜하우스가 다시 깨어났을 때 그의 나이는 55세였다. 수십 년 동안 그는 나치의 감방에 있었다. 그 방에는 우주를 항해하는 탐침이 삽입되어 있었고 그는 냉동된 상태였다. 오펜하우스는 다행히 운이 좋았다. 우주 항해 기업 엔터프라이즈가 300년이 흐른 후에 탐침을 발견하고 냉동되어 있는 오펜하우스를 살린 것이다.

얼마나 시간이 흐른 걸까? 수백 년 만에 긴 잠에서 깨어난 오펜하우스는 보유하고 있던 주식의 시세를 확인하자마자 충격에 휩싸였다. 그는 빈털터리였다. 주식과 투자 증서도 더 이상 필요 없었다. 오펜하우스의 포트폴리오에는 아무도 관심을 갖지 않았다.[20]

"아직 상황 파악이 안 되셨군요. 지난 300년 동안 세상이 완전히 달라졌습니다. 이제 사람들은 막대한 부를 소유하는 것을 중요하게 여기지 않습니다. 이제 빈곤과 가난이 사라졌습니다. 굳이 부자가 될 이유가 없는 것이죠. 인류는 성숙해졌습니다." 피커드 선장은 다시 깨어난 오펜하우스에게 지구상에서 돈이 사라졌다고 말한다.

이론적으로는 피커드가 옳다. 결핍, 가난, 불행이 사라지면 돈도 필요가 없을 것이다. 이것은 2364년 엔터프라이즈 세계에서의 일이다. 문학에서는 이러한 상태를 파라다이스라고 한다. 파라다이스가 눈에 보이지 않으면 우리는 돈을 필요로 할 것이다. 돈은 교환에 도움이 되는 수단이다. 가격을 통해 부족함을 표시할 수 있고, 돈이 있으면 저축과 투자도 할 수 있다. 돈은 국가에서 관여하지 않는다면 더할 나위 없이 유용한 수단이다.

1996년 소말리아 사태를 예로 들어보자. 소말리아의 수도 모가디슈는 5년이 넘도록 무정부 상태에 있었다. 재무부, 중앙은행, 주무관청도 없었다. 그럼에도 은행권은 계속 유통되었고 국민들은 아무 생각 없이 은행권을 돈으로 인정했다. 그런데 스스로 중앙은행 직원이라 했던 은행권 제조자는 해적들이었다. 이들은 엄청난 양의 위조지폐를 제작하여 달러화와 바꿔치기를 했고, 소말리아에서는 통화량 M1 상태가 계속 유지되는 듯했다. 그런데도 불구하고 인플레이션이 없었다. 누구도 믿기 어려운 일이었다. 소말리아는 국가가 없는 상태인데, 인플레이션이 없는 통화를 보유하고 있다니 이 상태를 뭐라고 해야 할까?

해적들은 위조지폐라고 해도 사람들이 인정만 해준다면, 화폐량이 부족한 상태에서 화폐로서의 가치를 갖는다는 걸 알았다. 해적들은 국채에 신경 쓸 필요도 없었다. 다른 국가의 사례와 달리 국가에서 개입하여 인플레이션을 일으킨 것도 아니고, 국민들은 화폐 가치 평가절하에 관심도 없었다.[21] 위조지폐 제조 비용과 명목가치에서 발생한 차액을 챙겼을 뿐이다. 대부분의 중앙은행들처럼 말이다. 이 것이 우리가 앞에서 배웠던 시뇨리지seigniorage(중앙은행이 발행한 화폐의 실질가치에서 발행비용을 제한 차익)가 아니겠는가!

소말리아에서는 공공연히 해적이라는 자들이 화폐 발행을 남발하여 화폐 체계를 뒤흔들었다면, 다른 많은 나라의 중앙은행은 정치인들에게 질질 끌려다니며 화폐 체계를 뒤흔들고 있다. 인플레이션의 역사가 증명하듯이 정치인들은 끊임없이 화폐를 조작하라는 유혹을 받는다. 앞으로 화폐는 어떻게 될 것인가? 돈의 미래는 어떤 모습일까? 첫 번째 대안이 플라스틱 화폐다.

우리가 알고 있는 돈의 종말

콧대 높은 중앙은행장들이 플라스틱 화폐는 기존의 화폐보다 안정적이고 깔끔하고 닳지 않을 것이라고 확신한다. 쉽게 위조할 수도 없고 내구성도 뛰어나다니 얼마나 좋은 대안인가! 1988년 호주는 최초로 찢어지지도 않고 방수 기능이 있는 플라스틱 화폐를 도입했다. 2축성 폴리프로필BOPP로 만들어진 소위 폴리머 화폐라는 것이었다.

　플라스틱 화폐는 내구성, 지속성, 견고성이 뛰어난 화폐를 만들어야 한다는 아이디어에서 탄생했다. 최근 정치인들은 이보다 더 내구성이 뛰어나고 물리적 파괴성이 없는 통화 제도를 제안하고 있다. 현금 없는 세상을 도입하자는 것이다. 디지털 화폐 옹호론자들은 다음 세 가지 이유에서 이 아이디어를 지지한다. 첫째, 디지털 화폐는 빠르고 실용적이다. 둘째, 이 화폐는 범죄에 사용되는 일이 없을 것이다. 셋째, 현금이 없으면 마이너스 금리도 없으므로 금융 위기에 더 쉽게 대처할 수 있다는 것이다.

　반면 비판론자들은 디지털 화폐를 도입해도 딱히 효과가 없으리라고 본다. 그 이유는 현금이 사라진다고 해서 범죄가 사라질 리 없다는 것이다. 기존에는 범죄 조직의 현장 범죄율이 높았지만, 사이버 머니가 도입된 후 사이버 범죄율이 점점 높아지고 있다. 해외 범죄 조직이 굳이 국경을 넘지 않고 자국에서도 범행을 저지를 수 있다. 게다가 머리가 좋은 범죄자들은 현금을 금지하면 다른 수단으로 눈을 돌릴 것이다. 담배, 우표, 수집 동전, 유가물, 유가증권, 해외 화폐 등이 대안 화폐로 사용될 것이다.

　또한 일부 비판론자들은 현금이 사라지면 오히려 마이너스 금리가 쉽게 발생할 것이라며 불쾌감을 표현하고 있다. 정말로 그럴까? 이미 알고 있는 사실이지만 최악의 경우 마이너스는 자산 인플레이션을 일으킬 수 있다. 먼저 지지론자들은 어떤 관점에서 현금 폐지를 찬성하는지 물어봐야 한다. 마이너스 금리는 금융 정책의 일부일 뿐 핵심이 되는 정책은 아니다. 마이너스 금리가 필요한 세상이기 때문에 현금을 폐지해야 한다는 주장에는, 마이너스 금리가 점점 보편화될 것이라는 생각이 바탕에 깔려 있다. 왜 완벽한 통화 시스템에 마이너스 금리라는 비정상적인 조치를 취하려는 것일까? 마이너스 금리가 비상시에만 필요하다면 말이다.

디지털 화폐를 상용화하면 장점은 있다. 연구 결과에 의하면 디지털 화폐를 도입하면 전자 결제 시스템이 편리해진다고 한다. 일반 전자 화폐는 고성능 컴퓨터가 필요하므로 추가 비용이 발생하며 더 크고 성능이 높은 인프라를 구축해 운영해야 한다. 따라서 인터넷을 기반으로 범죄에 대비하려면 막대한 비용이 발생한다.[22] 게다가 데이터 보호 문제도 있다.

일단 현금 폐지 정책이 현실화된 순간을 생각해보자. 어떤 일이 벌어지겠는가? 국민들이 국가에서 발행한 디지털 화폐를 기피한다면 어떻게 될까? 경제학자들은 이 상황을 '화폐 경쟁'이라고 부른다. 다양한 기관, 은행, 기업, 집단 공동체가 새로운 화폐를 발행하고 국가의 간섭 없이 이 화폐들을 유통시킬 것이다. 다양한 통화들이 서로 경쟁 관계에 얽히고 국가에서 발행하는 화폐와도 경쟁할 것이다. 이런 상황에서는 인플레이션이 가장 낮은 최고의 화폐가 될지도 모른다.

치열한 통화 간 경쟁

유토피아처럼 들리는가? 우리는 그렇게 생각하지 않는다. 비트코인, 이더리움, 리플, 리트코인 등 통화 간 경쟁 때문이다. 물론 사이버 머니는 아직 걸음마 단계에 있다. 그러나 디지털 공동체의 발전속도와 혁신력이 엄청난 만큼 낙관적으로 볼 수만은 없는 상황이다. 앞으로 몇 년 후 우리는 어떤 통화로 지불하게 될까? 각기 다른 통화로 지불할까? 구글, 애플, 이베이, 아마존 등 사이버 머니에도 환율이 생기지 않을까? 스마트폰용 사이버 머니 환율 애플리케이션이 개발될지도 모를 일이다.

이처럼 사이버 머니가 다양한데 사용자들은 이 화폐를 어떻게 신뢰할 수 있을까? 우리가 1장에서 얻은 교훈이 실현되어야 할 것이다. 신뢰할 만한 기관에서 화폐를 발행한다면 그 화폐는 신뢰할 수 있고 가치도 안정적일 것이다. 사용자의 신뢰가 기반된 화폐는 지불수단으로서 인정받는다.

또 한 가지 대안이 있다. 금속 화폐 시대로 복귀하는 것이다. 귀금속 함량과 화폐의 명목가치와 일치하는 화폐를 만드는 것이다. 화폐제도가 붕괴될 상황에 이른 국가에서 이러한 화폐에 관심을 가질 것이다. 금태환 화폐도 명목가치가 보장되므로 대안이 될 수 있다.

얼핏 보면 화폐 간 경쟁은 매력적인 듯하다. 국민들이 더 안정적인 대안 화폐를 기피하는 상황에서 국가는 자국 화폐를 살릴 수 있기 때문이다.

대대적인 화폐 시스템 개혁을 추진할지 아직 미지수다. 복합적인 문제들이 산재해 있고 소비자 보호와 같은 법적 문제도 얽혀 있기 때문이다. 국가는 너무 오랫동안 금융정책에 손대왔다. 화폐는 언제 어떤 방식으로 개혁될 것인가?

돈의 비파괴성

단일 화폐가 지배하던 시대는 끝이 나고 화폐는 가치를 잃을 것이다. 언젠가는 화폐의 종말이 올지도 모르지만, 화폐라는 아이디어 자체에는 강력한 힘이 있음이 분명하다. 하지만 화폐라는 아이디어와 도구는 그야말로 기발하다. 인류가 탄생하여 국가가 성립되자마자 미처 그 존재를 깨닫기도 전에 화폐는 탄생했다. 물론 화폐의 형태는 꾸준히 진화해왔고 지위가 불안한 때도 있었다. 화폐 발행자가 항상 국가는 아니었으며 해적들까지 화폐 발행에 손을 대고 있는 형국이니 말이다.

이 모든 위기, 혼란, 인플레이션에 대한 두려움, 디플레이션 시나리오 가운데 우리에게 위안이 되는 것이 하나 있다. 앙드레 코스톨라니는 주식시장에 대해 "주식시장은 흔들릴 수 있지만 절대 멸망하지 않는다"라고 했다. 이는 그가 파리에서 얻은 교훈을 주식시장 전체에 적용한 것이다. 이 교훈은 주식시장뿐만 아니라 화폐 전체에 해당할 것이다.

화폐의 형태, 모습, 발행자가 누구인지는 상관없다. 화폐는 우리 인류가 발견한 가장 천재적인 아이디어다. 화폐는 흔들리고 있다. 그러나 절대 사라지지 않을 것이다.

옮긴이의 말

인플레이션의 맹점에
희생되고 싶지 않다면

인류의 역사는 돈의 역사, 돈의 역사는 곧 인플레이션의 역사다. 당신은 인플레이션이라는 단어를 들으면 무엇이 떠오르는가? 평범한 소시민들의 머릿속엔 '허리띠를 더 졸라매야겠다'는 생각이 우선 들 것이다. 경제 활동을 하는 국민의 다수이자 경제의 주축을 담당하는 서민들이지만 안타깝게도, 많은 사람들이 금융 시장과 경제정책이 돌아가는 사정을 잘 모른다. 서민들이 경제에 대해 알 수 있는 정보들은 대개 언론에서 보도되는 내용과 수치들일 뿐, 그 뒷사정은 알기가 힘들다. 그러다 보니 이들 중에는 경제를 움직이는 감춰진 원리가 무엇인지 애써 알려 하지 않고 대책 없이 '아끼면 잘 산다'라고 생각하고 살아가는 사람들도 많다.

이 책은 열심히 돈을 벌고 모으면 된다는 순진무구한 생각으로 사는 사람들에게 정신이 번쩍 들게 한다. 경제학 이론을 수박겉핥기 식으로나마 간간이 접하거나 그저 상식으로만 받아들였던 사람들, 주변에서 누가 어떻게 투자해서 돈을 벌었다는 얘기를 하면 그저 남의 일이라 생각하거나 심지어 은근히 부정적인 시선을 보내곤 하던 사람들에게도 돈이 지배하는 자본주의 사회에서 경제가 어떻게 돌아가는지 중심을 들여다보게 하고 근본적인 질문을 던지게 한다.

이 책은 평범한 전공서들처럼 '인플레이션이란 무엇인가?'라는 딱딱한 질문으로 시작하지 않는다. 최근에 있었던 좀비 유로 사건을 통해 독자의 호기심을 자극하고 화폐 붕괴의 조짐을 암시하면서 자연스럽게 돈의 역사로 넘어간다. 전반부에서는 돈의 탄생과 발전 과정을 소개하면서 인플레이션이 발생한 원인을 파헤치며 인플레이션의 역사를 다루고, 후반부에서는 20세기 인플레이션과 현대 경제사와 금융 위기, 금융 정책에 대해 다룬 다음 마무리로 금융 위기 시대의 투자 원칙을 소개하고 있다.

인플레이션의 발단은 지폐였다. 지폐는 동전보다 운반과 휴대가 편리하다는 장점으로 급속히 보급되었으나 가치를 조작하기 쉽다는 문제가 있었다. 이 사실을 먼저 눈치 챈 지배 계급들이 화폐의 가치를 조작하고 지폐 발행권을 남발하면서 경제는 혼란에 빠졌다. 한번 크게 데고 나면 멈추는 것이 정상인데 지배 계급들은 유혹에서 벗어나지 못했다. 이들은 부채를 줄이고 자기 주머니를 채우기 위해 화폐 발행량을 늘렸고 이것이 금융 위기를 초래했다. 지폐가 발명된

이래 이 일은 끊임없이 반복되어왔고, 금융 위기와 통화량 증가 정책은 공식처럼 자리를 잡아버렸다.

인플레이션과 금융 위기는 구조적 위기로 인해 생기는 문제다. 구조적 문제는 금융 정책으로 해결될 수 없다. 인간의 탐욕이 사라지지 않는 한 영원히 존재할 것이다. 수많은 학자들이 이 문제를 해결하기 위해 해법을 내놓았지만 정답은 없었고 지금도 정답을 찾는 과정 중에 있다. 이 책의 저자들의 통찰력은 이 지점에서 돋보인다. 바꿀 수 없는 현실을 정확하게 파악하게 하고, 오늘날의 현실이 왜 발생했는지 들여다보며, 그에 걸맞은 해결책까지도 찾게 한다.

경제가 어려워지면 대개 서민이 피해를 본다. 저소득계층의 지갑은 현금 비중이 높고, 물가가 상승하면 구매력이 떨어지기 때문이다. 국민 연금이 고갈되고 보험 혜택이 줄어들며 예금을 해도 실질 수익은 마이너스에 가깝다고 한다. 더 이상 직장 연금과 보험에만 안심하고 노후를 맡길 수 없는 노릇이다. 그렇다면 상대적으로 수익률이 높다는 주식에 투자를 해야 할까? 아니면 부동산에 투자해야 할까? 그 어느 것도 확실한 건 없다. 정부가 중앙은행의 금융 정책에 개입하면서 현재의 사태가 초래되었다고 하지만, 주변 사정을 살피면 개입하지 않을 수도 없는 상황이다. 그렇다면 중앙은행이 완전한 독립성을 유지하는 것은 불가능한 일일까?

이 책은 지난 2000년 이래 각국 정부가 금융 정책에 적극적으로 개입을 하게 된 배경을 소개하고, 금융 정책의 바탕이 된 경제 이론들과 경제 원리들을 다루며 독자들로 하여금 스스로 근본적인 질문을 던지게 한다. 전공 서적으로 읽었더라면 한 페이지도 못 넘겼을 내용들을 일반인들도 어렵지 않게 이해할 수 있도록 설명한다. 인플레이션에 숨겨진 역사의 비밀을 알고 지적 여정의 길에 동참하고 싶은 독자는 물론이고 투자에 관심 있는 독자들까지 아우르고 있다.

앞으로의 경제 전망은 불투명하다고 한다. 이 책에서도 다루고 있듯이 지난 인플레이션이 초래한 경제의 역사를 돌아보면 평범한 시민들은 그저 넋 놓고 있다가 빈털터리가 되고 말았다. 투자로 고수익을 얻을 수 있는 시대는 끝났다. 하지만 무지해서 구조적 문제에 희생당해서는 안 된다. 평범한 소시민의 한 사람으로서, 경제가 돌아가는 사정을 알고 현명하게 돈을 관리하는 법을 배우길 바라는 마음으로 이 책을 추천한다.

강영옥

주 석

1부. 돈의 발명, 인플레이션이 시작되다

1.「미스터리한 화폐 실종 사건: 행방이 묘연한 화폐가 이미 수천 장」,《슈피겔 온라
   인》, 2006년, http://www.spiegel.de/wirtschaft/mysterioese-geldvernichtung-
   schon-tausend-scheine-zerbroeselt-a-446104.html;「유럽 중앙은행, 은행 강
   도가 범행 흔적을 지우려다 실수한 것으로 추정」,《슈피겔 온라인》, 2006년, http://
   www.tagesspiegel.de/weltspiegel/saeure-angriffe-euro-geldscheine-loesen-
   sich-auf/769970.html; o.V., EZB spekuliert über Putzpanne von Bankräubern,
   Spiegel Online, 2006, http://www.spiegel.de/wirtschaft/saeure-geldscheine-
   ezb-spekuliert-ueber-putzpanne-von-bankraeubern-a-446184.html;「지
   폐가 녹아버린 이유는 메스암페타민」,《데어 슈탄다르트 온라인》, 2006년, http://
   derstandard.at/2655788/Crystal-Speed-nicht-Grund-fuer-Broeselgeld.
2.「유로화 동전, 세탁기에 돌렸더니 훼손」,《FAZ 온라인》, 2002년, http://

www.faz.net/aktuell/gesellschaft/geld-euro-geldscheine-nicht-waschmaschinenfest-159914.html.

3. 캘빈 심스,「그린백 리사이클링, 구폐에 새로운 의미를 부여하다」,《뉴욕타임스 온라인》, 1994년, http://www.nytimes.com/1994/05/22/us/in-recycling-of-greenbacks-new-meaning-for-old-money.html; 로입스도르프 밴, "연준, 현금 폐기 처분 중단 요청", 월스트리트 저널 온라인, 2014년, http://www.wsj.com/articles/fed-scores-in-bid-to-keep-cash-from-trash-1419294909.

4. 「심바브웨 발 1조 달러 경쟁」,《더 짐바브웨이인》, http://www.thezimbabwean.co.uk/2009062522237/weekday-top-stories/trillion-dollar-campaign-from-zimbabwe.html.

5. Pryor, Frederci L., "The origins of money, Journal Of Money Credit And Banking"(Volume 9, Issue 3), 1977, 391-409 und.

Semenova, Alla, "Would You Barter with God? Why Holy Debts and Not Profane Markets Created Money", American Journal of Economics and Sociology(Vol. 70, No. 2), 2011, p376-400.

6. von Kaenel, Hans-Markus, "Wer prägte die ersten Münzen?", Forschung Frankfurt, 2012, p83-86.

7. Museum der belgischen Nationalbank(o.D.), Papiergeld, eine chinesische Erfindung?, http://www.nbbmuseum.be/de/2007/09/chinese-invention.htm.

8. 하우케 프리드리히스, 「히틀러의 테러리스트」,《차이트 온라인》, 51호, 2015년, http://www.zeit.de/hamburg/stadtleben/2015-12/alfred-naujocks-anklage-natioalsozialismus-agent-ss-verbrechen-hamburg.

9. Bönisch Georg, Betrogene Betrüger, in: Alexander Jung, Dietmar Pieper, Rainer Traub(Hrsg.), Geld macht Geschichte. Kriege Krisen und die Herrschaft des Kapitals seit dem Mittelalter, Goldmann Verlag, 2015, p211-215.

10. 「위폐 제작자 히틀러: 히틀러가 영국 경제를 붕괴시키기 위해 제작한 1억 3,400만 파운드 상당의 위폐 경매 물건으로 내놓다」,《데일리 메일 온라인》, 2011년, http://

www.dailymail.co.uk/news/article-2014016/Adolf-Hitlers-fake-British-bank-notes-expected-fetch-2k-auction.htm.

11. Bönisch Georg, betrogene Betrüger, a.a. O., 2015.

12. Österreichische Nationalbank(o.D.), a. a. O.

13. 역사학자 미하엘 슈튀르머의 기고문 인용, 「화폐를 붕괴시키는 자가 시스템을 붕괴시킨다」, 《벨트 온라인》, 2013년, http://www.welt.de/debatte/kolumnen/Weltlage/article119232656/Wer-die-Waehrung-ruiniert-ruiniert-das-System.html; 토마스 붐베르거, 「경제학자: 존 메이너드 케인스」, 《빌란츠 온라인》, 2006년, http://www.bilanz.ch/unternehmen/serie-oeko-nomen-john-m-keynes.

14. Schmölders, Günter, Gutes und Schlechtes Geld, Fritz Knapp Verlag, 1968.

15. 로테 판티겜, 「고대 이집트의 화폐 사용 실태」, 《벨기에 국립은행》, http://www.nbbmuseum.be/de/2012/05/neder-lands-geldgebruik-in-het-oude-egypte.html.

16. 이 장에 관한 내용은 하기의 책 참조: Paarlberg Don, An Analysis and History of Inflation, Westport, 1993; Gaettens Richard, Geschichte der Inflation. Vom Altertum bis zur Gegenwart, Battenberg Verlag, München, Nachdruck der zweiten, 1957 erschienenen Aufage., 1982.

17. 역사학자들은 일부 국가에서 유통되는 동전 수량이 흑사병 이전 수준으로 감소하면서 가격 인하 현상이 일어난 것이라고 지적했다(Mayhew, Byn. J., 1974) Numismatic Evidence and Falling Prices in the Fourteenth Century, The Economic History Review(Second Series, Volume XXVII, No. I), 1974, 1–15.

18. Gaettens Richard, Geschichte der Inflation. Vom Altertum bis zur Gegenwart, a. a. O., 1982, p45.

19. Schmölders Günter, Gutes und Schlechtes Geld, a. a. O., S. 1968, 46.

20. 도미니크 슈라이버, 「잘못된 머니 게임」, 《쿠리어》, 2013년, http://kurier.at/wirtschaft/das-falsche-spiel-mit-dem-schein/6.424.942.

21. Reiter Teresa, "Von Glücksrittern, Künstlern und Verbrechern", Wiener

Zeitung vom, 2016, p22 – 25.

22. Österreichische Nationalbank(o.D.), Schein und Sein. Den Fälschern auf der
    Spur, Wien.

2부. 누가, 왜 인플레이션을 만들고 이용하는가?

1. auch im folgenden Velde, Francois R., Government Equity and Money: John
   Law's System in 1720 France, Federal Reserve Bank of Chicago, 2004.

2. 「존 로: 세상에서 가장 돈이 많은 자」, 《FAZ.net》, 2014년, http://www.faz.net/
   aktuell/finanzen/anlagebetrueger-john-law-der- reichste-mann-der-
   welt-1143622.html.

3. Gaettens Richard, Geschichte der Inflation. Vom Altertum bis zur Gegenwart, a.
   a. O., S., 1982, p112.

4. Paarlberg Don, An Analysis and History of Inflation, Praeger, 2003, p3.

5. 위와 같은 책, p27.

6. 스티브 H. 한케, 『존 로에서 존 메이너드 케인스까지』, 《카토 연구소》, 2009년, http://
   www.cato.org/publications/commentary/john-law-john-maynard-keynes.

7. Bernholz Peter, Monetary Regimes and Inflation. History, Economic and
   Political Relationships, Edward Elgar, 2003.

8. 로리 드 마렝, 「아시냐-프랑스 혁명 당시 화폐」, 벨기에 중앙은행, Belgische
   Notenbank, Nationalmuseum, http://www.nbb-museum.be/de/2012/02/
   revolution.html.

9. Simons, Stefan, Revolution auf Pump, Alexander Jung, Dietmar Pieper, Rainer
   Traub (Hrsg.), Geld macht Geschichte. Kriege Krisen und die Herrschaft des
   Kapitals seit dem Mittelalter, Goldmann Verlag, 2013, p211-215.

10. 필립 피커트, 「괴테, 돈, 최근의 위기 (4): 지폐라는 묘지에는 항상 새로운 무덤이 생기

기 마련」, FAZ. net, 2012년, http://blogs.faz.net/fazit/2012/09/19/immer-neue-graeber-auf-dem-friedhof-der-papiergeldwaehrungen-573/.

11. 알렉산더 부쉬, 「돈은 끈질기다」, 한델스블라트 113호, 2016년 6월 15일자, P.30; 클라우스 에링펠트, 「베네수엘라의 인플레이션: 수십 킬로그램의 현금 거래가 태반」, 《슈피겔 온라인》, 2016년, http://www.spiegel.de/wirtschaft/service/inflation-in-venezuela-geld-wie-wacker-stein-a-1101154.html.

12. Diese Definition stammt von Cagan, P., The monetary dynamics of hyperinflation, in M. Friedman (ed.): Studies in the Quantity Theory of Money, Chicago: University of Chicago Press, 1956.

13. dazu auch im Folgenden Siklos, Pierre L., Hyperinflations: Their Origns, Development and Termination, in: Siklos, Pierre L. (ed): Great Inflations of the 20th century. Theorie, Policies and Evidence, Aldershot, 1995, p3 – 34.

14. 미하엘 쿤첼, 「바이마르 공화국: 인플레이션」, 《레벤디게스 무제움 온라인》, 2010년, https://www.dhm.de/lemo/kapitel/weimarer-republik/innenpolitik/in ation-1923.html.

15. Hanke Steve H., Krus, Nicholas, World Hyperinflations, Cato Institute Working Paper, 2012.

16. Fischer Stanley, Sahay Ratna, Végh Carlos A., "Modern Hyper- and High Inflations", NBER Working Paper(No. 8930), 2002; Hanke Steve H., Krus Nicholas, World Hyperinflations, a. a. O., 2012; Bernholz Peter, Monetary Regimes and Inflation, a. a. O., p2003 p64.

17. Bernholz Peter, Necessary and Sufficient Conditions to End Hyperinflations, in: Siklos, Pierre L. (ed): Great Inflations of the 20th century. Theorie, Policies and Evidence, Aldershot, 1995, p257 – 288.

18. Homburg Stefan, "Erinnerungen an die deutschen Währungsreformen", ifo Schnelldienst(19/2011 – 64), Jahrgang, 2011, p17 – 22.

19. Végh Carlos A., Stopping high Inflation: An analytical Overview, in: in: Siklos,

Pierre L. (ed.): Great Inflations of the 20th century. Theorie, Policies and Evidence, Aldershot, 1995, p45.

20. Bernholz, Peter, Monetary Regimes and Inflation. History, Economic and Political Relationships, 2003, p193.

21. Homburg Stefan, Erinnerungen an die deutschen Währungsreformen, a. a. O., 2011, p17.

22. 미하엘 슈튀르머, 「독일 경제 기적의 막이 오르다」, 《디 벨트》, 143호, P.12, 2008년 6월 20일사; 크리스티안 보나리우스, 「화폐 개혁 60년. 버드독 작전」, 베를리너 차이퉁, 143호, P.3, 2008년 6월 20일자; 토마스 얀센, 「초기 투입 자본: 60억 도이치 마르크」, 《Faz.net》, 2008년, http://www.faz.net/aktuell/gesellschaft/60-jahre-waehrungsreform-das-startkapital-sechs-milliarden-d-mark-1551079.html.

23. Abelshauser Werner, "40 D-Mark und die Sehnsucht nach dem guten Leben", Frankfurter Allgemeine Sonntagszeitung(Nr. 23), 2008, p42.

24. Abelshauser Werner, a. a. O., 2008.

25. Merx Stefan, Ein junger US-Leutnant zog die Fäden, Welt am Sonntag(Nr. 24), 2008, p26.

26. 베르너 아벨하우저, 「마르크에는 있고 유로에는 없는 것은?」, 《FAZ 온라인》, 2008년, http://www.faz.net/aktuell/wirtschaft/wirtschaftspo-litik/waehrungsreform-vor-60-jahren-was-hatte-die-mark-was-der-euro-nicht-hat-1548628.html.

27. Brackmann, Michael, "Der Tag X", Handelsblatt(Nr. 119 vom 23), 2006, p12.

28. 펠릭스 렉스하우젠, 「플리시 운트 플룸」, 《슈피겔》 6호, P.14, 1967년, http://www.spiegel.de/spiegel/print/d-45549360.html.

29. 오토 슐레히트, 「5퍼센트의 오해, 차이트 온라인, 1996년, http://www.zeit.de/1996/06/Das_Fuenf-Prozent-Missverstaendnis.

30. o.V., The Great Inflation: Lessons For Monetary Policy, ECB Monthly Bulletin, 2010, pp99-110; Blinder A., The Anatomy of Double Digit Inflation in the

1970s, in Hall, R.E. (ed.), Inflation: Causes and Effects, University of Chicago Press for NBER, 1982, pp261-282.

31. 「불법 금 거래 중단」, 2013년, http://www.handelsblatt.com/technik/das-technologie-update/themen-und-termine/oelkrise-1973-als-das-schwarze-gold-aufhoerte-zu-fliessen/8941726.html.

32. 우베 반젠, 「1973년 석유 파동: 텅 빈 탱크」, 《벨트 온라인》, 2015년, https://www.welt.de/regionales/hamburg/artic-le122171969/Oelkrise-1973-Leere-Tanks-und-leere-Strassen.html.

33. Hakkio Craig S., The Great Moderation 1982 – 2007, Federal Reserve Bank of Kansas City, 2013, http:// www.federalreservehistory.org/Events/DetailView/65.

3부. 무엇이 자본주의의 판도를 움직이는가?

1. o.V., Eine neue Epoche am deutschen Kapitalmarkt, Frankfurter Allgemeine Zeitung(vom 15. Juni, Nr. 137), 2016, p32.

2. 3번의 위기가 주는 교훈에 관한 상세 정보는 다음 책을 참고하라: Beck Hanno, Prinz Aloys, Die groβ e Geldschmelze. Wie Politik und Notenbanken unser Geld ruinieren, Hanser Verlag, 2014.

3. 클레멘스 폰 프렌츠, 「자본 파괴 연대기」, 《매니저 마가진 온라인》, 2003년, http://www.manager-magazin.de/finanzen/artikel/a-186368.html.

4. 이 내용과 관련하여 다음 기사를 참조하라: Beck Hanno, Prinz Aloys, Groβ es Geld mit kleiner Wirkung: Kann die Europäische Zentralbank mit ihrer Geldschwemme Europa retten?, Frankfurter Allgemeine Zeitung(vom 23), 2015.

5. Stocker Frank, Lizenz zum Gelddrucken, Welt am Sonntag(Nr. 40 vom 2),

Oktober 2016, p44.

6. Beck Hanno, Finanzielle Repression, Wirtschaftswissenschaftliches Studium, September 2012, p489 - 492.

7. 「하르츠 IV 대상자, 수령 금액 점점 줄어들 것으로 예상」,《슈피겔 온라인》, 2015년, http://www.spiegel.de/wirtschaft/soziales/hartz-iv-emp-faenger-koennen-sich-immer-weniger-leisten-a-1069950.html.

8. 잉가 미힐러, 「하르츠 IV 대상자, 인플레이션으로 인한 타격 심각」,《벨트 온라인》, 2007년, https://www.welt.de/wirtschaft/article1407217/Inflation trifft Hartz IV Empfaenger-besonders.html.

9. Easterly William, Fischer Stanley, Inflation and the Poor, NBER Working Paper 2335, 2000.

10. McGranahan Leslie, Paulson Anna, Constructing the Chicago Fed Income Based Economic Index - Consumer Price Index: Inflation Experiences by Demographic Group: 1983 - 2005, Federal reserve Bank of Chicago(WP 2005-20), November 2006.

11. Cutler David M, Katz Lawrence, Macroeconomic Performance and the Disadvantaged, Brookings Papers on Economic Activity, 1991; Blank Rebecca, Blinder Alan, Macroeconomics, Income Distribution, and Poverty, in: Sheldon Danziger and Daniel Weinberg (eds.): Fighting Poverty: What Works and What Doesn't, Cambridge MA: Harvard University Press, 1986, pp180 - 208; Powers Elizabeth T., Inflation, Unemployment, and Poverty Revisited, Economic Review, Federal Reserve Bank of Cleveland(Quarter 3: 1995), 1995, pp2 - 13.

12. Cardoso Eliana, Inflation and Poverty, National Bureau of Economic Research Working Paper(No. 4006), March 1992.

13. Rezende, Fernando, Prospects for Brazil's Economy, International Affairs(74), July 1998, pp563 - 576.

14. Datt Gaurav and Martin Ravallion, Why Have Some Indian States Done Better Than Others at Reducing Rural Poverty?, World Bank Policy Research Working Paper 1594, April 1996.

15. Agenor Pierre-Richard, Stabilization Policies, Poverty and the labor market. Analytical issues and empirical evidence, World Bank, 1999.

16. Thalassinos Eleftherios, Uğurlu Erginbay, Muratoğlu Yusuf, Income Inequality and Inflation in the EU, European Research Studies(Volume XV, Issue 1), 2012, pp127-140.

17. Romer Christina, Romer David, Monetary Policy and the Well-Being of the Poor, NBER Working Paper 6793, November 1998.

18. Bulír Aleš, Income equality: Does inflation matter?, IMF Staff Papers(Vol. 48, No. 1), 2001.

19. A. 묄하우어, H. 빌헬름, 「나는 사진 벽지를 사느라 빚을 졌다」, 《쥐드도이체 온라인》, 2010년, http://www.sueddeutsche.de/geld/reden-wir-ueber-geld-peter-zwegat-ich-habe-mich-fuer-eine-fototapete-verschuldet-1.701512.

20. Bem Daryl J., Feeling the future: Experimental evidence for anomalous retroactive influences on cognition and affect, Journal of Personality and Social Psychology(Vol 100 (3)), Mar 2011, p407-425.

21. Hall G. J., Sargent T., Interest Rate Risk and Other Determinants of Post-WWII U.S. Government Debt/GDP Dynamics, NBER Working Paper(No.15702), 2010.

22. Giannitsarou C., and Scott A., Inflation Implications of Rising Government Debt, NBER Working Paper(No. 12654), 2007.

4부. 어떻게 인플레이션의 흐름에 올라탈 것인가?

1. 리자 니엔하우스, 「이자 없는 세상」, 《FAZ. net》, 2016년, http://www.faz.net/ aktuell/ nanzen/meine-finanzen/geld-ausgeben/nullzins-eine-welt-ohne-zinsen-14146386.html; 페터 뮐러, 「몇 퍼센트 다툼의 여지」, 《차이트 온라인》, 2003년, http://www.zeit.de/2003/06/Zinsgeschichte/komplettansicht.

2. Bacher Urban, Bankmanagement, Konstanz, 2015, p255; Deutsche Bundesbank, Realzinsen, Monatsberichte der Deutschen Bundesbank, July 2001, p33-50; Sprenger Bernd, Das Auf und Ab der Zinsen-ein historischer Rückblick, Die Bank, March 2011, p26ff.

3. 「독일 연방 대법원 판결, 통장 발행 수수료 인상을 뒤집다」, 《슈피겔 온라인》, 2013년, http://www.spiegel.de/wirtschaft/unternehmen/bgh-kippt-ueberhoehte-gebuehren-fuer-nachtraegliche-kontoauszuege-a-939635.html.

4. LG Frankfurt Urteil vom, August 2011, Corzelius GWR 2010, 433.

5. 카스텐 자이벨, 프랑크 슈토커, 「유명인사들이 쉽게 파산하는 이유」, 《벨트 온라인》, 2014년, https://www.welt.de/finanzen/article129845239/Warum-Prominente-so-oft-pleite-gehen.html.

6. 프랑크 헬만, 「사치스런 생활의 말로」, 《슈테른 온라인》, 2008년, http://www.stern.de/sport/fussball/ehemalige-fussball-pros-in-saus-und-braus-gelebt—dann-abgestuerzt-3227934.html.

7. BGH Urteil vom 21, Az. XI ZR 185/16 und 271/16, February 2017.

8. Bacher Urban, Bankmanagement, Konstanz, 2015, p197.

9. 프랑크 마티아스 드로스트, 「독일인, 본인의 투자법에 만족하고 있는 것으로 밝혀져」, 《한델스블라트 온라인》, 2015년, http://www.handelsblatt.com/finanzen/vorsorge/altersvorsorge-sparen/immobilien-tagesgeld-sparbuch-die-deutschen-sind-mit-ihrer-geldanlage-zufrieden/12774072.html.

10. 「세계 50대 부자 중 독일인은 2명」, 《비즈니스 인사이더 도이칠란트》, 2016년,

http://www.busi-nessinsider.de/50-reichsten-menschen-der-welt-2016-1.

11. Bacher Urban, Bankmanagement, Konstanz, 2015, p216 m.w. N.; Siegel, Langfristig Investieren, München, 2006.

Wienert Helmut, Zur langfristigen Entwicklung von Aktien und Anleihenrenditen, in: WiSt 8/2009, 2009, p419 - 421; Nacken.

Allianz Global Investors, Aktie - die neue Sicherheit im Depot, 2016.

12. 독일 함부르크 소재 온라인 통계 조사 업체 '슈타티스타', 「당신은 어떤 방식으로 현금을 굴리고 있는가?」, 2016년, https://de.statista.com/statistik/daten/studie/199639/umfrage/formen-der-geldanlage-der-deutschen/.

13. Allianz Global Investors, Aktie - die neue Sicherheit im Depot ,a.a.O., 2016.

14. Mars Asset Management, Mythos: Mit Rohstoff-Indizes in Rohstoffeinvestieren, Bad Homburg, 2016.

15. 경제적 관점에서의 행복에 대한 더 많은 정보는 다음을 참고하자: Beck Hanno, Prinz Aloys, Glück! Was im Leben wirklich zählt um zufrieden zu sein, bei Bastei Lübbe, 2017.

16. Gottfried Heller, Der einfache Weg zum Wohlstand, 2012, p161.

17. 더 상세한 정보는 다음 책을 참조하자: 하노 벡, 『부자들의 생각법』, 갤리온, 2013.
Beck Hanno, Behavioral Economics: Eine Einführung, Springer Verlag, 2014.

18. Bacher, Bankmanagement, Konstanz, 2015, pp295.
Bacher, "Saisonalitätseffekte im Deutschen Aktienindex DAX", Finanzbetrieb, 2008, p748-759; Bacher, "Saisonalitätseffekte im deutschen Rentenindex REXP", Kreditwesen(15), 2012, p764-767; Holtfort, "Is there a Sell-in-Summer-effect in international markets?", CFbis, 2011, p61-64.

19. Barber Brad M., Odean Terrance, "Trading Is Hazardous to Your Wealth: The Common Stock Investment Performance of Individual Investors", The Journal of Finance(Vol. LV, No. 2), April 2000, pp773-806.

20. o.V. (o.J.), Die neutrale Zone, Memory Alpha Star Trek Wiki, http://

de.memory-alpha.wikia.com/wiki/Die_neutrale_Zone.

21. Krabbe Günter, Somalia hat keine Zentralbank mehr, aber immer noch sein Geld, F.A.Z.(vom 4.4), 1996, p16.

22. Beck Hanno, Prinz Aloys, Abschaffung des Bargelds als Wunderwaffe?, Wirtschaftsdienst(Volume 95, Issue 8), August 2015, p515 – 519; Beck Hanno, Bacher Urban, Bargeld lacht: Sollen wir Bargeld abschaffen?, Zeitschrift für das gesamte Kreditwesen(21)(68. Jahrgang,1). November 2015, p34 – 36.

INFLATION

옮긴이 **강영옥**

덕성여자대학교 독어독문과를 졸업하고 한국외국어대학교 통역번역대학원 한독과에서 공부한 후 여러 기관
에서 통번역 활동을 했다. 현재 번역 에이전시 엔터스코리아에서 출판기획자 및 전문번역가로 활동 중이다.
옮긴 책으로는 「이게 다 뇌 때문이야」, 「노화, 그 오해와 진실」, 「나는 이기적으로 살기로 했다」, 「슈뢰딩거의 고
양이」, 「과학자 갤러리」 등이 있다.

부의 탄생, 부의 현재, 부의 미래
인플레이션

초　　　판 1쇄 발행 2017년 10월 27일
양장개정판 1쇄 발행 2021년 4월 20일
양장개정판 9쇄 발행 2023년 7월 3일

지은이 하노 벡, 우르반 바허, 마르코 헤르만
옮긴이 강영옥
펴낸이 김선식

경영총괄 김은영
콘텐츠사업본부장 임보윤
콘텐츠사업1팀장 한다혜 **콘텐츠사업1팀** 윤유정, 성기병, 문주연, 김세라
편집관리팀 조세현, 백설희 **저작권팀** 한승빈, 이슬
마케팅본부장 권장규 **마케팅2팀** 이고은, 김지우
미디어홍보본부장 정명찬 **영상디자인파트** 송현석, 박장미, 김은지, 이소영
브랜드관리팀 안지혜, 오수미, 문윤정, 이예주 **지식교양팀** 이수인, 염아라, 김혜원, 석찬미, 백지은
크리에이티브팀 임유나, 박지수, 변승주, 김화정 **뉴미디어팀** 김민정, 이지은, 홍수경, 서가을
재무관리팀 하미선, 윤이경, 김재경, 안혜선, 이보람
인사총무팀 강미숙, 김혜진, 지석배, 박예찬, 황종원
제작관리팀 이소현, 최완규, 이지우, 김소영, 김진경, 양지환
물류관리팀 김형기, 김선진, 한유현, 전태환, 전태연, 양문현, 최창우
외부스태프 표지디자인 최우영

펴낸곳 다산북스 **출판등록** 2005년 12월 23일 제313-2005-00277호
주소 경기도 파주시 회동길 490
전화 02-702-1724 **팩스** 02-703-2219 **이메일** dasanbooks@dasanbooks.com
홈페이지 www.dasan.group **블로그** blog.naver.com/dasan_books
종이 IPP **출력** 민언프린텍 **후가공** 제이오엘앤피 **제본** 국일문화사

ISBN 979-11-306-3713-6(03320)

다산북스(DASANBOOKS)는 독자 여러분의 책에 관한 아이디어와 원고 투고를 기쁜 마음으로 기다리고 있습니다.
책 출간을 원하는 아이디어가 있으신 분은 다산북스 홈페이지 '투고원고'란으로 간단한 개요와 취지, 연락처 등을 보내주세요.
머뭇거리지 말고 문을 두드리세요.